D1881636

A COMPLETE DICTIONARY OF THE TERMS USED BY CRIMINAL TRIBES IN THE PUNJAB

A COMPLETE DICTIONARY

OF THE

TERMS USED BY

CRIMINAL TRIBES

IN THE

PUNJAB;

Together with a short history of each tribe, and the names and places of residence of individual members.

COMPILED BY

MUHAMMAD ABDUL GHAFUR

GYAN

Published by

Gyan Publishing House
5, Ansari Road
Daryaganj, New Delhi-110002
Phone: 011-47034999, 9811692060
E-mail: books@gyanbooks.com

Distribution Network
gyanbooks.com
India, USA, Canada, UK, Australia

© Publisher

All rights reserved. No part of this work may be reproduced, stored, adapted, or transmitted in any form or by any means, electronic, mechanical, photocopying, micro-filming, recording or otherwise, or translated in any language, without the prior written permission of the copyright owner and the publisher.

ISBN: 978-81-212-7671-9 (PB)
First Published, 1879

2nd Impression 2024

Printed at: Gyan Press, Delhi.

The book is sold subject to the condition that it shall not, by way of trade or otherwise, be lent, resold, hired out, or otherwise circulated without the prior publisher's written consent.

A COMPLETE DICTIONARY OF THE TERMS USED BY CRIMINAL TRIBES IN THE PUNJAB
Compiler: MUHAMMAD ABDUL GHAFUR

A COMPLETE DICTIONARY

OF THE

TERMS USED BY

CRIMINAL TRIBES

IN THE

PUNJAB;

Together with a short history of each tribe, and the names and places of residence of individual members.

COMPILED BY

MUHAMMAD ABDÚL GHAFÚR

DAROGHA, LAHORE CENTRAL JAIL.

FOR THE USE OF THE

POLICE AND JAIL OFFICERS

SERVING IN THE PUNJAB.

LAHORE:

PRINTED AT THE CENTRAL JAIL PRESS,

1879.

CONTENTS.

Page.

CHAPTER VIII.

Section 1.

Section 2.

List of Dacoos and Robbers imprisoned in the Lahore Central Jail.

List of Dacoos and Robbers released from the Central Jail Lahore.

List of Dacoos and Robbers banished across to the Andaman Isles.

APPENDIX.

فہرست کتاب ہذا

باب اول

نمبر صفحہ

باب پنجم

حصہ اول

حصہ دویم

باب ششم

حصہ اول

حصہ دویم

باب ہفتم

حصہ اول

باب ہشتم

حصہ اول

حصہ دویم

نام اون ڈاکوں اور چوروں کی جو سنٹرل جیل لاہور میں مقید ہیں

فہرست اون ڈاکون اور چورون کی جو عبور دریائی شور ہو چکی ہین

PREFACE.

In 1852, when the Revd. R. Clark and Revd. Fitzpatrick, Missionaries, came from England and started a school, I was the first man appointed as master in the first Missionary School at Amritsar. Within a year the school had greatly improved and contained nearly 200 boys. It was then visited by Sir Henry Lawrence and Lord Napier, who, after holding an examination of the boys, gave me a certificate to the effect that the great improvement of the school in so short a time was owing to the exertions of the master, Abdul Ghafur.

In 1853, Mr. Charles Saunders, Deputy Commissioner of Amritsar, appointed me to his office as a clerk, from whence, in 1855, I was transferred by Major Elphinstone, Assistant Settlement Officer, to Gujránwála. In 1856, when he was appointed Settlement Officer of Gugera, he took me with him. Gugera is now called Montgomery.

In 1859, when the settlement was about to be closed, he recommended me to Major Bristow, Deputy Commissioner, who appointed me Thánadár of Haweli Tahsíl, Hujra Shah Mokam.

Since my appointment as Thánadár it has been my desire to gain a knowledge of a peculiar and secret language used by thieves, which up to the present time has been quite unknown; not a single book or pamphlet having been compiled by any one on the subject.

It is quite true that it is a very difficult task to accomplish, as there is but little opportunity for any one to collect the necessary information. Thieves never divulge this language to any one, and it has been secretly used for several hundred years; so that they cannot change it now. It is used among them when they go to steal, and also sometimes when in prison. There are different classes of robbers and thieves, each having its separate language. After 25 or 26 years service I have learnt these languages, which have been so long secret. The language peculiar to the Bheels is unknown to me, as they are natives of Haidarabad and Scinde, and are never met with in the Punjab.

In 1862, when I went on leave, I called on COLONEL LAKE, Commissioner of the Jullundur Division, and COLONEL ELPHINSTONE, Deputy Commissioner, who were my patrons. They appointed me Darogha of the Jullundur Jail, where I had a good opportunity of carrying out my idea, and I then began to collect information.

In January 1864 I was promoted by DR. DALLAS, Inspector General of Prisons, from the Jullundur to the Amritsar Jail, and my opportunities increased.

In 1871 I was again promoted to the Lahore Central Jail. This was the very best place for gaining the desired knowledge, as all the long-term prisoners of the Punjab are sent to this Jail.

From 1852 to July 1877 I was engaged in compiling this work, which I thought likely to prove useful to the Punjab and Bengal Police. When the book was nearly ready, I received an order from DR. DALLAS to give an opinion on a small pamphlet drawn up by SAVILDASS, which contained a few terms used by "Uchukkas" (pickpockets). This pamphlet, which contained nearly 100 words, when examined and compared, was found to be incorrect; and scarcely a single word of true thieves' language was found in it. It was therefore returned as useless and full of mistakes. Some one had misled him; and comparing the words with the "utháigirs'" (thieves) language, very few correct terms were found, and unnecessary words were included,—all of which I pointed out.

After finishing my Dictionary of this secret language, I began to write the history of professional thieves in the Punjab, their mode of thieving, and the place of their abode.

MUHAMMAD ABDUL GHAFUR,
DAROGAH,
Central Jail, Lahore.

بسم اللہ الرحمن الرحیم

شکر اوس پروردگار کا ہی جسنی زمین و آسمان بنایا ✦ اور اپنی محبوب کو سید المرسلین کہوایا ✦ اب بعد حمد اور نعت کی یہہ عاجز فقیر پر تقصیر محمد عبد الغفور بن حاجی حافظ رستم خان داروغہ سنٹرل جیل لاہور بخدمت ناظرین عالی وقار کی خدمت مین گذارش کرتا ہی کہ ۱۸۵۲ء مین جب پادری کلارک صاحب و فتز پٹرک صاحب ولائیت سی تشریف لائی اور اونہون نی مدرسہ انگریزی و فارسی جاری کرنا چاہا تو اس احقر کو مدرس اول انگریزی مقرر کیا اور بنیاد مدرسہ پادریان کی امرتسر مین اس احقر نی اور بنیاد مدرسہ سرکاری کی جناب برادر مولوی محمد اسحاق صاحب ناظر نی ڈالی اور شروع کیا ۱۸۵۳ء مین چارلس سانڈرس صاحب بہادر ڈپٹی کمشنر امرت سر نی مجھکو اپنی دفتر مین کلارک مقرر کیا اور پہر ۱۸۵۵ء مین جب الفنسٹن صاحب بہادر اسسٹنٹ کمشنر بندوبست گوجرانوالہ مقرر ہوئی تو اونہون نی مجھی وہان طلب

کرلیا اور ۱۸۵۶ء مین جب وہ مستقر ضلع گگیرا جو اب منٹگمری کہلاتا ہی مقرر ہو گئی تو
مجھی گوجرانوالہ سی منتقل کر کر اپنی ہمراہ لی گئی ۱۸۵۹ء مین جب بندوبست
قریب الختم تہا اوسوقت اونہون نی میری سفارش میجر برسٹو صاحب بہادر سی جو اوسوقت
ڈپٹی کمشنر گوگیرا تہی کی اونہون نی مجکو تہانہ دار حویلی جو تحصیل حجرہ شاہ مقیم مین ہی
مقرر کیا اوسوقت مجکو خیال ہوا تہا کہ زبان چورونکی جو نہایت عجیب و غریب ہی اور
اجتک کوئی اوس سی واقف نہین کسیطرح پیدا کیجی کیونکہ آجتک اس قسم کی کوئی
کتاب کسینی تصنیف نہین کی فی الحقیقت یہہ نہایت دقت طلب کام ہی پیدا
کرنا اور تصنیف کرنا ایسی کتاب کا بہت دشوار ہی کیونکہ یہہ زبان وہ زبان ہی جو سیکڑون
برسون سی پوشیدہ ہی اور چور وغیرہ کبہی ظاہر نہین کرتی بلکہ پوشیدہ رکہتی ہین
بہت سی قومین چوری پیشہ ہین اور ہر ایک کی زبان مختلف ہی اور مختلف طور
اونکی چوریان ہوتی ہین ۲۵-۲۶ برس کی ملازمی اور تجربہ مین مینی یہہ زبان جو آجتک
پوشیدہ تہی حاصل کی مگر بہیل جو باشندہ سندھ حیدرآباد کی ہین اونکی زبان
دریافت نہ ہوسکی اس سبب سی کہ وہ ملک پنجاب مین نہین آتی اور نہ قید ہوتی
۱۸۶۲ء مین جب مین بحصول رخصت امرتسر مین آیا تو واسطی ملاقات کرنیل
لیک صاحب کمشنر بہادر و النفٹن صاحب بہادر ڈپٹی کمشنر جالندہر کی گیا تو اونہون
مجہی داروغہ جیل جالندہر مقرر کیا واپس جانی دیا - یکم جنوری ۱۸۶۳ء کو حسب الحکم
ڈاکٹر ڈالس صاحب بہادر انسپکٹر جنرل جیلخانجات پنجاب بترقی تبدیلی میری جیلخانہ

امرت سر مین ہوئی اور ایک نہایت اچھا موقعہ مجھی واسطی جمع کرنی اوس زبان عجیب کا
جو چور بولتی ہین ۱۸۶۸ء مین بترقی تبدیلی میری سنٹرل جیل مین حسب الحکم
جناب ڈاکٹر ڈالس صاحب بہادر ہوئی جہان مجھکو نہایت عمدہ موقعہ فراہم کرنی
اس زبان کا ملا کیونکہ اس جیلخانہ مین تمام ملک پنجاب کی کثیر المیعاد قیدی منتقل ہوکر
آتی ہین ۱۸۷۶ء تک نہایت عمدہ بولیان زبان چورونکی جو بالکل ایک دوسری
کی مختلف ہین جمع کین کہ جس سی کوئی آجتک واقف نہین ہی ماہ جولائی ۱۸۶۸ء
مین ڈاکٹر ڈالس صاحب بہادر نی ایک رسالہ جسمین قریب ایکسو لفظ کی تہی
مجھکو دیا اور رای طلب کی کہ یہہ رسالہ سالوں داس معلم مدرسہ جیل دہلی نی
بنایا ہی بروقت مقابلہ اور دریافت معلوم ہوا کہ اوسمین ایک لفظ بہی
چورونکی زبان کا نہ تہا صرف چند بولیان اوچکون کی اوسمین
لکہی تہین وہ بہی پوری نہ تہین اور معلوم ہوتا تہا کہ اوسکو کسینی بہکا
دیا تہا چورون کی زبان کا ایک لفظ بہی نہ تہا اور ماسوا بہت
غلطیان تہین اس سبب سی واپس کیا گیا
کیونکہ صرف چند الفاظ اوچکون کی تہی اور بیکار تہی بلکہ بہت
لفظ مصنوعی پای گئی — جب مین نی یہہ کتاب تیار
کی تو مجھکو خیال تہا کہ تواریخ چورون کی اور طریق
اونکی چوری کی بہی تحریر کرنی چاہین لیکن لکہنا شروع کیا
اور مختصر حال دیج کتاب کیا گیا فقط

CHAPTER I.

Before explaining the different languages and terms used by thieves, I think it necessary to say a few words concerning the professional thieves, their history, mode of theft, places of abode in the different districts, and the names of the leading men amongst them, such as swindlers, receivers of stolen property &c.

Ari Mar.

The chief of these Ari Mars is a man called Mír Hosainali, an inhabitant of Saharanpur. He is a big stout man with a long white beard. It is he who has introduced this mischief in the Punjab; he has been several times imprisoned in the Punjab, and in 1869 he was in the Amritsar Jail while I was there. He lives in different districts,—Rawalpindi, Amritsar, Pesháwar, or Delhi, seldom remaining long in one place. All swindlers respect him and consider him a perfect master of is art.

Their method of thieving consists chiefly in cheating whilst gambling with cards, shells (cowries) and leather stripes made for the purpose, which I have explained clearly amongst their terms. The way in which they work is this. Six or eight men go out together to plunder passengers. For example, if they know of one or two passengers who are going to Kasur or Ferozepore, half the number will go and sit by the way side with a hookka and begin to smoke. The rest go further on

باب اول

قبل اسکی کہ زبان اور بولیان چورونکی بیان کیجاوین یہہ بات ضروریات سی ہی کہ طریق اونکی چوریکی اور جگہہ اونکی رہائش کی بلکہ مختصر تاریخ اونکی حال کی اور نام اون اشخاص کی بہی جو اوچکی ہین اور مال چوری وغیرہ کا لیتی ہین تحریر کرون۔

اٹہیمار

سردار اور استاد ان سب اٹہیمارونکا ایک شخص میر حسین علی نامی باشندہ سہارنپور ہی یہہ شخص قد آور اور سفید ریش حسیم آدمی ہی اور ایسی ہی اول مین یہہ بدمعاشی ملک پنجاب مین داخل کی یہہ کئی دفعہ جیلخانہ مین قید ہوچکا ہی ۱۸۶۶ء مین یہہ شخص جیلخانہ امرتسر مین قید تہا جب مین داروغہ تہا اکثر سکونت اس شخص کی اضلاع مفصلہ ذیل مین رہتی ہی۔ راولپنڈی۔ امرتسر پشاور۔ دہلی۔ پر کبہی ایک جگہہ کچہہ عرصہ تک نہین رہتا ہر ایک ضلع مین بہت سی اوسکی شاگرد ہین اسکا بڑا لحاظ اور ادب کرتی ہین بلکہ اسکو اس فن کا اوستاد کہتی ہین۔

طریق اونکی چوریکا خاص کر کی دغا سی تعلق رکہتا ہی جیسی وہ جوا کہیلتی وقت کام مین لاتی ہین یہہ طاش کوڑی اور چمڑہ کی تسمہ سی جوا کہیلتی ہین جو اسکام کی لئی بناتی ہین جیسی معنی اونکی بولیونمین مشرح بیان کردیا ہی اصلی معنی اٹہیمار کی یہہ معلوم ہوتی ہین کہ اٹہارہ اور بارہ یا اٹہہ آدمی متفق ہوکر دیہی مسافرونکو لوٹ لیتی ہین۔ مثلاً اگر انہین معلوم ہو کہ ایک یا دو مسافر قصبہ یا نیروز پور کی جانیوالی ہین تو یہہ دو یا چار آدمی ایک جگہہ سایہ دار مین یا کسی چاہ پر جو نزدیک سڑک کی ہو علیحدہ جا بیٹہتی ہین اور ایک حقہ اپنی پاس رکہتی ہین باقی کی کچہہ اونمیں کا آگی بڑہہ کر بیردن

to a temple called Bharoka usthan and wait ; on the passengers passing by they follow and enquire " where are you going," and if the reply is " to Ferozepore," they say that they are going too, and follow till they come up to their accomplices who are smoking by the road side.

They then begin to smoke and gamble, and invite the passenger to join them and see how these men gamble. They then try and induce him to join in the game; if he refuse they ask him to wait a few minutes. They gamble and win some money, and show him that they have won so much, and again try to make him play. If he plays, they win and give him some money, and after a little they begin to rob, and cheat and plunder him of all that he has, and leave him crying in the fields. If he refuses to gamble, they forcibly plunder him and go off, and the poor traveller is left moneyless without any one to help him.

The following is a list ot the chief swindlers in the different districts of the Punjab—

DELHI.

Shamash Khan ...	Pathan	... Kooncha Pandit.
Mahomed Hossain	Sheikh	... Phátuk Habush Khan.
Surfráz Khan ...	Pathan	... Havailie Khandora Khan.
Abdul Haii ..	Do.	... Matia Mahul.
Wazir Chunda ...	Do.	... Chitta Durwáza.
Meer Nawáb ...	Do.	... Ditto.

یہہ دہلی استہان پر جا بیٹہتی ہین مسافرکو جاتا دیکہہ کر وہ آگی ہوکر اوس سی دریافت کرتی ہین کہ تم کہان جاؤگی جس جگہہ کا نام لیتا ہی وہ آڑیمار بہی وہی کہتی ہین کہ ہم بہی وہان جائینگی اور اوسکی ہمراہ بطور مسافران شریک ہو جاتی ہین جب نزدیک آڑیمارون کی جو پانچ یا چہہ متفق ہوکر بیٹہی رہا کرتی ہین پہنچتی ہین تو وہ اونکو دیکہکر جوا کہیلنا شروع کر دیتی ہین یہہ آڑیمار اوس مسافر کو ترغیب دیکر کہتی ہین کہ چلو ذرا حقہ پیتی چلین غرض کہ حقہ پینی کی بہانہ سی اوسکو وہان لیجاتی ہین اور بعد حقہ پینی کی اوسکو جوا کہیلنی کی ترغیب دیتی ہین اگر وہ اونکی تحریص مین آیا تو وہ آپ کہیلنا شروع کرتی ہین اوسوقت وہ اوسکی روبرو جوا کہیل کر کچہہ جیت لیتی ہین اور اوسکو وہ جیتا ہوا مال دکہاکر کہتی ہین کہ اگر تم بہی شریک ہوتی تو ضرور جیت لیتی یہہ کہکر اوسکو نزدیک بیٹہاکر کچہہ روپیہ جتا دیتی ہین اور پہر اوسکو ہرا دیتی ہین یہانتک کہ کل اسباب اور مال اوسکا ہرا دیتی ہین اگر ہوشیار ہوتا ہی اور جوا مین اونکا شریک نہین ہوتا تو زبردستی اوسکو لوٹ لیتی ہین اور اوسکو جنگل مین چہوڑکر چلی جاتی ہین اور وہ بیچارہ روتا ہوا رہ جاتا ہی۔

فہرست مندرجہ ذیل مین نام مشہور جواری اور آڑیمارونکی جو مختلف اضلاع پنجاب مین سکونت پذیر ہین بقید ضلع بیان کی گئی ہین۔

دہلی

شمشیر خان	پٹہان	کوچہ پنڈت
محمد حسین	شیخ	پہاٹک حبش خان
سرفراز خان	پٹہان	حویلی خان دورہ خان
عبد الحی	ایضاً	مٹیا محل
فقیر چندا	ایضاً	چتلا دروازہ
مہر نواب	ایضاً	ایضاً

Delhi.—(concluded).

Puhlu	... Bania	... Fatehpore.
Mahomed Khan	... Pathan	... Turukmán Derwáza.
Jogul Kishore	... Káit	... Chitly Kuber.
Wazír Lumba	...	Chándni Mahel.
Chotum Beg	... Mogul	... Mogulpora.

Umballa.

Wadha	... Goldsmith	... Bazár Radha Kishan.
Hurnám	... Ditto.	... Ditto.
Phuman Singh	... Khutri	... Ditto.
Bishna	... Jhevar	... Ditto.
Kapúria	... Khutri	... Ditto.

Ludhiana.

Beer Bhan	... Bania	... Near the Tank.
Suntu	... Súd	... Ditto.
Kirpa	... Bania	... Ditto.
Narain	... Do.	... Ditto.
Tulsi	... Do.	... Chori Saruk, new road.
Nagáhia	... Bania	... Ditto.
Tháker	... Jhever	... Tank.
Narain 2nd	... Bania	... Do.
Kulloon	...	... Near the Sarai.

Jullundur.

Tair	... Khutri	... Bazár Maya.
Sunder	... Ditto.	... Ditto.
Sultana	... Cashmeri Cook	Ditto.

دہلی

بہلو	بنیا	فتحپوری
محمد خان	پٹھان	ترکمان دروازہ
جوگل کشور	کائتھ	چتلی قبر
وزیر لینا		چاندنی محل
چھوٹم بیگ	مغل	مغلپورہ

انبالہ

دادا	سونار	بازار رادھا کشن
پرنام	ایضاً	ایضاً
لچھمن سنگھ	کھتری	ایضاً
بشنا	جھیور	ایضاً
کیوریا	کھتری	ایضاً

لودیانہ

پیرمہان	مہاجن	نزدیک تالاب
سنتو	سود	ایضاً
کریا	مہاجن	ایضاً
نرائن	ایضاً	ایضاً
تلسی	ایضاً	چوڑی سڑک نئی سڑک
گنگابیا	ایضاً	ایضاً
بناگ	جھیور	تالاب
نرائن ثانی	مہاجن	ایضاً
کلن		متصل سرائی

جالندھر

طاہر	کھتری	بازار مٹھا
سندر	ایضاً	ایضاً
سلطان	ہانجی کشمیری	ایضاً

JULLUNDUR.—(concluded).

Wahâb	... Cashmeri	Cook Bazár Maya.
Tára	... Brahmin	... Mohulla Mahadeo.
Hama	... Pathan	... Atare Chowste.
Kahna	... Khutri	... Bhutee Kalál.
Futta	... Ditto	... New Bazár.

AMRITSAR

Bhái Kulyán	... Arora	... Kutra Ramgurián.
Jewand Singh	... Ditto	... Kutra Gurba Singh.
Gomie Singh	... Ditto	... Kutra Bhag Singh.
Bhái	... Ditto	... Derwáza Rám Bág.
Maharáj	... Ditto	... Kila Bhungián.
Subhán	... Cashmeri	... Kutra Rám Gurián.
Subhan	... Bucha	... Kanuck Mandee.
Mánka	... Kasera	... Kasera Bazár.
Joti Shah	... Arora	... Chak Pasaim.

BATALA.

Thaker	... Arora	... Kulál Khàna.
Jeykishan	... Ditto	... Near Kotwàli.
Gobinda	... Brahmin	... Bazár Cashmeri.
Perú	... Mochi	... ...

LAHORE.

Kaderdád	... Mahomedan	Chooni Mundi.
Kundun	... Bhagut	... Ditto.
Ruttu	... Arora	... Gumti Bazár.
Rám Ditta	... Khutri	... Vachovali.

جالندھر

دوآب	باورچی کشمیری	بازار مٹیا
تارا	برہمن	محلہ مہادیو
ہمان	ملتان	اٹاری جوستی
کاہنا	کھتری	بستی کلال
فت	ایضاً	نوا بازار

امرتسر

بھاٹی کلیان	اروڑہ ملتانی	کٹڑہ رامگڑھیہ
جوند سنگھ	ایضاً	کٹڑہ کربا سنگھ
گوجی سنگھ	ایضاً	کٹڑہ باگ سنگھ
بہاٹی	ایضاً	دروازہ رام باغ
فضا راج	ایضاً	قلعہ بھنگیان
سبحان	کشمیری	کٹڑہ رامگڑھیہ
سبحان	لوچیا	گنگ منڈی
مانکہ	کسیرہ	کسیرہ بازار
جوتی شاہ	روڑہ	چک پیسانیم

بٹالہ

ٹھاکر	روڑہ	کلال خانہ
جی کشن	ایضاً	متصل کوتوالی
گوبند	برہمن	بازار کشمیری
جیرو	موچی	

لاہور

قادر داد	مسلمان	چونی منڈی
گندن	سکھ	ایضاً
برکتو	روڑہ	گومتی بازار
براندتا	کھتری	وچھووالی

LAHORE:—(concluded).

Somah	... Arora	... Chohutta Bazár.
Chait Rám	... Ditto	... Ditto.
Amar Náth	... Pandit	... Poráni Mundi.
Bishan	... Arora	... Mori Derwáza.
Pirbhu	... Ditto	... Ditto.
Báshi	... Khutri	... Ditto.
Tansukh	... Ditto	... Hira Mundi.
Bulkori	... Ditto	... Havailie Cably Mall.
Guradhan	... Ditto	... Cheeta Bazár.
Bhugtu	... Ditto	... Ditto.
Wazír	... Cashmeri	... Mochi Derwáza.
Narinjan	... Choudri	... Lahori Derwáza.
Suttár	... Cashmeri	... Bháti Ditto.
Baili Kana	... Khutri	... Lahori Mundi.
Cherág	... Kazí	... Ditto.
Amírolla	... Gunjá	... Ditto.
Yásín	... Barbar	... Mochi Derwáza.
Javinda	... Khutri	... Ditto.
Narain	... Púrbía	... Ditto service.
Káder	... Mochi	... Said Mitha.
Nabia	... Mashálchi	... Delhi Derwáza.
Mehru	... Khutri	... ...
Dína	... Cashmeri	... Near Kotwáli.

GUJRANWALLA.

Tamácha	... Doom	... Near Kotwáli.
Kahn Singh	... Arroa	... Bazár.

لاہور

سمان	رنڈہ	چوہٹا بازار
جیت رام	ایضاً	ایضاً
اُمرناتھ	پنڈت	پورانی منڈی
بشن	زورہ	موچی دروازہ
بریہو	ایضاً	ایضاً
باقی	کہتری	ایضاً
تن سکھ	ایضاً	ہیرامنڈی
بلکاری	ایضاً	حویلی کابلی مل
گوردہن	ایضاً	جیتکہ بازار
بھگتو	ایضاً	ایضاً
ڈیر	کشمیری	موچی دروازہ
نرائن	چودہری	لاہوری دروازہ
ستار	کشمیری	بھاٹی دروازہ
بلی کانا	کتری	لاہوری منڈی
چراغ	قاضی	ایضاً
امیراللہ	سنگیجا	ایضاً
یاسین	نائی	موچی دروازہ
جوندا	کہتری	ایضاً
نرائن	پوربیہ	ایضاً لازم
قادر	موچی	سید مٹھا
بنی	مشالچی	دہلی دروازہ
مہدو	کشمیری	متصل کوتوالی
دینا	کشمیری	

گوجرانوالہ

تماچیا	ڈوم	متصل کوتوالی
سکھا بن سنگھ	روڈہ	بازار

GUJRANWALLA.—(concluded).

Tháker	... Arora	... Kutra Hari Singh.
Easur	... Do.	... Ditto
Run Singh	... Do.	... Ditto.
Tháker 2nd	... Khutri	... Ditto.
Rám Singh	... Do.	... Kutra Dhián Singh.
Punjab Singh	... Do.	... Ditto.
Mehru	... Arora	... Bazár Shahter.
Bhána	... Brahmin	... Ditto.
Urjan Singh	... Thatyár	... Ditto.

GUJRAT.

Nersinga	... Khutri	... Mohulla Khoja
Nabia	... Cashmeri	... Derwáza Shah Dowla.
Mána	... Khutri	... Lakar Mundi.
Radah	... Ditto	... Derwáza Shah Dowl.
Pír Mahomed	... Kunjar	... Chukla.
Burdah	... Ditto	... Ditto.
Ahmedah	... Cashmeri	... Derwáza Shah Dowla.
Ruslah	... Ditto	... Ditto.

RAWALPINDI.

Hira Gujráti	... Baniah	... Shah Cherágh.
Gunguchee	... Ditto	... Ditto.
Jahangira	... Ditto	... Ditto.
Basákhi	... Khutri	... Bazár Shaher.
Mahesh	... Púrbia	... Bazár Shaher.
Kumma	... Cashmeri	... Ditto.

گوجرانواله

ٹھاکر	روڑہ	کٹڑہ ہری سنگھ
ایشر سنگھ	ایضاً	ایضاً
رتن سنگھ	ایضاً	ایضاً
ٹھاکر ثانی	کھتری	ایضاً
رام سنگھ	ایضاً	کٹڑہ دیبان سنگھ
پنجاب سنگھ	ایضاً	ایضاً
مہرو	روڑہ	بازار شاطر
بھانا	برہمن	ایضاً
ارجن سنگھ	ہشیار	ایضاً

گجرات

نرسنگھ	کھتری	محلہ خوجہ
نہیا	کشمیری	دروازہ شاہ دوالہ
ماہ	کھتری	تکڑ منڈی
راول	ایضاً	دروازہ شاہ دوالہ
پیر محمد	کانجو	چکلہ
بردا	ایضاً	ایضاً
احمد	کشمیری	دروازہ شاہ دوالہ
روسلا	ایضاً	ایضاً

راولپنڈی

سیا گجراتی	مہاجن	شاہ چراغ
گنگو جی	ایضاً	ایضاً
جہانگیر	ایضاً	ایضاً
بنا بھگتی	کھتری	بازار شاطر
بیشن	پوربیہ	بازار شاہ پیر
کمان	کشمیری	ایضاً

RAWALPINDI.—(concluded).

Rolu	... Mahomedan Bazár Shaher.	
Futta	... Cashmeri	... Ditto.

JHELUM.

Rehmána	... Cashmeri	... Jhelum.
Pála Singh	...	... Ditto.

PESHAWAR.

Gul Mahomed	... Cashmeri	... Ganj.
Husaini	... Kumhar ... Chòk.	
Ghuffára	... Cashmeri	... Asia.
Veeru	... Chowdhree	... Sudder Bazár, Camp.
Gholám Hossain	... Cook	... Ganj.
Saifud din	... Awán.	... ...
Gholám Mahomed	... Teli	... Telian.
Depa	... Mogul	... Gunj.

MOOLTAN.

Gádhi	... Khutri	... Derwáza Lahori.
Kala	... Do.	... Sudder Bazár.
Vahna	... Do.	... ...
Kirpa	... Do.	... Derwáza Lahori.
Mámu	... Butcher	... Mooltan.
Mukbool	... Darzi	... Derwáza Bahar.

راولپنڈی

رو لو	مسلمان	بازار شاہ پیر
فتا	کشمیری	ایضاً

جہلم

رحمانا	کشمیری	جہلم
بالا سنگھ	کھتری	ایضاً

پشاور

گل محمد	کشمیری	گنج
حسنی	کمہار	جوک
غفارا	کشمیری	انشا
میرو	جوہری	صدر بازار
غلام حسین	باورچی	گنج
سیف الدین	آوان	
غلام محمد	تیلی	محلہ نیلمان
دیبا	مغل	گنج

ملتان

گاڈی	کھتری	لاہوری دروازہ
کالا	ایضاً	صدر بازار
وانا	ایضاً	
کرپا	ایضاً	لاہوری دروازہ
باقی	بوچڑ	ملتان
مقبل	درزی	بہار دروازہ

The following list shows the names of the celebrated men who receive the stolen property from thieves and robbers in the different Districts of the Punjab.:—

DELHI.

Pohlu	... Sarraf	... Fatahpuri.
Moorlee	... Bania	... Derwáza Mori.
Runjeet	... Brahmin	... Chándni Chók.
Mirza Ali	... Mogul	... Bara Hindoo Rái..
Shamsoo	... Kanchan	... Sudder Bazár..
Nawáb	... Pathan	... Pahár Gunj.
Ruggi	... Bania	... Neel ka Kutra.
Oomráo	... ...	... Pahári Hindu Rái.
Jia Rám	... Kabária	... Deputy Ganj.
Fakíra	... Bania	... Pahári.
Bakshi	... Pathan	... Do.
Kullu	... Do.	... Do.

UMBALLA.

Kirpa	... Sarráf	... Rung Mahul.
Shunkar	... Do.	... Near Kotwáli.
Hurdyal	... Bania	... Cantonment.
Chupru	... Sarráf	... Sudder Bazár.
Gunga Rám	... Bhábra	... Ditto.
Shunkar	... Khutri	... Ditto.
Goverdhan Lál	... Pahária	... Ditto.
Raja Rám	... Khutri	... Lál Kurti.
Oodum Lál	... Do.	... Bazár Artillery.

فہرست مندرجہ ذیل مین نام اون اشخاص کی درج ہین جو اضلاع پنجاب مین چور و اوچکون سے چوریکا مال لیتی ہین

دہلی

نام	قوم	سکونت
بہلو	صراف	فتحپوری
مزالی	بنیا	موری دروازہ
رنجیت	برہمن	چاندنی چوک
مرزا علی	مغل	باڑہ ہندو راو
شمشو	سکن	صدر بازار
نواب	پٹھان	پہاڑ گنج
روگی	بنیا	نیل کا کٹرہ
امراو		پہاڑی ہندو راو
جیا رام	کباڑیا	ڈپٹی گنج
فقیریا	بنیا	پہاڑی
نجشی	پٹھان	ایضاً
کلو	ایضاً	ایضاً

انبالہ

نام	قوم	سکونت
کرپا	صراف	رنگ محل
شنکر	ایضاً	متصل کوتوالی
ہردیال	بنیا	چھاؤنی
چھیٹو	صراف	صدر بازار
گنگا رام	بھاٹڑہ	ایضاً
شنکر	کھتری	ایضاً
گوردہن لعل	بھاٹڑیا	ایضاً
راجا رام	کھتری	لعل کورتی
اودوم لعل	ایضاً	بازار لعل کرتی

Ludhiana.

Mean Singh	... Kooka	... Mandi.
Sukhan	... Chamar	... Do.
Sadar Dáss	... Do.	... Do.
Sáhib Ditta	... Goldsmith	... Sanspore.
Kála	... Sarraf	... Grass Mandi.
Tulsi	... Khutrí	... Mali Ganj.
Imam Dín	... Cashmeri	... Hazúri road.
Kurm Dín	... Dyer	... Do.

Jullundur.

Oodce	... Sarraf	... Old Sarai.
Illachee	... Khutrí	... ...
Jawaher	... Do.	... Near Kotwali.

Amritsar.

Kirpa	... Kasera	... Bazár Kasera.
Cheela Singh	... Sarraf	... Lohgarh Derwaza.
Urjon	... Do.	... Ditto.
Sukha Singh	... Aroora	... Baba Derah.
Maya	... Do.	... Rám Bágh.
Jogi	... Sarraf	... Ditto.
Bishna	... Do.	... Goorooka Bazár.
Rám	... Aroora	... Kanak Mandi.
Chujju	... Kasera	... Bazár Kunjrián.
Dewa Singh	... Barber	... Chok Pásian.
Salo Khan	... Sarraf	... Chok Derbar.
Urjon	... Dallal	... Sager.

لدھیانہ

سکھن	گوکلا	منڈی
سادھو داس	چمار	ایضاً
صاحب دتا	ایضاً	ایضاً
کالا	زرگر	ساکن پور
تلسی	صراف	گراس منڈی
امام دین	کھتری	بالی گنج
کرمیت	کشمیری	حضوری سڑک
	رنگریز	ایضاً

جالندھر

اودھی	صراف	پورانی سرائے
الانچی	کھتری	متصل کوتوالی
جواہر	ایضاً	

امرتسر

کرما	کسیرہ	بازار کسیرہ
جھنڈا سنگھ	صراف	لوگر دروازہ
ارجن	ایضاً	ایضاً
سکھا سنگھ	روڑہ	بابا ویڑہ
میا	ایضاً	رام باغ
جوگی	ایضاً	ایضاً
بسنتا	ایضاً	گوروکا بازار
رام	روڑہ	کنک منڈی
جیو	کسیرہ	بازار گنجیان
دیوا سنگھ	نائی	چوک پاسیاں
صالح خان	صراف	چوک دربار
ارجن	دلال	ستاگر

AMRITSAR.—(concluded.)

Chand	... Sarraf	... Chorusti Attarí.
Poorun	... Do.	... Chok Derbár.
Jogee	... Dallal	... Kutrah Purja.

BATALA.

Maya Thundi	... Sarraf	... Chok Ari.
Tara	... Bania	... Mandi Ghass.

LAHORE.

Phagoo	... Sarraf	... Moti Bazár.
Thaker	... Ditto	... Chutta Bazár.
Kalu	... Ditto	... Ditto.
Rám Ditta	... Ditto	... Lahori Mandi.
Atri	... Ditto	... Rung Mahel.
Jhanda	... Bajaz	... Bajaz Hutta.
Gholab	... Ekka-walla	... Mochi Derwaza.
Santoo son of Gholab	Ditto	... Ditto.
Goverdhon	... Khutri	... Chutta Bazár.
Jay Singh	... Aroora	... Bhati Derwaza
Ghasita Singh	... Khutri	... Chatta Bazár.
Jay Bhan	... Sarraf	... Muchi Hutta.
Hira	... Sarraf	... Ditto

GUJRANWALA.

Arjon Singh	... Aroora	... Kutrah.
Ghasita	... Bhabra	... City.
Dul Singh	... Sarraf	... Do.

امرت سر

جند	صراف	چوک ستی اٹاری
بیون	دلال	چوک دربار
جوگی	ایضاً	کٹڑہ بیرجیا

بٹالہ

مسیا شنڈی	صراف	چوک [illegible]
تارا	بنیا	منڈی گھاس

لاہور

سہاگو	صراف	موتی بازار
ٹھاکر	ایضاً	چٹا بازار
کالو	ایضاً	ایضاً
رامدتا	ایضاً	لاہوری منڈی
عطری	ایضاً	رنگ محل
جھنڈا	بزاز	بزاز ہٹا
گلاب	کیہ والا	موچی دروازہ
سنتو و گلاب	ایضاً	ایضاً
گوردین	کھتری	چھتا بازار
جی سنگھ	موڑہ	بھاٹی دروازہ
گیتا سنگھ	کھتری	چھتا بازار
جی بھان	صراف	مچھی ہٹا
ہیرا	ایضاً	ایضاً

گوجرانوالہ

ارجن سنگھ	روڑہ	گنڈہ
گمنا	بھابڑہ	شہر
دل سنگھ	صراف	ایضاً

GUJRANWALA.—(concluded).

Herjus	... Sarraff	... Choúk.
Jadoo Shah	... Ditto	... Ditto.
Bhugwan Singh	... Ditto	... Near Kotwali.
Jowalla Billa	... Goldsmith	... Bazár Chouk.
Jowalla 2nd	... Ditto	... Kanack Mandi.
Ganda	... Bhabra	... Ditto.

SIALKOT.

Sada Nand	... Khutri	... Jusranwala.
Khushia	... Lumberdár	... Ditto.
Jhanda	... Jat	... Ditto.
Haim Singh	... Do.	... Ditto Kaka.
Kan Singh	... Do.	... Tulvandi Bhai.
Nehal Singh	... Goldsmith	... Zafarwal.
Jevon Singh	... Lumberdár	... Keampore.
Kan Singh 2nd	... Jat	... Naruda.

GUJRAT.

Mehma	... Belloch	... City.

JHELUM.

Ditta	... Goldsmith	... Near Dyer's shop.
Mittah	... Niariah	... Jhelum.
Sultan Singh	... Goldsmith	... Near the River.
Jalalu	... Do.	... Jhelum.
Anar	... Do.	... Chackwál.
Sookha	... Do.	... Keryala.
Dalu	... Do.	... Ditto.

ارجن
جیند شاه
بهگوان سنگه
جوالا بلا
جوالا تالی
گنڈا

سدانند
خوشیا
جهنڈو
پیم سنگه
کاہن سنگه
سہال سنگه
جیون سنگه
کاہن سنگه تالی

مہان

دتا
مٹہا
سلطان سنگه
جهنڈو
ناترا
سنگها
ودالو

گوجرانواله

حدرات
ایضاً
ایضاً
سونار
ایضاً
بهابڑه

سیالکوٹ

کہتری
نمبردار
جٹ
ایضاً
ایضاً
زرگر
نمبردار
جٹ

گجرات

بلوچ

جهلم

سونارا
نیارا
سونا
ایضاً
ایضاً
ایضاً
ایضاً

چوک
ایضاً
متصل کوتوالی
بازار چوک
سکک منڈی
ایضاً

موضع جنڈالوالہ
ایضاً
ایضاً
ایضاً
تلونڈی بہائی
تلونڈوال
کس
نردرا

مشہد

متصل دکان رنگریز
جهلم
متصل دریای
جهلم
چکوال
کریاله
ایضاً

JHELUM.—(concluded).

Amira	... Brahmin	... Pind Dádan Khan.
Piru	... Cashmeri	... Jhelum.
Miru	... Do.	... Do.
Kalu Singh	... Sarraf	... Do.

RAWALPINDI.

Kishon Kor	... Khutri	... New Mandi.
Khooda Baksh	... Cashmeri cook	Sudder Bazár.
Gunga	... Bajáz	... Chok near old Kotwali.
Perubba	... Fruit seller...	Kasera Bazár.
Gunga Kulsi	...	... Cloth Merchant Bazár.
Jahangiria, Wazeriah	{ Brothers Hindus. }	Ditto.

PESHAWAR.

Kashi	... Sarraf	... Kareempoora.
Bhag	... Bajaz	... Pesháwar.
Gopal	... Khutri	... Kareempoora.
Wazira	... Goldsmith	... Pauper Geer.
Fakeria	... Ditto.	... Kada Khail
Kader Mohomed	... Ditto.	... Kazi Khail.
Mohomed Lungra	... Mosulman	... Ganj.
Depa	... Mogul	... Do.
Haji Amir	... Mosulman	... Aúsiah.
Natha	... Cashmeri	... Chouk Naser Khan.
Saduk	... Ditto.	... Ditto.

جہلم

امیرا	برہمن	پنڈ دادنخان
پیرو	کشمیری	جہلم
میرو	ایضاً	ایضاً
کالو سنگھ	صراف	ایضاً

راولپنڈی

کرشن کور	کھتری	نئی منڈی
خدا بخش	باورچی کشمیری	صدر بازار
گنگا	بزاز	چوک متصل کوتوالی پورانی
پربھا	سبزی فروش	گسیرہ بازار
گنگا [illegible] کلسی		بازار بزازان
جہانگیر [illegible]	مسلمان	ایضاً
وزیرا		

پشاور

کانشی	[illegible]	کریم پورہ
اک	بزاز	پشاور
گوپال	کھتری	کریم پورہ
وزیرا	سونار	[illegible]
فقیرا	ایضاً	گاداخیل
قادر بخش	ایضاً	قاضی خیل
محمد [illegible]	مسلمان	گنج
دینا	مغل	ایضاً
[illegible] احمد	مسلمان	آسیا
[illegible]	کشمیری	چوک ناصر خان
صادق	ایضاً	ایضاً

Mooltan.

Nirmal Dás	... Dhingar Bajaz Chouk.	
Nathoo	... Sarraf	... Do.
Kán Chand	... Do.	... Do.
Khan Mall	... Bajaz	... Do.
Khelloo	... Khutri	... Near Kotwalie.

The following list shows the names of celebrated thieves and robbers within the different Districts of the Punjab :—

Delhi District.

Soondri	... Goojer	... Noni.
Herphool	... Do.	... Mouza Phinjee.
Kulloo	... Do.	... Sarai Rohulla Khan.
Gobind	... Brahmin	... Paharee.
Amichand	... Do.	... Do.
Choonie	... Do.	... Do.
Khobee	... Jat Lumberdar	Do.
Rám Láll	... Goojer	... Alipore.
Saru	... Do.	... Alie Ganj.
Doonger	... Mali	... Paharee.
Gunga Dáss	... Jat	... Do.
Arjon	... Do.	... Do.
Saru	... Do.	... Do.
Hukma	... Do.	... Do.
Zaboon	.. Mali	... Do.
Gulab	... Brahmin	... Azadpore.
Rati Ram	... Mali	... Shakerpore.

ملتان

نرمل داس	ڈھینگر بزاز	چوک
نتھو	صراف	ایضاً
گگن چند	ایضاً	ایضاً
خان مل	بزاز	ایضاً
کھیلو	کھتری	متصل کوتوالی

فہرست مندرجہ ذیل سی نام مشہور چور اُچکون کی جو اضلاع پنجاب مین سکونت پذیر ہین واضح ہوگی۔

دہلی

سندری	گوجر	نونی
ہر پھول	ایضاً	موضع سیجی
لکھو	ایضاً	سرای روح الله خان
گوبند	برہمن	پہاڑی
آمین چند	ایضاً	ایضاً
جونی	ایضاً	ایضاً
خوبی	جٹ نمبردار	ایضاً
رام لعل	گوجر	علی پور
بسارو	ایضاً	علی گنج
ڈوگر	مالی	پہاڑی
گنگا داس	جٹ	ایضاً
ارجن	ایضاً	ایضاً
سارد	ایضاً	ایضاً
گنگامان	ایضاً	ایضاً
مین	مالی	ایضاً
گلاب	برہمن	آزادپور
رتی رام	مالی	شکرپور

DELHI.—(concluded).

Mummee	... Ganja	... Shah Bollka Ber.
Mon	... ...	... Near Jama Musjid.
Khaleefa Ahmed	... Sheikh	... Ditto.
Kader	.. Ghosi	... Gulli Shatara.
Jeva Rám	... Rajput	... Deputy Ganj.
Kallu	... Brahmin	... Paharee.
Indraj	... Jat	... Madhopore.
Meena Khatee	... Carpenter	... Pahari.

UMBALLA DISTRICT.

Bhoop Singh	... Rungrota	... Shazadpore.
Hira Singh	... Kalál	... Ditto.
Kalu	... Rungrota	... Ditto.
Baloo Singh	... Ditto.	... Ditto.
Ooddum Singh	... Jat	... Shahpore.
Khazan Singh	... Do.	... Ditto.
Choher	... Do.	... Pairana.
Nihala	... Do.	... Ditto.
Gopala	... Do.	... Machonda.

LUDHIANA DISTRICT.

Goondee	... Brahmin	... Mali Ganj.
Golab	... Billoch	... Burj Magli.
Kuka	... Arain	... ...
Eedoo	... Blacksmith	... Grass Mandi.
Nutha Singh	... Jhevor	... Mouza Chunda.

دہلی

مسمی نام	نسبًا	نشان بوتا کا بڑہ متصل جمعہ مسجد
حنیف احمد	شیخ	الیضاً
قوادہ	گھوسی	گلی شاہ تارا
جیونا رام	راجپوت	ڈپٹی گنج
کانو	برہمن	پہاڑی
اندراج	جٹ	تادہیو پور
نیناں کھاتی	تکھان	پہاڑی

انبالہ

بھوپ سنگھ	رنگریٹہ	منہزاد پور
ہیرا سنگھ	کلال	الیضاً
کالو	رنگریٹہ	الیضاً
بالو سنگھ	الیضاً	الیضاً
اودم سنگھ	جٹ	شاہ پور
خزان سنگھ	الیضاً	الیضاً
چوہڑ	الیضاً	پیرانہ
نتھالا	الیضاً	الیضاً
سگو بالا	الیضاً	مارچیندا

لودیانہ

گوندی	برہمن	مالی گنج
گلاب	بلوچ	برج مانکلی
سنگا	آرائین	گراس منڈی
عیدو	لوہار	جیندا
نتھا سنگھ	جہیور	

LUDHIANA.—(concluded).

Rámditta	.. Jheor	... Mouza Chunda.
Deya Singh	... Do.	... Ditto.

JULLUNDUR DISTRICT.

Kanah	... Khutri	... Kalál Khana.
Futta	... Do.	... Mohulla Saguk.
Sherfa	... Barber	... Panj Pir.
Tani	... Khutri	... Busti Gajon.
Kherati	... Aroora	... Busti Sheikh.
Ranjoh	... Do.	... Do. Gajon.
Nazam Deen	... Duryái Báf	... Jullundur.
Madari	... Pathan	... Ditto.
Dabee	... Khutri	... Ditto.
Illachee	... Do.	... Ditto.

AMRITSAR DISTRICT.

Chujjoo	... Bhabra	... Lohgarh Derwaza.
Deva Singh	... Barber	... Chouk Pasian.
Joti	... Goldsmith	... Kutra Moher Singh.
Maharaj	... Aroora	... Kala Phungran.
Loogre	... Khutri	... Rám Bagh.
Kaka	... Aroora	... Mouza Bara Walla.
Hari Rám Baba	... Fakeer	... Kutra Khazana.
Savon Singh	... Jat	... Meran Kote.
Hakam Singh	... Do.	... Khabran Walla.
Moju	... Do.	... Ditto.

لودیانہ

رامدتا	جھیور	جھنڈا
دیا سنگھ	ایضاً	ایضاً

جالندر

کاہنا	کھتری	کلال خانہ
فتا	ایضاً	محلہ سائگل
مشرفا	نائی	بستی شیخ
ثانی	کھتری	بستی گجیش
خیراتی	روڑہ	بستی شیخ
رانجو	ایضاً	بستی گجن
نظام دین	دریائی باف	جالندر
مداری	پٹھان	ایضاً
دیوی	کھتری	ایضاً
الائچی	ایضاً	ایضاً

امرتسر

چھجو	بھابڑہ	لوہ گڑھ دروازہ
دیوا سنگھ	حجام	چوک باسیان
جوالی	سونار	کٹڑہ مہر سنگھ
مہاراج	روڑہ	کالا انگریزان
لوکری	کھتری	رام باغ
کاکا	روڑہ	بارا دالہ
ہری رام بابا	فقیر	کٹڑہ خزانہ
ساون سنگھ	جٹ	میران کوٹ
حاکم سنگھ	ایضاً	کٹڑہ برانوالہ
باجو	ایضاً	ایضاً

AMRITSAR.—(concluded).

Lall Singh	... Jat	... Khabran Walla.
Sheer Singh	... Do.	... Meran Kote.
Radha Kishon	... Brahmin	... Sooltan Pind.
Dina	... Musulman	... Gilvair Derwaza.
Ala	... Chura	... Burjwalla.
Mullee	... Ditto	... Nungal.

BATALA.

Thaker	... Barber	... Pandi Mohilla.
Raheem	... Cashmeri	... Pahári Do.
Mean Muhomed	... Shaikh	... City Batala.

LAHORE DISTRICT.

Eedah	... Kunjore	... Moti Bazár.
Lussoo	... Cashmeri	... Kutra Malahan.
Shadi	... Machi	... Soorder.
Alah Baksh	... Airan	... Thutti Malahan.
Kalloo	... Do.	... Mohulla Sooltan Shah.
Gholab	... Cherimar	... Mochi Derwaza.
Morad	... Cashmeri	... Ditto.
Gohree	... Syad	... Taile
Mani	... Cashmeri	Sadoo Serai Sooltan.

GUJRANWALA DISTRICT.

Kushali	... Khutri	... Hafizabad.
Urjon Singh Alias Phatie	... Jat	... Mouza Kanika.
Javond Singh	... Do.	... Do.

امرتسر

لعل سنگھ	ایضاً	ایضاً
شیر سنگھ	ایضاً	منزان کوٹ
رادھا کشن	برہمن	سلطان ونڈ
دینا	مسلمان	گلوی دروازہ
آلا	چوہڑا	برج والہ
ملی	ایضاً	نکل

بٹالہ

ٹھاکر	حجام	باندی محلہ
رحیم	کشمیری	بہاڑی الفار
میاں محمد	شیخ	شہر بٹالہ

لاہور

عبدا	کنجر	موتی بازار
لبو	کشمیری	کٹھرہ محلان
شادی	ماچھی	سنہری
الہ بخش	آرائین	ٹہٹی ملاحون
کالو	ایضاً	محلہ سلطان شاہ
گلاب	جڑی مار	موچی دروازہ
مراد	کشمیری	ایضاً
سکھ دیوی	سید	ٹکسالی
ہاشی	کشمیری	سرای سلطان

گوجرانوالہ

خوشحال	سیٹھی	حافظ آباد
ارجن سنگھ عرف	جٹ	کالی کا
بہاری	ایضاً	ایضاً
جوند سنگھ		

GUJRANWALA.—(concluded).

Hira Singh	... Jat	... Patalika
Lalu	... Do.	.. Ditto.
Kesur Singh	... Aroora	... Gurmula.
Kaher Singh	... Do.	... Ditto.
Kirpa Singh	... Ditto.	... Chutta
Jani	... Cashmeri	... Ghareeb Gurh.
Boota Singh	... Neeruk	... Kussookee.
Ghamondi	... Jat	... Kalee.
Fateh Singh Derawala	Do.	... Gujránwála

SIALKOT.

Sada Nand	... Khutri	... Jusranwala.
Radah	... Machi	... Kukka.
Futta	... Cashmeri	... Káampore.
Bula	... Jat	... Mana Walla.
Kan Singh	... Do.	... Barooda.
Mula	... Do.	... Alibad.
Jawaher	... Chura	... Peranwalla.
Ditta	... Jat	... Khankhasa.
Shadi	... Chura	... Bhagwala.
Budha	... Ditto	... Khairwala.
Kana	... Ditto	... Berukwala.

GUJRAT DISTRICT.

Oomra	... Mochi	... Gujrat.
Gholam Ali	... Cashmeri	... Mandi.
Kalu	... Aroora	... Gujrat.

گوجرانواله

هیرا سنگھ	جٹ	بٹالی کا
لانو	ایضاً	ایضاً
کیسر سنگھ	روڑہ	گرمولہ
کہڑ سنگھ	ایضاً	ایضاً
کرپا سنگھ	ایضاً	جیتو
جانی	کشمیری	غریب گڈہ
بوٹا سنگھ	درک	کسوکی
گھمنڈی	جٹ	کالی
فتح سنگھ ڈیرہ	ایضاً	گوجرانواله

سیالکوٹ

سدانند	کھتری	جیسرام واله
برادہا	باچھی	نگہ
فتا	کشمیری	قیام پور
بلا	جٹ	بانوواله
کاہنہ سنگھ	ایضاً	بردوہ
بلا	ایضاً	علی باد
جوالہ	جوٹرا	سرانواله
فتو	جٹ	فتان حاضہ
[illegible]	موہلا	بہاگ واله
الہ وتہ	ایضاً	خود واله
ناتھ	ایضاً	برنگ واله

گجرات

غورا	موچی	گجرات
غلام علی	کشمیری	بانڈی
کالو	روڑہ	گجرات

GUJRAT.—(concluded).

Sheer Ali	...Cashmeri	... Maroori.
Fuzla	... Sansi	... Lukhonwal.
Kootba	... Dhobi	... Mandi.

JHELUM DISTRICT.

Karmoo	... Mosullee	... Peranwall.
Boota	... Ditto	... Vairvanka.
Kamru	... Jat	... Peragaib.
Kamalu	... Do.	... Ditto.
Jawaya	... Do.	... Ditto.
Goondul Singh	... Khutri	... Mondan Chakwal.
Kermoo	... Goojer	... Jhelum.
Rutta	... Goldsmith	... Kalekhan.

RAWALPINDI DISTRICT.

Fajju	... Zamíndár	... Rawalpindi.
Kalu	... Goor Mang	... Mohulla Telian.
Ruzzak	... Cashmeri	... Huzrokee.
Nawáb	... Zamíndár	... Kahuta.

PESHAWAR DISTRICT.

Nawáb	... Mosulman	... Hushtnager.
Fazullhuqq	... Ditto	... Ditto.
Shahmoneer	... Ditto	... Doaba.
Sahibkhan	... Ditto	... Hushtnager.
Fakiryah	... Fisherman	... Asiah.
Fuzla	... Cashmeri	... Ditto.

گجرات

شیر علی	کشمیری	مروڑی
فضلا	سانسی	لکھن وال
قطبا	دھوبی	مانڈی

جہلم

کرموں	مصلی	پیرانوالہ
بوٹا	ایضاً	درواق
قمرو	جٹ	پیرا غیب
گامی	ایضاً	ایضاً
جویا	ایضاً	ایضاً
گوندل سنگھ	کھتری	منڈی چکوال
کرموں	کھوجہ	جہلم
رتنا	سونار	کالی نمان

راولپنڈی

فجو	زمیندار	راولپنڈی
کالو	گورمنٹ	محلہ تیلیاں
رزاق	کشمیری	حضروکی
نواب	زمیندار	کہوٹہ

پشاور

نواب	مسلمان	ہشت نگر
فضل حق	ایضاً	ایضاً
شاہ منیر	ایضاً	دوابہ
صاحب خان	ایضاً	ہشت نگر
فقیرا	مچھلی والہ	اسیا
فضلا	کشمیری	ایضاً

PESHAWAR.—(concluded).

Suffu	... Peracha	... Ganj.
Mirzadouble	... Mogul	... Kareempore.
Nutha	...	Kissakhanee.
Budha	... Khutri	... Pesháwar.
Kakoo	... Ditto	... Ditto.
Bhana	... Ditto	... Ditto.
Mohomdee	... Arain	... Kissakhanee.
Gama	... Cook	... Ditto.

MOOLTAN DISTRICT.

Pira	... Badhara	... Mooltan.
Chander Bhan	... Khutri	... Baharderwaza.
Sookhoo	... Aroora	.. Lubba.
Hava Charkee	... Do.	... Ahmedpore.

پشاور

سنگو	پراچہ	گنج
ہزارا ڈوڈیل	مغل	کریم پورہ
نتھا		قصہ خوانی
بوڈلا	کھتری	پشاور
کاکو	ایضاً	ایضاً
پٹھانا	ایضاً	ایضاً
محمدی	آرائیں	قصہ خوانی
گوکھان	باورچی	ایضاً

ملتان

پیرا	بیدہ ہزارا	ملتان
چندربہان	کھتری	باہر دروازہ
سوکھو	سردوہڑہ	لیا
ہو اچھرخی	ایضاً	احمد پور

Sansi.

Some of the Sansi tribe give their history as follows:—They say that Sans Mull, a Brahmin by caste, was a leper; he had six brothers, who turned him out of their house. He was obliged to take his wife with him, and went out to live in the fields. He had no means to support himself; he lived on lizards, &c. After some time he got cured. He had 2 sons and 2 daughters; he asked his brothers to marry his sons and daughters into their families; they refused to do so; then he was obliged to marry them together. After that he was quite displeased with his brothers, and wanted to give them trouble, and a severe enmity was going on between them; he told his sons to steal their cattle and other things, and they began to do so. After a short time the word Mull was left out, their name became Sansi; since that time they began to live in chapper, and wander about the country. They live on lizards, cats, jackals, &c. Their mode of stealing is worse than the other thieves: 10 or 12 men go together to steal, and when they see that there are one or two men inside the house, they forcibly break the door of the house, and go inside. They catch the owner, and shut him up in a separate room, and two of them sit at the door to watch him, and the others take away the whole property; and when they see that the other companions have taken away the whole porperty, they leave the owner in the same state, shut up, and go away. They break into houses, commit highway robbery, and all sorts of theft. They are very

سانسی

بعضی سانسی اپنی قوم کی تواریخ اس طرح پر بیان کرتی ہین کہ مسمی سانس مل برہمن کی چہہ بہائی
تہی بباعث بیماری جزام دیگر برادران نی سانس مل کو گہر سی نکالدیا وہ لاچار ہوکر اپنی بی بی کو ہمراہ
لیکر کسی جنگل مین جا رہا کوئی وسیلہ اپنی گذرانکا اوسکو نہ ملا اس سبب سی جانور سانڈی وغیرہ مارکر
کہانی لگا بعد کچہہ مدت کی بیماری سی صحت ہوئی دو لڑکی۔ دو لڑکیان۔ سانس مل کی عورت سی
پیدا ہوئین تب اوسنی دیگر برادران کو واسطی رشتہ داری اولاد کی کہا اونہون نی
انکار کیا سانس مل نی لاچار ہوکر دونو لڑکونکی شادی دونو لڑکیونکی ساتھہ کردی یعنی بہنو اور بہائیونکی
شادی باہم ہوگئی۔ سانس مل نی بسبب انکار رشتہ داری اپنی بہائیونکی اونکو کچہہ ایزا دینیکا ارادہ کیا اور
اوسکی لڑکون نی اپنی باپ کی سکہانی سی اونکی مویشی اور زراعت کو خراب کرنا اور چرانا
شروع کیا بعد کچہہ عرصہ کی لفظ مل کا استعمال مین نہ رہا بجائی لفظ مل کی یائی یعنی نشان
نسبت سانسی مشہور ہوگئی اوسیوقت سی خانہ بدوشی اور آوارہ پہرنا اختیار کیا۔ گذران
شکم پروری سانڈی لومری وغیرہ سی کرتی رہی طریق اونکی چوریکا بہ نسبت اور چوروںکی خراب
ہی۔ دس بارہ آدمی اکہٹی ہوکر چوری کو جاتی ہین ایک دو آدمیونکو مکانمین سوتا ہوا دیکہکر
جبراً مکان مین چلی جاتی ہین مالک مکان کو ایک کوٹہری مین بند کرکی دو آدمی اوسکی
پہرہ پر رہتی ہین باقی آدمی اسباب وغیرہ لی جاتی ہین جب وہ دو پہرہ والی جانتی ہین
کہ ہماری ہمراہیون نی اسباب لی لیا ہی اوسی حالت مین مالک کو چہوڑکر
فرار ہوتی ہین یہہ لوگ نقب زنی رہزنی اور ہرقسم کی چوری کرتی ہین

brave and regular professional thieves. They live in the following districts: Umballa, Jullundur, Gurdáspur, Amritsar, Lahore, Ferozepore, Siálkot, Gujránwála, Gujrat, Jhelum, Rawalpindi, Shahpur and Montgomery. Their terms clearly have been given in the book, they are professional thieves and very brave.

DOOMNA.

They give this history as follows:—They explain that there was a Brahmin who had four sons, one of them was called Malu Dunt. He was the youngest of them all; his brothers were displeased with him and wanted to turn him out of their house. They had a cow; one day the calf of that cow died; they asked Malu Dunt to take it away and bury it; he refused to do so; they forced him to do so, when he did so, they got an opportunity to turn him out, and they turned him out of their house, and he was obliged to live in the fields, and as he had no other means to support his life, he began to take off the skin of dead cattle and sell them; he used also to bury the dead cattle and sell their skins, so after a short time he was called Doúm, being a new caste, and began to steal cattle and poison them. The mode of their theft is that they go like beggars and steal whatever things they can; they break into houses, commit highway robbery and all other sorts of theft. They live in different districts, as follows:—Umballa, Gurdáspur, Ferozepore, Amritsar, and Siálkot. They live chiefly in Jummoo and the Frontier, They come from there, and steal within Government territory

نہائت دلیر اور چوری پیشہ پختہ ہین - اضلاع ذیل مین رہائش ہی - انبالہ - جالندہر گورداسپور - امرتسر - لاہور - فیروزپور - سیالکوٹ - گوجرانوالہ - گوجرات - جہلم راولپنڈی - شاہ پور - منٹگمری - اونکی زبان اور اصطلاح کتاب مین درج ہین -

ڈومنی -

بعضی ڈومنی اس قوم کی اپنی تواریخ اسطرح سی ظاہر کرتی ہین کہ ایک برہمن کی چار لڑکی تہی سب سی چھوٹا مسمی بلودنت تہا اوسکی بہائی اوسکو گہر سی نکالنا چاہتی تہی ایک مرتبہ گائی کا بچہ مرگیا اوسکی بہائیون نی بلودنت کو کہا کہ اس بچہ مردہ کو دبا دو اوسنی انکار کیا جبتک اوسکو بچہ دبانی بہیدیا جب اوسنی یہہ کام کیا یہہ حیلہ کر کی بالودنت کو گہر سی نکالدیا وہ لاچار ہوکر ویرانہ مین رہنی لگا چونکہ کوئی سبب لائق گذران کی اوسکو نہ ملا اسلئی مردہ مویشی کو زمین مین دبانا اور اوسکا چمڑہ اوتار کر بیچنا - یا زہر وغیرہ مویشی کو کہلا کر مار دینا شروع کیا - کچہہ عرصہ کی بعد وہ ڈوم مشہور ہوگیا - طریق اونکی چوری کا یہہ ہی کہ فقیری لباس بنا کر جو چیزہات لگی لی جاتی ہین - نقب زنی ہر قسم کی چوری کرتی ہین - مختلف اضلاع مین اونکی رہائش ہی سیالکوٹ گورداسپور - فیروزپور - امرتسر - نیپال - خصوصًا جمون کی ریاست مین زیادہ ہین سرکاری علاقہ سی چوری کر کی اوس ریاست مین چلی جاتی ہین

and go back. They are the regular professional thieves now.

Gandilas.

They are like Sansis; they live in chappers; they walk over all the country, never live at one place; they live chiefly in deserts and fields; they kill jackals, cats and lizards and eat them, they keep dogs with them to hunt; they live chiefly by theft; they have no other occupation except theft; they are professional thieves now.

Sweepers of the Delhi District, &c.

These sweepers live within the different districts, Delhi, Rohtak, Sirsa and Hissar. They live by theft, and do not work like sweepers; they break houses; they wander all over the above mentioned districts and steal; their terms are different from those of the Punjab, therefore their terms have been separately explained in the book.

Sweepers of the Punjab.

These sweepers are of two sects, one called Lall Begia and the other Bal Beka, and worship separately. They live in different districts, Siálkot, Gujránwála, Gujrat, Jhelum, Rawalpindi Ferozepore and Gurdáspur, and also in other districts. Their language or terms are quite different from those of Delhi; some of them poison cattle, horses &c.; they break into houses, commit highway robbery; sometimes they live in chappers, and leave their villages and wander over the country to steal. They

یہہ قوم چوری پیشہ ہی

گنڈیلی

یہہ قوم یعنی گنڈیلی بالکل موافق سانسیونکی ہین سرکی بانس مین چھپر یا سرکی وغیرہ ڈالکر اپنی گذران کرتی ہین تمام ملک مین پہرتی ہین اکثر جنگل بیابان مین رہتی ہین گیدڑ - بلہ - سانڈہ وغیرہ مارتی اور کہاتی ہین - گتی بہت رکہتی ہین - چوری پیشہ ہین اور چوریسی اوقات بسر کرتی ہین نامی چور ہین سوائے چوریکی اور کچھہ پیشہ نہین کرتی -

چوڑہی ضلع دہلی

یہہ چوڑہی اضلاع ذیل مین سکونت رکہتی ہین - دہلی - رہتک - سرسا - حصار - چوری پیشہ ہین کام چور دنگا نہین کرتی ہین اور نقب زنی مشہور ہین اضلاع مذکور الصدر مین چوری کرتی ہین اور وہین رہتی ہین زبان اونکی ملک پنجاب کی چوڑون سی بالکل مختلف ہی اسی سبب سی کتابین جدا گانہ

چوڑہی پنجاب

چوڑہی پنجابکی دو فریق ہین ایک لال بیگی دوسری بالا بیگی طریق اور طور اونکی پرستش کی جدا گانہ ہین اور جدا جدا پرستش کرتی ہین اور اضلاع مفصلہ ذیل مین رہتی ہین سیالکوٹ - گوجرانوالہ - بیگر - جہلم - راولپنڈی - فیروزپور - گورداسپور - وغیرہ مختلف اضلاع مین سکونت پذیر ہین زبان اور بولی اونکی دہلی کی چوڑون سی مختلف ہی اسمقام پر لیکن جدا گانہ بیان کی گئی ہین - اکثر زمین سی مویشی اور گہوڑونکو ہمراہ کہلاتی اور رہتی ہین - چوری پیشہ اور نقب زنی مین بلکہ ہمراہ سانسیونکی سو کر ڈکیتی وغیرہ کرتی ہین بعضی اوقات اپنی گہر بہی دیہات چہوڑکر جنگلو مین بانسکی گنڈیلہ اور سانسیونکی چھپر سرکی وغیرہ مین رہتی ہین اکثر چوری سی اوقات بسر کرتی ہین

wander like Gandilas and Sansis, and sometimes they steal with Sansis.

Harni.

They give this history as follows :—they explain that one of thier predecessors, Harni, was very fond of hunting and killing deer, and was commonly called a *herun márnewála* ; after a long time the word márnewála was left out, and he was called Harni instead of herun ; since that time they are called Harni.

They are chiefly professional theives ; their mode of stealing is different from others. They go like merchants, and take some cattle with them, and when they get an opportunity, they steal ; they break into houses and commit highway robbery ; they send their women with some toys and other articles to sell cheaper than the bazár rate ; their women are very quick to get information and to steal the jewels &c. ; they get the whole information and send their husbands and other relatives to steal. Sometimes they consult with the servants of the house they intend to rob and promise to give him $\frac{1}{3}$ or $\frac{1}{4}$ of the stolen property ; sometimes in a special case they promise to give $\frac{1}{2}$ of the property, and get the whole information from him and steal, and after that they give only $\frac{1}{4}$ to the servant or $\frac{1}{5}$—not more. They live at Hoshiárpur, Ludhiána and Gurdáspur Districts. They chiefly commit highway robbery, and are regular professional thieves.

دی گندیلی اور سانپیونکی طرح آوارہ پہرتی ہین اور بعض دفعہ سانسیونکی شریک ہو چوری کرتی ہین

قوم ہارنی

یہہ قوم ہارنی اپنی تواریخ اسطرح پر بیان کرتی ہین کہ ایک شخص آباواجداد سی اونکی ہمیشہ شکار ہرنکا کہیلا کرتا تہا اور ہرن مارا کرتا تہا۔ اس سبب سی اوسکو ہرن مارنیوالا کہا کرتی تہی بعد چند مدت کی لفظ مارنیوالہ کا حذف ہوگیا اور اوسکو ہرن ہاری کہنی لگی یعنی لفظ ہرن سی ہارنی بنالیا اور یہی مشہور ہوگیا۔ یہہ قوم نامی گرامی چور ہین اور چوری پیشہ ہین ہر قسم کی چوری کرتی ہین بعضی دفعہ مانند سوداگر کی سفر کرتی ہین اور مویشی وغیرہ واسطی سوداگری لیجاتی ہین اور جہان موقع ملتا ہی وہین چوری کرتی ہین بعضی دفعہ یہہ لوگ اپنی چھوکرونکو کہلونہ وغیرہ دیکر بڑی بڑی گہرونمین واسطی دریافت حال مال کی بہیجتی ہین اور وہ کہلونہ لیجاکر کم قیمت پر فروخت کرتی ہین اور [illegible] حال دریافت کرلیتی ہین اگر اون چھوکرونکو موقعہ چوریکا ملتا ہی تو زیور وغیرہ جو کچھہ ملا چرا لاتی ہین اور نہایت چالاک ہوتی ہین اور خبر وغیرہ اچھی طرح سی دریافت کر کرا تی ہین اور اپنی خاوندونکو اور رشتہ دارونکو واسطی چوری کی بہیجتی ہین اور وہ اوسی پتہ اور نشان پر جو وہ بتاتی ہین چوری کرتی ہین نقب زنی ڈکیتی چوری مویشی وغیرہ ہر قسم کی چوری کرتی ہین بعضی دفعہ کسی نوکر کو مالک مکان کی خواہ عورت ہو یا مرد پہسلاتی اور سازش کرتی ہین اور اوسکو پانچوان یا چوتہا حصہ دینا کرتی ہین بلکہ کسی خاص وقت اور جگہہ پر نصف حصہ یا چوریکا اوس نوکر کو دینا کرتی ہین اور جب پتہ دیدیتا ہی اور چوری کرلیتی ہین تو چہارم حصہ بلکہ پانچوان حصہ اوسکو دیتی ہین یہہ نہایت نامی گرامی چور اور چوری پیشہ ہین اور چوری سی اکثر گذران کرتی ہین بلکہ بعضی آدمی اونمین سی کہیتی وغیرہ برائی نام کرتی ہین اضلاع متصل ذیل مین رہتی ہین۔ ہوشیارپور۔ لدہیانہ۔ منٹگومری [illegible] وغیرہ اور اکثر [illegible] نقب زنی بہت کرتی ہین اور مشہور چور ہین

Bawari.

They give their reason as having been called Bawaria as follows:—they say that they hunt and catch pigs, jackals, and wolves in a net work made of moonj called bavees, therefore they are called Baveria. They are just like Sansi and Gandhilas. The mode of their theft is like Sansi &c.: they go over the country like beggars, and sometimes like merchants; they look into houses, commit highway robbery &c.; they live in chappers and mostly live by stealing at Jeypore, Bahawalpur, Rajputana and in the Government territory too. They are celebrated professional thieves, and their terms used by them are different from others, which is explained in the book.

Minas.

They give their history as follows:—In the beginning they say that they were Hindu Rajputs; the reason of their being called Mina was that a thief after making a theft, came to a respectable house of a Rajput, who was his friend, with the stolen property, who kept him at his house; after a short time some people came to catch him, and asked that Rajput, where is the man who has come with stolen property to your house; he said no one has come, except my son-in-law, who is sleeping on the roof with my daughter, and he sent his daughter and told her to go and sleep with him, and she did so. The people who had come to catch him believed the Rajput, and went away; afterwards it was proved that he had concealed the thief, and had told a lie, all the other Rajputs turned him out, and

قوم بادیہ

یہہ قوم بادیہ اپنا حال اسطرح بیان کرتی ہین کہ ہم لوگ ہمیشہ سی شکاری ہین اور ہمیشہ شکار یعنی سوُر گھونس گیدڑ وغیرہ کرتی ہین اور مونج کی جال بناکر زندہ جانور مثل سوّر وغیرہ پکڑتی اور لاتی ہین اور ان ال مونج لودرہ کہتی ہین اس سبب ہمارا نام بادیہ ہوگیا اور بادیہ کہلانی لگی طریق اونکی چوریکا مانند سانسیون اور گندیلون کی ہی بلکہ بانس فقیر دنکی مانگتی پہرتی ہین اور کبہی سوداگر بنکر جاتی ہین اور ہر قسم کی چوریان کرتی ہین نقب زنی ڈکیتی وغیرہ بہی کرتی ہین اکثر جنگل اور بیابان مین رہتی ہین یعنی سرکی بانس جیسی سانسی وغیرہ رہتی ہین سکونت اونکی زیادہ تر جیپور بہاولپور اور راجپوتانہ مین ہی چوری کرنی علاوہ شکاری ہین ہین اور مشہور چوری پیشہ ہین اور زبان اونکی جدا ہی اس سبب سی کتاب مین علیحدہ بیان کی گئی ہی

قوم مینہ

یہہ لوگ اپنی تواریخ اور حال اسطرح بیان کرتی ہین کہ اصل اونکی ہندو ہی سبب اونکی مینہ کہلانیکا یہہ ہی کہ ایک شخص اچہراکر معہ مال چوری ایک بڑی معزز راجپوت کی گہر گیا اور اوسسی پناہ مانگی اوس معزز راجپوت نی اوسکو معہ مال چوری کی اپنی گہر مین کوٹہی مین بٹہلایا تہوڑی دیر کی بعد چند آدمی اوسکو تلاش کرتی ہوئی اوسکی گرفتاری کی آئی اور اوس راجپوت سی دریافت کیا کہ آیا کوئی آدمی تمہاری گہر آیا ہی اوس نی کہا کہ کوئی نہین آیا الا میرا داماد اوپر کوٹہی مین معہ اپنی زوجہ کی سوتا ہی اور اوسنی اپنی بیٹی کو بہی اوسکی پاس بہیجا اور کہا کہ تو اوسکی پاس جاکر سو رہ چنانچہ اوسکی بیٹی نی ایسا ہی کیا - وہ لوگ چور کی گرفتاری کو آئی تہی بسبب اعتبار اوس معزز راجپوت کی واپس چلی گئی بعد ازان لوگونکو معلوم ہوا کہ اوسنی اوس چور کو اپنی گہر مین رکہا اور نسبت ...

[illegible]

told the people to call him a big liar. Since that time they were called so, and the Rajpút who was turned out married his daughter with that thief and lived with him and began to steal; and now they are very celebrated professional thieves.

The mode of their theft is violent; they forcibly plunder the passengers. 10 or 12 men go together to rob and commit highway robbery and break into houses. They live at Kot Patty, Monda, Mandi, Patna and in the Jeypore and Sháhjehánpur Districts. They thieve as far as Sindh, Haidarábad, and are the regular professional thieves.

Mao.

Formerly they were Hindus; but the reason of their being converted and called Mao is unknown. They are professional thieves. The mode of their theft is like Minas; several of them go together to steal, sometimes to commit highway robbery, and sometimes to plunder travellers. They live chiefly on theft, by name they are cultivators. They live in the following districts:—Delhi, Gurgaon, Hissár, Meerut, Alighar, Mathra, Alwar, Tejára, and in the Rájputána Districts. Sometimes one or two of them go and sit by the road-side to rob travellers, and receive the stolen property of all sorts, and cattle, &c.

Gujars.

They are some Hindus and some Muhammadans. They are celebrated thieves; many of them are cultivators. The mode of their

کہا کہ اسکا نام چھوٹہا او رمینہ رکہنا چاہی اوسوقت سی مینہ کہلائی اوس راجپوت نی جب اوسکو اوسکی قوم نی برادری سی خارج کردیا تو اوسنی اپنی لڑکی کی شادی اوسی چوہری کردی اور اوسکی ساتہہ رہنی لگا اور اوسکی ساتہہ چوری کرنی لگا۔ اوسکی اولاد جو مینہ کہلاتی اب نامی گرامی چور اور چوری پیشہ ہین۔ طریق اونکی چوری کا بہت خراب ہین ڈاکہ وغیرہ مارتی ہین مسافرونکو زبردستی لوٹ لیتی ہین اگر کوئی مقابلہ کری تو اوسکو مار ڈالتی ہین اور زخمی کرتی ہین اور زیادہ تر اضلاع مفصل الذیل مین رہتی ہین کوٹ پٹلی موہنڈارہ منڈہلی۔ نیمساجی پور۔ شاہجہان پور۔ بلکہ چوری کرنی سندہ حیدرآباد تک جاتی ہین اور چوری کرتی ہین زیادہ تر معاش اونکی چوری ہی ہی مشہور نامی گرامی چور او چوری پیشہ ہین۔

قوم مینو

اصل مین ہندو تہی مگر معلوم نہین کہ کب اور کسطرح مسلمان ہوتی اب بہی بہت سی ہندو ہین نہایت چوری پیشہ اور مشہور چور ہین طریق اونکی چوری کا مانند مینونکی ہی اکٹہی ہوکر دس بارہ آدمی ملکر چوری کرتی ہین ہر قسم کی چوری نقب زنی ڈاکہ وغیرہ کرتی ہین ناکو زمینداری بہی کرتی ہین اور زیادہ تر چوری ہی سی گذران کرتی ہین مال چوری کا خریدتی اور بیچتی ہین مشہور چور ہین اضلاع مفصل ذیل مین رہتی ہین دہلی۔ گوڑگانوان۔ حصار۔ میرٹھ۔ علیگڈہ۔ متہرا۔ الور۔ سنجارا راجپوتانہ وغیرہ مین بہی رہتی ہین بعضی دفعہ دو یا تین آدمی ملکر اوجاڑ جگہہ نزدیک سڑک کی جا بیٹہتی ہین اور اکیلی دوکیلی مسافرونکو لوٹ لیتی ہین چوری مویشی وغیرہ کی بہی کرتی ہین اور مال چوری کا لیتی ہین۔

قوم گوجر

اس قوم مین ہندو اور مسلمان دونو آمیز ہین یعنی گوجر ہندو بہی ہین اور مسلمان بہی طریق اونکی

theft is like the Maos; they commit all sorts of robbery. They break into houses; are highway robbers; and also steal cattle. Sometimes they go together with Maos and other castes to steal. Some of them go on the road and plunder travellers; they chiefly live in the following districts :—Delhi, Chundráwal, Farídábad, Ballubgarh, Badarpore, Sarái Roshan Cherágh, Delhi, near Kotub Sahib.

They receive a great deal of stolen property, they keep thieves at their houses and help them. The following are the names of very celebrated thieves :—

1*st.*—Hossain Shah, who lives at Badarpore; several thieves come daily to give him stolen property and live with him.

2*nd.*—Kallu, he is the inhabitant of Noni; he is himself a very celebrated thief, and like Hossain Shah, receives stolen property.

3*rd.*—Raja Gujar, he lives at Chundráwal; he is a head centre of thieves like the other two.

4*th.*—Shahzáda, he lives at Roshan Cherágh Delhi near Kotub Sahib. He is the head centre of thieves like the other three. These above mentioned men receive all sorts of stolen property and are called head centre of thieves.

Ahirs.

They are the inhabitants of the following districts :—Meerut, Aligarh, and Mathra. Sometimes they go to steal with

چوریکا موافق میوہ وغیرہ کی ہی بہت سی اونمین سی زمینداری وغیرہ کرتی ہین اور قسم کی چوری
مثل نقب زنی و ڈکیتی و چوری مویشی بہی کرتی ہین بلکہ مسافر کو تنہا پاکر لوٹ لیتی ہین
اور مقامات مفصل الذیل مین سکونت پذیر ہین - دہلی - چندراول - فریدآباد - بلمگڈہ
بدرپور - سرای روشن چراغ دہلی جو نزدیک قطب صاحب کی ہی

وی بہت سا مال چوریکا اور چورونکو اپنی گہرون مین رکہتی اور انکو امداد کرتی ہین چند آدمی
اونمین سی نہایت نامی گرامی چور اور چوری پیشہ ہین -

اول حسین شاہ ساکنہ بدرپور یہہ شخص نامی چور ہی اکثر چور رو ہیرہ اوسکی مکان پر آتی
اور مال چوریکا اوسکو لاکر دیتی ہین اور اوسکی گہر پر رہتا ہین -

دوئم کلو یہہ شخص باشندہ لونی کا ہی اور مانند حسین شاہ کی یہہ بہی چوریکا مال
لیتا اور چورونکو اپنی مکان پر رکہتا ہی نامی چور ہی -

سیوئم راجہ گوجر یہہ شخص باشندہ چندراول کا ہی سرگردہ چورونکا مشہور معروف ہی یہہ بہی
بڑا نامی چور ہی اور حسین شاہ کلو کی طرح مال چوریکا لیتا اور چورونکو اپنی مکان پر رکہتا ہی اور چوری کراتا ہی

چہارم شہزادہ یہہ شخص باشندہ روشن چراغ دہلی جو نزدیک قطب صاحب
کی ہی اور مانند حسین شاہ و کلو وغیرہ نامی گرامی سرگردہ چورونکا ہی -

قوم اہیر

یہہ باشندہ اضلاع مفصل ذیل کی ہین - میرٹہ - علیگڈہ - متہرا وغیرہ اگرچہ یہہ لوگ جورو کی جو [illegible]

Gujars, but are not like Maos, Minas and Gujars; and are not so celebrated as those are.

Thugs.

They give their history as follows:—They state that a man called Jevan was the son of a Brahmin who lived with Gooru Gobind Singh when Teg Bahâder was killed by Aurangzeb, Emperor of Delhi. No one would go to Delhi to bring the body of Teg Bahádar; Jevan promised before Gooru Gobind Singh that he would go and bring the body; so he was told and sent to do so; and when he did so, Guru Gobind Singh was quite pleased with him—and he said, "Jevan Singh is a Muzbee Singh." Their mode of robbery is very bad; two or three go together to rob, they go and walk like passengers; they poison by *dhatoora*, and kill any rich man they get, and take away his property. Sometimes they find out a very rich traveller and ask him—"Where are you going;" if he says that he is going to Peshâwar, they say that they are going to Peshâwar too; and whenever they get any opportunity on the road or Inn they kill him with a *sáfa* or handkerchief, or poison him; but chiefly they kill travellers and bury them and make off with the whole property. Their terms are very few, which I have explained in the book.

مگر انکا [illegible] ہوا میونکی نہیں ہیں پر نامی گرامی چور ہیں اکثر چوری کرتی ہیں مگر ایسی مشہور نہیں جیساکہ میو وغیرہ —

ٹہگ

یہہ اپنا حال اسطرح بیان کرتی ہیں کہ ایک شخص جیون ایک برہمن کا لڑکا تہا اور گورو گوبند سنگہ کی خدمت میں رہتا تہا جسوقت تیغ بہادر کو اورنگ زیب بادشاہ دہلی نی قتل کیا تو گورو گوبند سنگہ نی بہت آدمیوں سی کہا کہ کوئی آدمی جاکر تیغ بہادر کی نعش دہلی سی لا سکتا ہی کسی نی اقرار نہ کیا الا جیون نی کہا کہ میں تیغ بہادر کی نعش لا دونگا چنانچہ گورو گوبند سنگہ نی اوسکو اجازت دیدی اور وہ دہلی گیا جب وہ نعش تیغ بہادر کی لایا تو گورو گوبند سنگہ نی خوش ہوکر اوسکو لقب مذہبی سنگہ کا دیا جب سی مذہبی سنگہ کہلائی — طریق اونکی چوریکا نہایت خراب ہی دریا میں ٹہگ ملکر مسافرانہ طور سفر کرتی ہیں اور مسافرونکو زہر دیکر مار ڈالتی ہیں اور مال وغیرہ لیکر بہاگ جاتی ہیں تو کبہی کسی مسافر مالدار کو دیکہکر اوسکی پاس جا بیٹہتی ہیں اور اوس سی دریافت کرتی ہیں کہ تم کہاں جاوگی اگر وہ کہتا کہ پشاور جاونگا تو وہ یہی کہتی ہیں کہ ہم بہی پشاور جاوینگی تو اوسکی ہمراہ سفر کرتی ہیں اور موقع پاکر سڑک پر یا سرای وغیرہ میں رومال گردن میں ڈالکر گلا گہونٹ کر مار ڈالتی ہیں اور نعش کو جنگل وغیرہ میں دبا دیتی ہیں یا اوسکو زہر مثل دہتورہ وغیرہ کی دیکر مار ڈالتی ہیں اور مال لیکر بہاگ جاتی ہیں نعش وغیرہ جنگل میں دفن کردیتی ہیں جب یہہ محکمہ ٹہگی مقرر ہوا تہا تو بہت نعش اونہوں نی یعنی گورنمنٹ نی جنگل سی برآمد کرادی تہیں اصطلاحیں اونکی بہت تہوڑی ہیں مگر کتاب میں جداگانہ بیان کی گئی ہیں۔

TRANSLATION OF SLANG TERMS USED BY THE DIFFERENT CLASSES OF THIEVES, ROBBERS, &c.

CHAPTER I.

TERMS OF GAMBLERS (OR SWINDLERS)

There are four classes of Gamblers (or Swindlers).

Original slang terms in Roman.	Translation in English.
CLASS 1ST.	
1. Arí-Már ...	The gamblers of this class generally use in playing a small shell used as coin called Kauri; a broken piece of earthen-ware, Thíkri; or a strap of leather commonly called Tasma.
CLASS 2ND.	
2. Nausarbáz or Nausar-de-karu.	This class generally use a pack of cards or Ganjífá (a pack of Indian cards so called, generally not bigger than the size of a rupee, consisting of ninety-six cards divided into eight suits.)
CLASS 3RD.	
3. Dheyáni ...	The peoples of this class generally play with two dice, commonly called Káb-tain.
CLASS 4TH.	
4. Bhaddí, Sulí Luterí ...	These also play with dice of a different kind called Pánsa, consisting of three in number.

ترجمہ اون بولیون کا جو مختلف قسم کی چوراچکی وغیرہ بولتی ہین۔

باب اول

قماربازون کی بولیان

قمارباز چہار قسم کی ہین

زبان اصلی	ترجمہ اردو
قسم اول	
۱- آڑی ماڑ	ایسی جگہہ کی آڑ جہان کوٹھی ٹہیکری یا قسمہ جہان سے باہم جمع ہوکر قماربازی کرتی ہین۔
قسم دویم	
۲- نوسرباز- نوسری کی گرو	یہہ چوری کا الگ گیہنہ سے خاص جگہہ مین قماربازی کرتی ہین
قسم سیوم	
۳- دھنیا تی	کہتین ہی پوشیدہ جگہہ قماربازی کرتی ہین
قسم چہارم	
۴- بہنڈی سولی	پانسہ کی ساتہہ کہیلتی ہین

TRANSLATION OF SLANG TERMS.—(continued).

Original slang terms in Roman.	Translation in English.
INSTRUMENTS OF GAMBLING.	
5. Kansá ...	The following come under this name:— 1. Kauri. A shell used as coin. 2. Thikri. A broken piece of earthenware. 3. Tasmá. A leathern strap.
6. Tásh, Ganjífá ...	A pack of cards. *Vide* note under class 2nd.
7. Dáná, Khilauná, Jorá ...	Dice, or Kábtain played by 3rd class of gamblers called Dheyání.
8. Dul, Golka ...	A die, the long dice with which Chaupar is played used by the Bhaddis. The 4th class of gamblers called Pánsa, or Pása.
9. Beelá ...	A Kauri or Kábtain filled in with lead or quicksilver.
10. Seelá, Pakha ...	A forged Pánsa, filled in with lead or quicksilver.
GAMBLERS' TERMS.	
11. Toh Karna	To gamble.
12. Toh gíra ...	A gambler.
13. Baidra, Papeea ...	Sepoy, or police constable.

ترجمہ بولیوں کا

زبان اصلی	ترجمہ اردو
آلات قمار بازی	
۵- کانسہ	آلات قمار بازیکا نام ہی یعنی کوڑی ٹہیکری تسمہ وغیرہ کو کہتی ہین
۶- طاش- گنجفہ	مشہور ہی
۷- دانہ- کہلونہ- جوڑا	کعبتین کا نام ہی دہیان قمار بازی کرتی ہین
۸- ڈل- گولکا	پانسہ کا نام بہنڈی قمار بازونکی بولی ہی
۹- بیلہ	وہ کوڑی جسمین سکہ یا پارہ پڑا ہو
۱۰- ہیسیا- کہمہ	کہوٹا پانسہ جسمین سکہ یا سیماب بہرہ ہوا ہو
مرکب کلمات	
۱۱- ٹوکرنا	جوا کہیلنا
۱۲- ٹوگہیرا	جواری
۱۳- [illegible]	سپاہی

TRANSLATION OF SLANG TERMS.—(continued.)

Original slang terms in Roman.	Translation in English.
GAMBLERS' TERMS.—(conld).	
14. Thúlla, Nokewala Thúlla	Thanadár or Deputy Inspector of the Police.
15. Khopra Thúlla ...	European Officer.
16. Sirá ...	A rich traveller.
17. Unchí Dhur ...	A very rich man.
18. Dala ..	Fair, &c.
19. Sirá-úrá-do ...	To cheat a traveller on the road by deception, or by allowing him to win a few rupees first, and then winning from him all that he possesses.
20. Arí Dhándal ...	A crowd of gamblers.
21. Dhúr játí hai jot lená ...	A rich individual is going, take his property.
22. Tír kar lo, ya kar sútto...	Take away the property.
23. Baidra ya Thúllá áya ...	The constable or the Deputy Inspector has come.
24. Baití kha já ...	Decamp, escape.
25. Thambá gya, kámp kháli Liágya.	Has been caught, or the stolen property found out.

ترجمہ بولیون کا

زبان اصلی	ترجمہ اُردو
جوریون کی بولیین	
۱۴- ٹھاٹھ - ٹکہ والہ - ٹھٹکہ	تہانہ دار
۱۵- کوبڑا ٹھسلہ	انگریز
۱۶- بیرا	مسافر یا دار
۱۷- اونچی ڈہہ	مالدار آدمی
۱۸- ڈونا	میدہ
۱۹- بیرا اوڑادو	اس مسافر کا مال فریب سے لیلو
۲۰- اڑلی دلمدل	جہان تمام زمانہ جمع ہوان
۲۱- ڈیہہ جاتی پینا جوت لینا	یہہ مالدار جاتا ہی اسکا مال اڑالو یعنی چورالو
۲۲- تیہری کرلو یا کرسمو	مال کو لیلو
۲۳- بیٹھ ٹھلہ آ	سپاہی یا تہانہ دار آیا
۲۴- بیتی کہا-	چلا جا یعنی بچ جا
۲۵- تیتیہ یا کانپ کہائی لیا گیا	پکڑا گیا اور مال برآمد ہو گیا

TRANSLATION OF SLANG TERMS.—(continued.)

Original slang terms in Roman.	Translation in English.
SECTION 2ND.	
THIEVES AND PICK-POCKETS.	
There are four	*kinds of thieves.*
1. Lám gír ...	To open a knot or cut a purse in an open market.
2. Gand ghisni ...	To cut a purse or bundle of articles in an open market or a large fair.
3. Phatkágír ...	To rob jewellery &c., from a man's head, ears, or from his body.
4. Bishní Atráf ...	To rob anything from a peculiar spot, such as Railway Station or an Inn.
	These go by the following names in India :—
	1. Uchakká, thief.
	2. Utháígirá, pilferer.
	3. Jobkatrá, pick-pocket.
	4. Subhe-kheziá, a thief, who rises up early in the morning and steals before people are awake.
NAMES OF	INSTRUMENTS.
5. Kát ...	A broken piece of a bottle with which knots or pockets are cut open.
6. Lakrí Shísha ...	A small knife.

ترجمہ بولیوں کا

زبان اصلی	ترجمہ اردو
حصہ دویم	
اوچکی اور جیب کتری	
اوچکے چہار	قسم کی ہین
۱- لام گیر	گرہ کہولنی یا کاٹنا جیب کا سر بازار
۲- گنڈا گہسنی	میلہ وغیرہ مجمع کثیر مین جیب یا تہری کاٹنی
۳- پہنگہ گیر	چلتی ہوئی آدمی کی سر سی یا کان سی زیور اوتارنا
۴- لٹسنی و اطراف	خاص مقامات سی کچھہ اسباب اوٹھا لینا سرائی اور اسٹیشن وغیرہ پر گرہ کاٹتی ہین ہندوستان مین مشہور نام اونکی حسب تفصیل ذیل ہین اوچکا۔ اوٹھائیگیرہ جیب کترا صبح خیزیا
	نام اوزار گرہ کاٹنیکا
۵- کاٹ ناڑی	بوتل کا ٹکڑا گرہ یا جیب کاٹنیوالا
۶- انگری شیشہ	چھوٹا چاکو

TRANSLATION OF SLANG TERMS.—(continued.)

Original slang terms in Roman.	Translation in English.
TERMS OF UTHAIGIRAS OR PILFERERS.	
1. Thúllá ...	Deputy Inspector.
2. Baidrá, Papeea, Dáu ...	Watch-man or Constable.
3. Dhúr ...	An individual.
4. Dálá ...	Fair, show, &c.
5. Dhándal arí ...	The act of three or four Constables coming together in a crowd.
6. Seet ...	Woman, a female.
7. Cháwá ...	A boy, generally under 10 or 12 years of age.
8. Phúl, Khopar ...	All Jewellery worn over and around the head. Khopar an embroidered cap.
9. Haddí Gár ...	Hanslí, a gold or silver collar worn round the neck as an ornament.
10. Dhágá ...	A thread tied to the both ends of the Hanslí.
11. Bár ...	An ornament worn around the neck, hanging over the breast; Chowkí.
12. Múth Ríthá ...	Málá, a necklace or garland, Kanthá.
13. Phatka, Kundá ...	Karn-phúl or Karn-pálí, a kind of ear-ring, Murkí.

ترجمہ بولیون کا

زبان اصلی	ترجمہ اردو
بولی اوٹہائیگرون اور اوچکون کی	
۱- اٹہیلہ	تہانہ دار
۲- بیدرا - پیتیہ - داگو	سپاہی
۳- ڈوبر	ہر ایک آدمی
۴- ڈوالہ	میلہ تماشا وغیرہ
۵- دہاندل - آڑی	دو چار سپاہیون کا کسی مجمع مین اکٹہا ہو کر آجانا
۶- سینٹ	عورت - زنانی
۷- چہاوا	لڑکا - جو دس یا بارہ برس کی عمر سی زیادہ کا نہو
۸- پہنول - کہوپڑ	ہر ایک زیور سر کا جہومر چوک چاند وغیرہ - کہوپڑ کا مدار ٹوپی کو کہتی ہین
۹- ہاتمی تگار	ہر ایک زیور گلی کا ہنسلی وغیرہ
۱۰- دہاگا	سوت کا دہاگا جو ہنسلی وغیرہ گلی کی زیور مین بندہا ہوا ہو
۱۱- باٹر	زیور جو گردن مین پہنا جاتا ہی - سینہ پر لٹکتا ہو جیسی چوکی - مالا وغیرہ جو گلی مین پہنتی - کنٹہا
۱۲- موشٹہ - ریشہ	
۱۳- بجنگا - کنڈا	کان کا زیور بالا بالی وغیرہ کرن پہول - یا کرن پالی - مرکی

TRANSLATION OF SLANG TERMS.—(continued.)

Original slang terms in Roman.	Translation in English.
TERMS OF UTHAIGIRAS OR PILFERERS.—(continued).	
14. Shishá ...	Arsí, a miror ring worn around the thumb
15. Chutkí, Kandí ...	An ornamental ring worn on the toes.
16. Sundri ...	Ring.
17. Kúndal ...	An ear-ring.
18. Kaul ...	Bangles.
19. Khinch ...	Ornament worn around the feet.
20. Chánda Bároot ...	Cloth, sheet, &c.
21. Bahutí ...	Pice.
22. Damri, nethá, bhuntá ...	Rupee.
23. Gullí ...	Gold mohur.
24. Seeá ...	Gold.
25. Gár ...	Silver.
26. Pattá ...	Note, either promissory or currency.
27. Damri ...	Rupee, coin.
28. Tali ya Khandeli ...	Eight anna bit in silver.
29. Másha ...	Four anna ditto.
30. Adh máshá, rattí ...	Silver two anna bit.
31. Dokri ...	Two rupees, in number.
32. Paun sárí ...	Three.
33. Sárí ...	Four.

ترجمہ پوئیون کا

زبان اصلی	ترجمہ اردو
دیکھو پیشانی صفحہ ۳۲	
۱۴- شیشہ	آرسی
۱۵- چھنگی کُودِ ہی	چھلا جو پیرون کی انگلیون یا انگوٹھون مین پہنتی ہین
۱۶- سُندری	انگشتری
۱۷- کنڈل	بالا وغیرہ
۱۸- کول	کڑہ
۱۹- کھنج	ہر ایک زیور کا نام جو پیرون مین پہنا جاہی
۲۰- چھانڈا بارُوت	ہر قسم کا کپڑا
۲۱- جھنولی آنا	پیسہ
۲۲- دمڑی مینٹہ- بہوٹا	روپیہ
۲۳- گگی	اشرفی
۲۴- سِیا	سونا
۲۵- گگار	چاندی
۲۶- پیتہ	نوٹ
۲۷- دمڑی	ایک روپیہ
۲۸- تالی یا کنڈیلی	آٹھہ آنہ
۲۹- ماشہ	چار آنہ
۳۰- آدماشہ- یا رلی	دو آنہ
۳۱- نودکڑی	دو روپیہ
۳۲- پونی ساری	تین روپیہ
۳۳- ساری	چار روپیہ

TRANSLATION OF SLANG TERMS.—(continued).

Original slang terms in Roman.	Translation in English.
TERMS OF UTHAIGIRAS OR PILFERERS.—(continued).	
34. Sawá sárí ...	Five.
35. Derh sárí ...	Six.
36. Dhái sárí ...	Ten.
37. Tind ...	Pocket.
38. Ghá karna potká ...	To tear open a bundle or parcel.
39. Khakhrí ...	Bánslí, a long purse made of cotton thread (net work) for keeping gold or silver coins, generally tied to the waist by the oriental travellers.
40. Akhrot, Makrá, Bindá, ya Kurakná.	Lock.
41. Phul, Gubhá ...	Box, house.
42. Seet játí hai, pichaút kar	A female is going, follow her.
43. Lohí tham le ...	He or she is careless, take it.
44. Cháwá murdár lohí saudá khinch le	He is a simple looking lad, take whatever you can.
45. Cháwá baihti kase jandá hai, bol bachan kar ke thasá le.	The boy is coming, take him to some secret place, and get whatever you can from him by coaxing.
46. Chamkainah thasánah kha jái tú gauna pá ley.	Take care that he may not be on the alert, hide the jewellery.

ترجمہ بولیوں کا ۳۴

زبان اصلی	ترجمہ اردو
بولی ادہنا ییگروں اوراچکو کی	
۳۴ - سوا ساری	پانچ روپیہ
۳۵ - ڈینڈہ ساری	چھہ روپیہ
۳۶ - دنکی ساری	دس روپیہ
۳۷ - ٹنٹ	جیب
۳۸ - گنا کرنا پوٹ کا	بنڈل گرہ غوسی کاٹ کر کچھہ نکالنا
۳۹ - کنگڑی	ہمیانی یا نسلی
۴۰ - اخرذوط - بنداکڑا یا گرگنا	قفل
۴۱ - پہول گنیہ	گہر مکان - صندوق
۴۲ - بیٹ جاتی ہی کہو کہ کر	عورت آتی ہی بچا کرنا
۴۳ - لوبی ہم لی	کوئی نہیں دیکھتا غافل ہی کچھہ لی لی
۴۴ - چہیا او مرد ار ہی سوداکہیج لی	لڑکا بہولا بہالا ہی جوال ہی لی لی
۴۵ - جنا ابنی کسی جاندابی بول کچہ سگی کی شہنسائی	لڑکا جاتا ہی کسی طرف لیجا کر ال لیلینا -
۴۶ - جمکنیا شنتا کہنا گیا ہو تو گانٹی پانی	زیور دار نہ ہو جاوی زیور اوتار لیینا -

TRANSLATION OF SLANG TERMS.—(continued).

Original slang terms in Roman.	Translation in English.
TERMS OF UTHAIGIRAS	OR PILFERERS.—(continued).
47. Neegh pattá le gaóne tika de, ból bachan kar, ise pílich pawánge.	Take some eatables in your hand and pass the man close by, and then giving him a push let the thing fall down from your hand and thus set up a quarrel ; and by the time he is thus engaged, we will manage to cut off his purse, &c. This phrase is generally used by the pilferers when they see some rich traveller, who seems to be on the alert.
48. Phúl tor le ...	Take off the jewels worn on the head.
49. Khopar kar le ...	Take the cap or other jewellery worn on the head.
50. Saudá baná le ...	Take away or steal away.
51. Phatka már le, ya kundá baná le.	Take away the Karn phúl or ear-ring.
52. Gár ya dhágá kar le ...	Take away the Hanslí or the collar belt.
53. Múth baná le, ya Ríthá kar le.	Take away the mála or Kantha (a necklace.)
54. Bár már le ...	Take the Chounk, a kind of necklace worn round the neck.
55. Shíshá kar le ...	Take away the arsi. The mirror ring worn on the thumb.

ترجمہ بولیون کا

زبان اصلی	ترجمہ اردو
بولی اوٹھائیگیرون اور اوچکونکی	
۴۷- نیکھہ بیتالی گا نوئی نیگاڈی بول بچن کر ایسی پلیچہ پاویگی	اگر کسی مسافر مالدار کو جاتا ہوا دیکھین کہ کوئی اسباب لئی جاتا ہی تو اس اصطلاح سی یہہ مطلب ہی کہ کہانیکی چیز لیکر مسافر کی دیکہہ سی گرادی اور تکرار شروع کر جسوقت وہ تکرار مین مشغول ہوگا ہم گرہ وغیرہ کاٹ لینگی
۴۸- پہول توڑلی	جہومر سر کا اوتارلی
۴۹- بہونپو کرلی	ہر ایک زیور سر کا اوتارنا
۵۰- سوڈا بنالی	لیجا یا اسی چورالی
۵۱- بہنکا تارلی یا کنڈا بنالی	کرن پہول بالی اوتارلی
۵۲- گانگرلی یا دہاگا گرلی	ہنسلی اوتارلی
۵۳- موٹھہ بنالی منیہ کرلی	مالا یا کنٹھہ اوتارلی
۵۴- باڑ تارلی	جوک گلی سی اوتارلی
۵۵- شنیقہ کرلی	ارسی اوتارلی

TRANSLATION OF SLANG TERMS.—(continued).

Original slang terms in Roman.	Translation in English.
TERMS OF UTHAIGIRAS	OR PILFERERS.—(continued).
56. Chutkí baná le ...	Take away the ring from the toes.
57. Sundrí tor le ...	Take away the ring.
58. Kundí baná le ...	Take the Nazr-Battúi amulets cased in gold or silver, which are stringed together and put on the neck of a child to prevent evil spirit coming near it, a superstitious practice prevalent among the natives.
59. Kát nál baná le ...	Cut it open with a broken piece of bottle
60. Dorá kar le ...	Cut the thread away.
61. Kundal már le ...	Take the ear-ring.
62. Kaul baná le ...	Take the bangles.
63. Khinch le ...	Pull away the ornament from the feet.
64. Tind bhar le ...	Lug it out of the pocket.
65. Chirá de síkh bhar le ...	Cut open the pocket and draw it out with the two fore-fingers.
66. Kát nál gha rakh de ...	Cut it open with a broken piece of bottle.
67. Bhámp le ...	Look well, and see if he has got any thing.

ترجمہ بولیوں کا

زبان اصلی	ترجمہ اردو
بولی اوٹھا ئیگروں اور اوچکوں کی	
۵۶ - جھنگنی بنالی	انگشتری یا چھلا اوتارلی -
۵۷ - سندری توڑلی	انگشتری اوتارلی
۵۸ - گندی بنالی	نذر ٹوا اوتارلی
۵۹ - گاٹ نال بنالی	بوتل کی گری سی کاٹ لی
۶۰ - ڈورا آ کرلی	گلی کی زیور کا دہاگا کاٹ لی
۶۱ - گندا تارلی	بالی وغیرہ اوتارلی
۶۲ - گول بنالی	کرہ وغیرہ اوتارلی
۶۳ - پنج لی	بازیب وغیرہ اوتارلی
۶۴ - شند بہرلی	جیب میں کچھہ نکال لی
۶۵ - چیرا دی نشنج بہرلی	جیب کو کاٹ کر انگلی دو انگلیاں ڈالکر نکال لی
۶۶ گاٹ نال گہار کہدی	ہمیانی یا گٹھری کاٹ لی
۶۷ - ہنا ٹپ لی	کچھہ کچھہ مال ہی یا نہیں -

TRANSLATION OF SLANG TERMS.—(continued).

Original slang terms in Roman.	Translation in English.
TERMS OF UTHAIGIRAS	OR PILFERERS.—(continued).
68. Gaúná tyár hai ...	There is plenty of room for this in the mouth. Gaúná is that place which these pilferers make in their mouth for hiding money, &c.; some of these artificial holes thus made underneath the verila both sides of the throat as far as the collar bone are quite capable of holding from 70 to 80 rupees at a time.
69. Phatká márná dhúr loh hai.	Take away the thing from the top, the man is careless.
70. Seet khandí khochar hai	The woman is very active and on her alert.
71. Seet bhúttú hai phark le	The woman is very simple looking, take whatever you can.
72. Chándá kar le ...	Take off the sheet or chaddar.
73. Núk loh hai tor le ...	Take away the turban.
74. Mádbo ...	Hush ! some one is coming (signal to hide the thing).
75. Phút já ...	Leave me.
76. Dhúr sir hai ...	Some one is looking.
77. Soon khinch ...	Keep quiet.
78. Unchá Núk wálá thûllá áta hai.	Deputy Inspector is coming.
79. Baidrá, Papeehá nál hai	Constable and night-watchmen are with him.

ترجمہ بولیونکا

زبان اصلی	ترجمہ اردو
٦٨- بولی ادبنا ٹنگرون اور اوجکونکی نگا نونا تمیار ہی	اس مالکی چہپانی لائق مونہہ مین جگہہ بہت ہی-
٦٩- بہنگا مارنا ڈہنر لوہی	او پرسی ہاتہہ مارنا آدمی غافل ہی
٧٠- سینٹ کہندی کہوچر ہی	عورت ہوشیار چالاک ہی
٧١- سینٹ بہتو ہی بہاگن ہی	عورت سیدہی سادی ہی مال لی لی-
٧٢- چہاند اگرلی	دوپٹہ اوتارلی
٧٣- سکمن تونپی توڑ لی	پگڑی یا صافہ اوتارلی
٧٤- ناڈ ہتو	خاموش ہوجاو مال چہپالو غیر شخص آگیا
٧٥- بہوٹ جا	ہماری ساتہہ سی چلا جا
٧٦- ڈہنر سری	آدمی دیکہتا ہی
٧٧- سیون کہنچ	چپ کرجا
٧٨- لونگا تکنہ ڈالہ بہتکہ آتا ہی	تہانہ دار یا داروغہ آتا ہی-
٧٩- بندکا پنیہ نال ہی	سپاہی چوکیدار ساتہہ ہین-

TRANSLATION OF SLANG TERMS.—(continued).

Original slang terms in Roman.	Translation in English.
TERMS OF UTHAIGIRAS	OR PILFERERS.—(concluded).
80. Pásá wat já ...	Keep aside.
81. Chappar khá já ...	Get out slowly.
82. Baihti kas já, ya baihti khá já.	Run away.
83. Phúl men thas já ...	Go inside the house; go there where you have been last night.
84. Unchá dharawá hai, bhámp na le.	The property is too much, take care that you are not seen.
85. Kháú hai ...	He is a purchaser of stolen articles.
86. Lia gayá, thámbá ya thammá gayá.	Has been caught.
87. Mán gayá, kámp khá li	He has owned it. The property has been found.

SECTION 3.

Khallait, Uchakkás, Tagú Thieves—terms of.

This class of people generally steal cloth, sundries &c., from carriages, carts, vehicles, banks of rivers, ponds, tanks &c., where people generally resort for the purpose of performing their religious ablutions.

1. Charkhi ...	Carriage, cart or any other conveyance.
2. Chaláwá ...	A rich traveller.

ترجمہ بولیونکا

زبان اصلی	ترجمہ اردو
بولی اوٹھائیگیرون اور اوچکونکی	
۸۰- ٹامت نہ دٹ جا	ایکطرف ہوجا
۸۱- چھیتر کہا جا	چھپکی نکلجا
۸۲- بیتی گش جا یا بیتی کہا جا	بہاگ جا
۸۳- بیٹول بین ٹشن جا	جہان راتکو رہا تہا اوسجگہ جا یعنی اوس گہر کی اندر
۸۴- اوتیجا تہرٹا و اہی بیانٹ بی	مال بہت ہی کوئی دیکہہ نہ لی-
۸۵- کہتا اودیکی	چور کا مال لینی والا ہی
۸۶- لیا گیا تہمتہ گیا	پکڑا گیا گرفتار ہوا
۸۷- مان گیا کانٹ کہتا بی	مال برآمد ہوگیا جرم سی اقراری ہی

حصہ سیوم

کہلتونیکی اوچکون اور ٹاگون کی اصطلاحونکی بیان

اس جگہہ کی لوگ اکثر گٹہری اور متفرق اشیاء - گاڑی - چوبچہ - دریاؤن یا تالابون کی کنارون وغیرہ سی جہان لوگ عموماً نہانی اشنان کو اجتماع ہوتی ہین چوری کرتی ہین-

۱- جز جی	شکرم - گاڑی وغیرہ
۲- چہنلاوا	مسافر مالدار

TRANSLATION OF SLANG TERMS.—(continued).

Original slang terms in Roman.	Translation in English.
THIEVES'	SLANG.
3. Sutli ...	Bundle, parcel, packet, &c.
4. Kálki ...	Lota, copper or brass vessel used for drinking purposes.
5. Kánsa ...	Cup, bowl, glass, goblet, &c.
6. Bárút ...	Cloth of every description.
7. Pech ...	Turban, Pagri.
8. Bhagrá ...	Kurtá, an upper garment, a shirt.
9. Naisri ...	Himyáni, a purse used by the oriental travellers for the purpose of keeping money, made of cotton [net-work] tied to the waist.
10. Siá ...	Gold, Soná.
11. Dhúkki ...	Chándí, Silver.
12. Darshan ...	Give something.
13. Charkhi baihti hai, sutli phor.	The carriage is going, take away the gathri or bundle.
14. Dáú sír hai khontí mor.	The constable has seen you, give him some money.
15. Sarí bha[illegible] khontí de, nahin dáú Thúlla lejáwega.	Give four rupees or else the constable will take you to the Police Station.

ترجمہ بولیوں کا

زبان اصلی	ترجمہ اردو
۳- سُنڑِمی	گٹھڑی - بُقچہ وغیرہ
۴- کاگِی	چھوٹا لوٹا پانی کا
۵- گاڑَنَہ	بڑا برتن - ایک قسم کا
۶- بارُزوت	ہر قسم کا کپڑا
۷- پنجم	پگڑی - صافہ
۸- سَنگرتاہ	کھوریتہ
۹- بنتیری	ہمیانی - بٹوا - وغیرہ
۱۰- سیتا	سونا
۱۱- دِگنی	چاندی
۱۲- دَرشن	کچھ دینا
۱۳- جرفی بنی ہی سُنڑمی پہنوٹر	گٹھڑی جساتی ہی گٹھڑی یا دیگر اسباب اوتار لی
۱۴- داؤ بیز ہی کہنو بیٹی موٹر	سپاہی نی دیکھ لیا ہی کچھ روپیہ دیدی
۱۵- مناری بہرکہنو خلنی دمی نہبتن داؤ بنبلہ نیجا ئیگا	چار روپیہ دیدی ورنہ سپاہی تمہارا والد کی پاس لیجا دیگا

TRANSLATION OF SLANG TERMS.—(continued).

Original slang terms in Roman.	Translation in English.
THIEVES' SLANG—	(concluded).
16. Thikkal Thúllí jáwe to thûl.	If you can undo the knot then do.
17. De darshan ...	Give the share.
18. Háth malna ...	The owner is careful.
19. Háth peshàni par rakhna	The owner of the property is careless.
20. Háth Sir par rakhna ...	Take the bundle on your head.
21. Nák par ungli rakhná ...	To prevent.

CHAPTER II.

HOUSE-BREAKERS, HIGHWAY ROBBERS, OF THE SANSI CLASS, &c.

1. Rálaya Ghem ...	Thieves.
2. Nobu ...	An instrument used for house-breaking to which a wooden handle is attached.
3. Nohal ...	The point of a lance or spade.
4. Ban ...	An instrument used by burglars for making a hole through the wall.
5. Nojna ...	Gold.
6. Néleán ...	Gold mohurs.
7. Baluá ya Phatiú ...	Rupee.
8. Nekaúní ...	Nath, a large ring worn in the nose.

ترجمہ بولیونکا

زبان اصلی	ترجمہ اردو
بولی اوٹھائیگیرون اور اوچکونکی	
١٦- ٹہنگل ٹہلی جای تو ٹہنگل	گرہ کہول سکتا ہی تو کہول لی
١٧- دی دریشن	حصہ دیدی
١٨- ہاتہہ تلنا	(اس حرکت کا یہہ مطلب ہی) کہ مالک خبردار ہی
١٩- ہاتہہ پیشانی پر رکہنا	مال والہ غافل ہی
٢٠- ہاتہہ سر پر رکہنا	اسباب یا گہٹڑی سر پر اوٹہالیجا-
٢١- ناک پر اونگلی رکہنا	منع کرنا

باب دویم

زبان رہزن چورون قوم سانسی وغیرہ کی

١- ارانہ یا گہسیم	چور کا نام
٢- لکوٹ بو	آلہ نقب جسمین دستہ چوبی ہو
٣- نہنگل	برچہی یا نیزہ کا پہل
٤- بن	سندہیوا (اوس اوزار کا نام ہی جسسی نقب لگاتی ہین) بلکہ نقب
٥- لوچہا	سونا
پیلیان	اشرفیان
٧- ٹکوا یا بہتہ	روپیہ
٨- نکونی	نتہہ زیور جو ناک مین پہنتی ہین-

TRANSLATION OF SLANG TERMS.—(continued).

Original slang terms in Roman.	Translation in English.
CHAPTER	II.—(continued).
9. Chilakni ...	Bulák, an ornamental pendant worn between the two nostrils by the oriental females.
10. Kodah ...	Hansli, the silver or gold collar worn round the neck.
11. Ḍhágan ...	Kara, bangles.
12. Rupra ...	Cloth.
13. Tápgi ...	Pagree, turban.
14. Dení ...	Sheet of cloth, dopatta, cháddar.
15. Nahnáni, tháon, kúdmí ásaryá.	The man has come from that place.
16. Kogtá neth ke khaule bun lagti.	He is a rich man, and is a good place to break the house.
17. Nanookh nílyánki nahre nutte húe.	The boxes are filled with gold mohurs.
18. Naubo lepesaryán ...	Bring the instrument for house-breaking.
19. Machgímián jassarna ...	We are going to steal.
20. Baláthi lepesaryán ...	Bring the Lathi or club.
21. Kirge nad jasarna ...	To which village are you going.
22. Thoki jasro ban marí lo	Sit down and then break the house.
23. To loon hún thoukdá ...	Do thou break the house, I am careful.

ترجمہ بولیوں کا

زبان اصلی	ترجمہ اردو
باب	دویم
۹- چلکنی	بلاق
۱۰- کوڈہ	ہنسلی
۱۱- ڈناگن	گرہ
۱۲- ریڑا	پارچہ
۱۳- ناگنی	پگڑی - صافہ
۱۴- ڈینی	چادر - دوپٹہ
۱۵- نغائی تہانو کودمی انیریا	راونسگہ سی آدمی آیا ہی
۱۶- گوگتا نیٹہ کی کہونا بن لگتی	کہتا ہی کہ سیٹہ کی گہر میں نقب لگتی ہی
۱۷- نوکہتہ پیلپو کی نہری نٹہ ہوی	صندوق اشرفیوں کی بہری رکہی ہین -
۱۸- تونو لیپ سرباں	آلہ نقب لی آؤ
۱۹- پھگنیان جہبہ نا	ہم چوری کو چلتی ہین -
۲۰-	
۲۱- کنڈگی ناڈ جبنہ ناہی	کس گانوں میں جاتا ہی
۲۲- ٹہوکنی جنہ دبن نادی نو	بیٹہ کر نقب لگاؤ
۲۳- لوتہ نون ہون تہو تگدا	نقب تو لگا میں خبردار ہو کر بیٹہا ہوں -

TRANSLATION OF SLANG TERMS.—(continued).

Original slang terms in Roman.	Translation in English.
CHAPTER	II.—continued.
24. Mainu nauhdí na jasaryán nakrà roghíàn.	Dont leave me and go away, but be careful.
25. Je tù khindasí jasaryăn balàthi nauhdí jasaryán	If thou art going, leave the club.
26. Channe ki chhùe kaugí asre rahrá rahô.	Stand at the mouth of the breach.
26. Kundar khajagate núnje nahín.	They are awake inside and not asleep.
27. Khaitá khujagta kûndar.	A man is awake inside.
28. Khaiti chhaudi náhri lál nohti nahín.	The old woman never sleeps the whole night.
29. Khaiti chamtiár hai cheti nunji jáú.	The woman is young, she will be soon asleep.
30. Khaiti, khaitá núnjihain bani ki khátá nahín lagan deuti.	Both the man and woman are asleep, there is no chance of going into the house.
31. Bib kyá nala lo ...	Now what is your intention.
32. Lál náhrí rogí khopra khadan charhí áyo.	The remaining part of the night is very short, the day has commenced to dawn.

ترجمہ بولیونکا

زبان اصلی	ترجمہ اردو
باب	**دویم**
۲۴ - منون توہیڈیی نا جنسریان تنگرا رذ ہکیتان -	مجکو تنہا چہوڑکر نہ چلی جانا بہت خبرداری اور ہوشیاری سی رہنا -
۲۵ - جی توہنکی سیان بلایی لوہدی جنسریان	اگر تو مجکو چہوڑکر چلا جاوی تو لاٹہی میری چہوڑ جانا -
۲۶ - چہتی کی چہوی کو کی ادہیری رذ ارذ	جہان نقب ہی اوسکی موہنہ پر کہڑا رہو
۲۶ - کسنر کہتلی ہین ننیجی نہیتن	اندر آدمی جاگتی ہین سوتی نہین -
۲۷ کہتیا کہتجیتیا کسندر -	کوئی مرد اندر جاگتا ہی -
۲۸ کہتی جہودی تہاری لال لوہی نہیتن	عورت ضعیف ہی ساری رات سوتی نہین -
۲۹ - کہتی کہتیاری چہتی ننجی جاد	جوان عورت ہی جلد سوجاویگی -
۳۰ - کہتی کہتیا ننجی ہین بن کی کہاتنی نہیتن نتن دیوتی	عورت اور مرد سوتی ہین نقب کی اندر جانیکا موقع نہین لگتا -
۳۱ - بن کیتا نلا لو	اب تمہاری کیا صلاح ہی -
۳۲ - لال تہاری رذگئی کہنو گرگبدن چہرہای اہنو	باقی حصہ رات کا بہت تہوڑا ہی اور دن چڑہتا آتا ہی

TRANSLATION OF SLANG TERMS.—(continued).

Original slang terms in Roman.	Translation in English.
CHAPTER	II.—(continued).
33. Bagair logge khachij khota asartí.	You cannot gain any thing until you intend to sacrifice your life, or, there are no gains without pains.
34. Nakre hopi jasrau ...	Be on the alert.
35. Lo baláthíán khes ná lagge.	Hit him with the club, but be careful about his head.
36. Chhúá nohrí nauhatto ...	Break open the door.
37. Chau kôdmí chúí kaugi ıugho.	Let four men stand here on the door.
38. Dhor kûndar jasarte hain	Two are going inside.
39. Tharman pangíwalá kûndar asre.	Let the third come who has got fire.
40. Pangi khujláwe ...	Light the lamp.
41. Rupra chonpá; balwá chgaína kaugí nahín.	There are lots of clothes, but no cash or jewellery.
42. Nage kí dhore nehlíàn labíán.	We have found two purses of copper coins.
43. Nohárí baurí pauden ... rálá kûndar chekrí lèná.	May your daughter be damned, our companion has been caught inside.
44. Rálìò lo baláthíán kerá chawela naukde hó.	Take your clubs and be careful, what are you all waiting for.

ترجمہ بولیونکا

زبان اصلی	ترجمہ اردو
باب	دوم
۳۳- بگیز توگی کہنچ کہوتہ اسٹرتی	جسکے کرنیکا ارادہ کیا جاوی کوئی چیز نہیں دستیاب ہو سکتی۔
۳۴- گڑدی ہوئی جنرد۔	تو خبردار ہوشیار ہو جا۔
۳۵- تو بلا ٹہیان کہیس نہ لگی۔	لاٹہیان مارو مگر سر مین نہ لگی۔
۳۶- جہوڑا تو کڑتی توہتو جہ	دروازہ توڑ ڈالو۔
۳۷- چوہنو دمی چہتوری کوگی رکہتو۔	چار آدمی دروازہ پر کہڑی رہو۔
۳۸- دہتور کند جنرلی ہین	دو آدمی اندر جاتی ہین۔
۳۹- تیراان سنگی والہ کند انرتی	تیسرا آگ والا اندر جاوی۔
۴۰- سنگی جملادی۔	اندر آگ جلادی۔
۴۱- ریتا اجہوتہ بلو اجہکینا کوگی کہنشن کہتی	کپڑا بہت روپیہ زیور نہین ہی۔
۴۲- تمگی کی دہتور نہلیان لبتان۔	پیسو کی دو تہلیان ملی ہین۔
۴۳- توہ کہسی توڑی توہن ڈارا کند جہیدتی	تمہاری لڑکی کو فلان کرین چور ساتہہ والہ اندر پکڑا گیا۔
۴۴- کڑ الیو تو بلا ٹہتان کبٹرا اجہوچہ توکہدی ہو	چورو خبردار ہو جاؤ لو لاٹہیان اب کیا وقت ہیکتی ہو۔

Original slang terms in Roman.	Translation in English.
CHAPTER	II.—(continued).
45. Nohro rála nautí geogá khandsí jasro.	Hear ye chums, the thief has been let loose, come let us go.
46. Rojh khujáõ ...	Be careful and leave no tracks behind.
47. Kharká víán chekrí lo khothín rahdi jasro.	Take up your shoes in your hands and be off at once.
48. Dhûr kodní jhuk jasro thike asro.	Let two men bury the property in the ground.
49. Kagon kí rabar lepeke lohítí lapangrah.	We will dig the property after looking about our houses.
50. Lepí chalo. khaule kaun honá asarya.	Take it with us, there will be no one at home.
51. Hamko kánge larkátá hai. lalî ká náhane dár asarya ho.	Why art thou going to betray me, perhaps the Deputy Inspector came last night.
52. Nanáó kogí khole to nahín asarya.	Well ! did any one come into the house ?
53. Rahhar salláhe kaugí nahín asaryá.	It is all well, no one has come.
54. Lale apne khaite naukídáre naukha se chhato to hárgí kírge gangi	The Lambardár or the village head-man and the night watchman came last night, and inquired where all the men were gone to.

ترجمہ بولیونکا

زبان اصلی	ترجمہ اردو
باب	دویم
۴۵ - لُو بَرَ دُرپا آلہ نُو بتی گونگا کہنڈی جنرُو	ری یار وچور چہوٹ گیا نکل چلو
۴۶ - رُو جَنہ گہنا دُ	کہوج یعنی نشان پاونکا مٹادو -
۴۷ - گہرنکا نوتیان جیکرڈی نو گہوتر رہنڈی جنرو	جوتہ ہاتہہ مین پکڑلو اور بہاگ چلو
۴۸ - دُبہ گُو دمی جہنک جنرو نہنگی رشتُو	دو آدمی ہال کو زین مین دیا او
۴۹ - گگو نگی ربَر لینگی تُو ہٹی لنگک رہ	اپنی اپنی گہوڑنی جبر پیچہی ہال کونکا لینگی
۵۰ - ری ریپی چلو کہوپی گون ہونا انیرا	ساتہہ ہی چلو گہو نہین کون آیا ہوگا -
۵۱ - ہمکو گانگی ترنگا تاہی لالی کا شہانی ہوار نشہ یا ہو	ہمکو کیون پکڑ آتا ہی شاید رات کو تہانہ دار آیا ہو -
۵۲ - نتا دُ گونگی کہنو لی تو ہیتن ڈرپا	سناد کوی گہرین تو نہین آیا
۵۳ - رہنر سلا گونگی نہیتن انسرپا	خیریت ہی کوی نہین آیا
۵۴ - لالی آینڈی کہٹی تو کیدار توجہتا بی جہنو تو پاس کی تو ہینی	رنکو ہیر دالہ لوہو کیدارتی پوچہا تہا کہ تمہاری آدمی کہان گئی ہین -

TRANSLATION OF SLANG TERMS.—(continued).

Original slang terms in Roman.	Translation in English.
CHAPTER	II.—(continued).
55. Náhne dár chaláe náhna gaugí.	The Deputy Inspector called them and they are gone to the Police Station.
56. Rehar sallá lappe asran	Every thing is all right, bring the property.
57. Chhagamì chhandí lo apne khole jasrau.	Share the spoil and let us go home.
58. Khadná ná chhando kogi naukhe.	Do'nt divide the spoil during the day, perhaps some one might spy us.
59. Lále ko nádh nunjí jasargáh chhandilo.	We will divide the spoil in the night when all are asleep in the village.
60. Khaito nádá kûdmí nunjí gogí chhandílo.	Come let us divide it now, the people are all asleep.
61. Mairge dabyáne nahín kisíkí khauli tharí chhagamí ná khaglí jáwe.	I am not responsible if this is found in any one's house.
62 Jiske khaule chhagame khaglí jáwe naú thàun na kogí lappe apne khesá jhele.	If this stolen property is found in any one's house, let him not name others but bear it on his own head.
63. Dehnián chalao bonae lappí jáwe.	Call the Hindu shopkeeper that he may take away the jewellery &c.,

ترجمہ بولیونکا

زبان اصلی	ترجمہ اردو
باب	دویم
۵۵- ٹھانی ولد چلانی ٹھانی گوگی	تھانہ دار نے بلایا تھا تھانہ میں گئی ہیں
۵۶- رہنیز سلانی پی انشرو	خیریت ہی چوری کا مال لے آؤ
۵۷- چنگیمی چھنبری تو ابھی گنوی چھنبرو	چوری کا مال تقسیم کر اپنے گھر کو جاؤ۔
۵۸- کنہدنا چھندو گوگی تو کہنی	دشمن کا مال تقسیم کرنا چاہی شاید کوئی دیکھ لے
۵۹- لانی گوناد نیچی چھنبرکا چھنڈی تو	رات کو اب گاؤں کے آدمی سو جائنگے جب تقسیم کرینا۔
۶۰- گنو ناد دہ گوذمی منجی گوگی چھنبری	اوٹھو اب گاؤں کے آدمی سوتے ہیں تقسیم کرلو۔
۶۱- مینگی دنبانی ہمن گینگی گنونی [illegible] ہنکمنی نہ گنگنی جادی	ہمارا ذمہ نہیں ہے اگر کسی کے گھر سے یہ چوری بر آمد ہوجاوے
۶۲- جینگی گنونی چھنگی نگتی جادی تا و شناد دہ تونی لیتی [illegible] ہنسی جلتی	جسکے گھر سے چوری برآمد ہوجاوے نام کسیکا نہ لیوے اپنے سر پر لیوے
۶۳- دبنان جلاو تونادلیتی جادی	بہتری خریدار کو بلا کر مال بیچ دی

TRANSLATION OF SLANG TERMS.—(continued).

Original slang terms in Roman.	Translation in English.
CHAPTER	II.—(continued).
64. Deníán rachrá hai baníará chaláí lo nahlá chhamáns khochá kodmí hai.	The shopkeeper is a deceitful villain, the goldsmith is a good man, call him and let him have it.
65. Bone ká naho tumte naola to nahín nab khujántey hain.	The rate of gold is not hidden from you, it is well known, I am sure.
66. Chattú tu káheko larpatá haí khutolá boná naulá nahogá natáráh hogá.	What is the use of struggling; a tola of gold will be about 16 or 17 rupees worth.
67. Khújárō khárc ka khatola bharse dhur ther phattíl banárá bhí damnl thi	Well, friend, it was 18 rupees per tola; but I had to pay 2 or 3 rupees to the goldsmith as well.
68. Nunj par khichále ká bouna khunjí áyá wathou. rabr asregce	We have received the information that you have sold the property for Rs. 45.
69. Je to nápe khissa dapí to hon jharkvaí dípon	If you do not give me my share, I will have you caught.
70. Je depí de khochí kohleni.	It would be better for you to give me the portion that comes to my lot.

ترجمہ بولیونکا

زبان اصلی	ترجمہ اردو
باب	دویم
٦٤ - ڈمنان جیزاہی بنیارہ جلائی لو نہلا جہانش کہنوجہا کو دقی ہی	کہتری خریدار شریر اور خراب ہی سنار کو بڑا بہلا مانسا اور اچہا آدمی ہی
٦٥ - بونیکا نہاد تہتی نہولا تو نہین تب کہنجا نیتی بنش	سونی کا نرخ تسی بہولا ہوا نہین مشہور ہی سب جانتی ہیں
٦٦ - جیتو تو کا بیکو لڑاتا ہی کہتو لہ بوناتیو لہ نہوگا تسارہ نہوگا	کیوں جہگڑا کرتی ہو ایکتولہ سونا سولہ یا سترہ روپیہ کی نرخ کا ہوگا -
٦٧ - کنہی زد کنہارہ کا کہتولہ بہ سی دہوپہ نبہ بینتی نتسارنی دیمنی نہی	بارہ اٹہارہ روپیہ سونیکا نرخ نہاد دیا تین روپیہ سناریکو بہی دینی پڑی
٦٨ - نیج بز کہجاین کا بونا کنیج آیا وہ نہوتن زنبیز اسنرکی	جس جگہ بیالیس روپیہ کا سونا بیچ آیا وہان سی خبر آگی ہی
٦٩ - جی تو نانی کہسنہ دنیی تو ہونن جہز کو آتی دی نا تونن	اگر تو حصہ نہ دیگا تو مین بگڑا دونگا -
٧٠ - بجی دیپیادی ہوجی کہنو لیتن	جو روپیہ حصہ کا دیدی تو بہتر ہی -

TRANSLATION OF SLANG TERMS.—(continued).

Original slang terms in Roman.	Translation in English.
CHAPTER	II.—(continued).
71. Wekk warí nahín khés wárí já bol, jehra khésa depna se depí chorá.	Not once, but twenty times; if you like you can go and give the information; whatever I wanted to give you I have given it.
72. Ninhání dar ko giní kogíditta naraná naraná ghem hai.	Some one has informed the Deputy Inspector that so and so are the thieves.
73. Bour kin kogïná tha jisko khéssá náhín dípá; nerí nathhe ká ghem jin jáe jadáe dipiá, nanbaní dá asre goga.	No one knows anything about it; one of your companions informed the Deputy Inspector and thus it became known.
74. Chamolkán bich kúk laggí gogí nará chamulak asrí gogá.	Oh! it is well known all over the world, and there is a crowd now flocking in by this time.
75. Ban depí dán khichde.	Even if you give up the property you would not escape.
76. Nenháne dárko khés baúle khabadí depí do.	Give about 20 rupees to the Deputy Inspector as a bribe.
77. Thárá khaiknewálá nôkhdái hai.	The moonshí or the clerk of the Police Station wants something

ترجمہ بولیونکا

زبان اصلی	ترجمہ اردو
باب	دویم
۱۔ وِنکَ وَارِنی نِہتَن کَہتیں وَارِنی جَانُوں چیزا اَکیشیۃ دِنی یَنآ رِنی دِرِنی جہودا	ایکبار نہین میں بار مخبری کردی جو حصہ دنیا تہا وہ دیدیا
۲۔ نِہنَا رِنی دَار کُو گَنِنی گُوکتا زَرَانَۃ نرانۃ نَہیم ہی	تہانہ دار کو کسی نی کہدیا کہ فلان فلان چور ہی
۳۔ بُوکَن کُوکَنا نَہا جِسکُو کِہتِیَۃ نِہیَں دِنی یَنا نَشیرِنی نَہنا کا کَہتم جن جہدا گی دِیتا نِہنَا رِنی دَار اَشیری گوگا	نہ رکون کہنی والہ تہا تیری ساتہہ والہ جو جسکو حصہ نہین دیا اوسنی تہانہ مین خبر دی تہانہ دار آگیا۔
۴۔ جِہنَکان بِچ گُوکِ کَگی گُو گیتی نَانِرا جہنکِ اَشیری گوگا	تمام علاقہ مین شہرت ہوگئی ہی بہت مخلوق جمع ہوگئی ہی
۵۔ یَن دِنی بِنی دَان کِہچ دِنی	اگر مال دیدیا تو بہی نہین بچ سکتی
۶۔ نِہنَانی دَار کُو کَہتیں بلو کَہتِنی دِنی بِنی	تہانہ دار کو بیس روپیہ رشوت دیدو
۷۔ نَہار دِ کِہکِنی دَنۃ کَمَندا ہی	منشی تہانہ کا کچہ مانگتا ہی۔

TRANSLATION OF SLANG TERMS.—(continued).

Original slang terms in Roman.	Translation in English.
CHAPTER	II.—(continued).
78. Chog phattí basko de pí do, náhrá neháña kharají hopí geaugá.	Give four rupees to him also, and then the whole batch of them will be satisfied.
79. Nenhánedár dhor ghem jhaingtá.	The Deputy Inspector wants two thieves.
80. Nahlá kaule ke khaiti ke chhándí dalí dipo.	Conspire with some landlord, and put the stolen property in his house.
81. Nenhánedar jhaddi wele narí geogá.	The Deputy Inspector has gone out since the morning to catch the thieves.
82. Tháıí chhagaíní nenhánedár khabadí lepí ky nij leke khole khiglí.	Your theft has been turned up by the Deputy Inspector; what things have been found in your house.
83. Chhánde khiglí bour káunggí nahin khiglia.	Some basins have been found and nothing else.
84. Dhúr ghem nenhánedár chikrì leepe nenhánedár nihánkí nahn ke chagmì chagtá hai.	The Deputy Inspector has caught two thieves whom he is extorting to give up the booty.
85. Khaite ko gate nenhánedár kogí chagalmí chhuttu kaule asrí khimí khimí bamko kangí lohtâ.	The villagers are telling the Deputy Inspector not to maltreat them, as the stolen property is in the possession of the Sánsees.

ترجمہ بولیونکا

زبان اصلی	ترجمہ اردو
باب	دویم
۷۸۔ جونگ بہتی لنگوڈی پی ذو نہارا ناتا گہنر اجی ہوپی گہوتگا۔	چار روپیہ اوسکو بہی دیدو تمام تہانہ کی آدمی راضی ہوجاوینگی
۷۹۔ نہانی دار دنوگہیم جبگیتا۔	تہانہ دار دوچور مانگتا ہی۔
۸۰۔ نہلاً گوئیگی گہٹی کی کہولی جہانڈی ڈاری ڈی لو۔	صلاح کرکی کسی زمیدار کی گہرمین چوریکا مال ڈال دو۔
۸۱۔ نہانی دار جہنڈی ڈیلی نہڑی گیوگا	تہانہ دار فجہ کا سوار ہو چور ونکی پکڑنی کو گیا ہی۔
۸۲۔ تہاری چینگیمی نہانی دار گہنڈی کتنا نیچ لیگنی گہوتی گہکلی۔	تمہاری چوری تہانہ دار نی برآمد کر لی کیا چیز اونکی گہر مین سی نکلی۔
۸۳۔ جہانڈی گہڈلی بوزکا نگی بہتن گہنگیا۔	برتن نکلی ہین اور کچہ نہین برآمد ہوا۔
۸۴۔ دنوگہیتم نہانی دار جبکری نیپی نہانی دار نہان کی نہان عکی جہنیمی جبنگیتا۔	دوچور تہانہ دار نی پکڑی ہین اسباب چوریکا اون سی مانگتا ہی۔
۸۵۔ گہٹی گوگیتی نہانی دار گوکی جہنگیمی جہتو گولی اتمری گہتی ہمگو کانگی توبتا۔	زمیدار تہانہ دار سی کہتی ہین کہ چوری سانیسو نکی پاس سی ہمکو کیون مارتا ہی۔

TRANSLATION OF SLANG TERMS.—(continued).

Original slang terms in Roman.	Translation in English.
CHAPTER	II.—(continued).
86. Bek ghem chekrá nenháne khindsí gengá dhúr khánta se.	Of the two apprehended robbers, one absconded from the way; and the other from the station.
87. Nenhánedár rulaká geaugá ghem lo labne.	The Deputy Inspector has gone since yesterday, in search of the delinquents.
88. Nutnán upar chhabaíree wáloa chekrí líná.	The thieves were caught by the boatmen when crossing the ferry at the river.
89. Galgí bogne se khajjì bor bognà áí gya khulake wich nabghem chekrí léa.	We escaped from the first peril, but this seems another, as all the thieves of the District are being caught.
90. Kot khadna nûlsán kánáb asrígá kange to jung nohtí kange hong redh.	The Superintendent of Police will be here after 8 days, then some of the men will be discharged and some convicted.
91. Jinkíànkhaite chahgwálán dipíàn nohti jas ran.	Those will escape about whom the landlords shall speak favorably.
92. Màrgí chagwàl kin depni.	Oh ! who will speak in our behalf.
93. Hon bogna nabre laipí khandsi jasràn bokre kí khiráj	Cashmir is an independent State and I will escape thither with my family.

ترجمہ بولیونکا

زبان اصلی	ترجمہ اردو
باب	دویم
٨٦ - بیک کہتم جنکر ماا نہانی کہند بنی گیوگگا دہنور کہانیہ -	ایک چور تو تہانہ سی پکڑا ہوا بہاگ گیا دوسرا راستہ سی
٨٧ - نہتانی دور رلا کا گیوگا کہیتم تونیت لی -	تہانہ دار کلکی روز کا گیا ہی چورونکو تلاش کرنی -
٨٨ - نہتان ادبر جہنہ ٹی داون جنکر دی لیتا -	دریا کی گذر پر ملاحون نی چور کو پکڑ لیا -
٨٩ - گلگی لوگکن سنہ تو کنہی تور لوگکنا آڑی گونیا کہنلا کی وج نب کہتم جنکر ہی لی	اگلی خرابی سی تو بچی تہی یہہ اور برپا ہوئی کہ تمام علاقہ کی چور پکڑ ہی گئی -
٩٠ - کو ٹہنہ کتیدنیا نلسان کانات انیرگا کا گی توجتنگ تو ہٹی کا گی ہونگت رند	آٹہہ روز کی بعد پولس والہ صاحب آ ئیگا کتنی تو چہوٹ جا ئینگی اور کتنی قید ہو جائینگی -
٩١ - جنکیان کہتی جنگو ایان دیتان دہ تو نومتی حران -	جنکی زمیدار گواہیان اچہی دینگی وہ بچ جائنگی -
٩٢ - نا گہی جنگو ای کن دینی	ہماری گواہی کون دیگا -
٩٣ - یون لوگنا نیتری لی پی کہندا سی جنسران لوگر یمی کنراج	مین اپنا بال بچہ لیکر دوسری ملک مین بہاگ جاونگا -

TRANSLATION OF SLANG TERMS.—(continued).

Original slang terms in Roman.	Translation in English.
CHAPTER	II.—(continued).
94. Kirge jasrán nortá nahín binto narangíán tún bokrá chhak nahín.	Go anywhere you like, it is hard to escape ; the Dogrā is also under the British dominion.
95. Bori chomolak khandsi chalo ráulake nahancke khades.	We would rather go and beg tit bits in the country of Kabul or the Afghans than stop here.
96. Nerne chamne dímanghre.	We will ask alms and live like beggars there.
97. Butch chamolak chekrí léne boghe mìrgí nulā chammno apni chamolak ragbo nargis kange jasrau.	If perchance you are caught there you will never obtain freedom in that country. In my opinion it would be far preferable if you do not go to a foreign country.
98. Túm kodmí chekro jágre to néche nibar chamolake wich chhaígí damun.	If you are apprehended in this country then your family can live upon begging too.
99. Hún jo kogta bich chamolak khindsé chalo bib chhatúonke khajánt nàch nah ge.	Was not I telling you to escape from here ; now all the Sansees have been called upon to give a security of Rs. 500 each for good behaviour.

ترجمہ بولیونکا

زبان اصلی	ترجمہ اردو
باب	**دویم**
۹۴ - کنیڈاگی جنراتن نوڑتا بہنیتن ینن توزگیان توبوگرا جہنک ہنیتن	کسیطرف جاؤ بچتی نہیں ڈونگر انکا ملک کچھ انگریزون سی جدا نہیں -
۹۵ - نوری جہلک کہنڈسی جلتو راوڑ کی نہانی کی کہنڈیس -	ساہل کی علاقہ پیکھا تونکی ملک مین نٹ بنکر مانگ کہاوینگی -
۹۶ - نیزنی جہمنی دنیمنگرڈنی	نٹ بنکر گذرہ کرینگی -
۹۷ - بجہہ جہلک جنکرڈی ینبنی لوگی مرگی نلاجنمنود زانبنی جہلک رکہو دکنیس کانگی جنسرو -	ادس ملک مین بگڑی گمی توکبہی نہین رہوگی میری صلاح یہہ ہی کہ پردیس مین نہ جاؤ -
۹۸ - تم گوذمی جنیکڑی جاگرہی توبچنی نیزجنملک رچ جنگی دیموون	اگر اس ملک مین پڑی گمی تو بیچی بال بچہ تو مانگ کہاینگی
۹۹ - ہنون جوگوگتا بچ جہلک کہنڈسی جلو بب جہوٹ نلی کہجانت ناجہہ لی گی -	مین جو کہتا تہا کہ نکل چلو اب سابسو نکی ضمانت پانچھو روپیہ کی مانگتی ہین -

TRANSLATON OF SLANG TERMS.—(continued).

Original slang terms in Roman.	Translation in English.
CHAPTER	II.—(continued).
100. Khole khaindsí jasro kesí nádká khaita khujá dádwálá mirgí kujámaní depí jasre nahín raid hopi geogí.	Come let us go home and see if any rich landlord is willing to give security for us; otherwise we will be compelled to go to the jail.
101. Nhàre nere rúkhián kogí khaita naránahín hobta.	We have looked all over; but could not find any who would give our security.
102. Bek khetá nirá robtà náth nobalíe chagtá.	One landlord is willing to stand as a security but he wants Rs. 5.
103. Keá kogta kergí chhagesní bolkirí me jasarna.	The landlord says that if you are caught robbing anywhere then he will be compelled to pay the money.

CHAPTER III.

TERMS USED BY THE DOMNE CLASS.

SECTION 1st.

1. Dúm.	Thief, robber, burglar.
2. Hath moth	The house-breaking instrument.
3. Choáin.	Naqb, the hole in the wall.

ترجمہ بولیونکا

زبان اصلی	ترجمہ اردو
باب	دویم
۱۰۰- کہوئی کھنڈسی جھنسر وکیسنی نادکا کہتاکہتی داد والہ نارکی کہتامنی نار پی جھسری نہین رہند ہو پی گوگی	گہر کو جلو کوئی زمیندار جاید اد والہ ضمانت دیوی تو بہتر ہو رہنا قید ہو جاوگی۔
۱۰۱- تمہاری بیتری روکہتیان گوگی کہتیانرا نہین ہو بنا۔	تمام تلاش کر آئی ہین کوئی ضمانت دینی پر رضامند نہین ہوتا۔
۱۰۲- یک کہتیا نرا روپیا نا تہنہ لو بلکوی جنکنا	ایک زمیندار ضمانت دیتا ہی مگر پانچ سو روپیہ مانگتا ہی۔
۱۰۳- کہتا گوگتا رگی کا جنگمنی لولکڑای بیت جھبرتا۔	زمیندار کہتا ہی کہ تم کسی چوری مین پکڑی جاوگی تو روپیہ مجہسی لیا جاویگا۔

باب سیویم

ڈومنونکی اصطلاحونکی بیان مین

دفعہ اول

۱- ڈوم	چورکا نام۔
۲- سنگہ وا سنگہ مو سنگہ	رزد نقب پسند ہوا۔
۳- چوکرتین	نقب

TRANSLATION OF SLANG TERMS.—(continued).

Original slang terms in Roman.	Translation in English.
CHAPTER	II.—(continued).
4. Balláchoo.	Knife,
5. Garrà.	Gold.
6. Maltíán.	Silver.
7. Rassál.	Jewellery of every description.
8. Kothmar.	Cloth Ditto.
9. Tabárī.	Gold-mohur.
10. Mándá.	Made of silver.
11. Lorakná.	All kinds of clothes mounted with gold.
12. Dum asria karáke dás hai.	A thief has come who says that there is lot of property in that place.
13. Nurde chue lagdí.	The house is being broken towards the east.
14. Leá hath moth moáchi áín márchí.	Bring the spade, we will break the house.
15. Nalko challíe.	Not to-day, we will go tomorrow.
16. Khal men lagti chhatre máro.	It is rather difficult to break the house near the foundation ; break open the roof.
17. Bundu hai.	The lamp is lighting.
18. Búrá nágo kardá	The man is awake.

ترجمہ پوٹیو نکا

زبان اصلی	ترجمہ اردو
باب	سویم
۴- بلاچو	چاکو-
۵- گوزیڑا	سونا-
۶- ناپتیان	چاندی-
۷- ریسال	ہر قسم کا زیور-
۸- گوئیتہ	ہر قسم کا پارچہ-
۹- تیاری	اشرفی
۱۰- ناندار	روپیہ یا جو کچھ چاندی کا بنا ہوا زیور ہو-
۱۱- توتے کیتا	پارچہ ہر قسم کا جس پر سنہری کام کیا ہوا ہو-
۱۲- ڈوم اسریا گوا کی داس ہی	ایک چور آیا ہی کہتا ہی کہ اوس جگہ پہ مال ہی-
۱۳- نزدیمی چوری اگدی	مشرق کی طرف نقب لگتی ہی-
۱۴- لیا نہہ موہیہ موماچی اپین باچی	مالدار النقب نقب لگائیں-
۱۵- نہنگی جلتی	آج نہیں کل چلینگی-
۱۶- کیتل ہیں لگتی جگہ نادو	نیچی نقب نہیں لگی چہت میں لگاؤ-
۱۷- تند دہی	چراغ جلتا ہی-
۱۸- توتو انانی گودا	مردجاگتا ہی-

TRANSLATION OF SLANG TERMS.—(continued).

Original slang terms in Roman.	Translation in English.
CHAPTER	II.—(continued).
19. Burá nokhá kardá.	The little babe is crying.
20. Hath muth bináchoo depí do jhodo hai.	Hand over the spade and knife, the box is locked up.
21. Mánde upe nohín kothma upe narde kahká.	There is no cash but lots of clothes deposited towards the eastern side.
22. Dúmán raharpíá khekhe karde.	Come out, men are spying us.
23. Rorí dás hoí jáo.	Decamp with the property.
24. Chog daume asrí jáu komale de khamkhe likhia	Let four men go and dig out the hidden property from beneath the tree.
25. Badane lippí kau leppe asro.	Do not bring it in the day time, night is the best.
26. Dímán asaryá rarpí jáu mendí lippí.	The Deputy Inspector has come, escape with your property.
27. Dhamaí bur kanní kauní ásre hain mánkho bahláne nád níkre hain.	Lots of Europeans and other employes have come and two men have been caught in that villag too.
28. Mánkhe ke khoule kángì nahín khaglíà.	All has not been found from the house of the thieves.

زبان اصلی	ترجمہ اردو
باب	**سویم**
۱۹- بُوڑما اتُو گِیتھہ گزدا	چھوٹا بچہ روتا ہی-
۲۰- تھِہ نوتھہ بنا جُو دمی پِی دو جُو دُو ہِی	آلہ نقب اور چھوڑا دید و صندوق میں قفل لگا ہی-
۲۱- نانڈی اُدہ پہ ہیشن گو تھمہ اُوبی- نزدی گھنگا-	روپیہ بہت نہیں کیونکہ بہت ہی مشرق کی طرف رکھا ہی
۲۲- دوتان رڑہ بی الکھگی گردی	چور باہر نکل اور آدمی دیکھتی ہیں-
۲۳- ززڑی داس ہُنوی بھاؤ	مال لیکر بھاگ جاؤ
۲۴- جونگ دمی آنسری جاو گو بلی دیگا گھنگی بکیتا	چار آدمی درخت کی نیچی سی مال نکال لاؤ-
۲۵- بدلی بستی گو لی پی آنسرو	انکو مال نہ لاؤ انکو لادینگی-
۲۶- ڈیمان انسر بارڑہ پی جاو نانڈی بیتی	تھانہ دار آگیا اپنا اسباب لیکر بھاگ جاؤ-
۲۷- ڈیمان نوڑ کیگی آنسری ہیں نا کمنی بھلانی نادِ بیکرڈنی ہیں-	ملازم اور انگریز آگی ہیں اور اس گانو میں دو آدمی پکڑی گئی ہیں-
۲۸- نا کمنی کی کھوی گاگی نہیں گھنگتا	چور دیگی گھر سی کچھ مال نہیں برآمد ہوا-

TRANSLATION OF SLANG TERMS.—(continued).

Original slang terms in Roman.	Translation in English.
CHAPTER	II.—(continued).
29. Das wè mánde loí sattó.	Give 10 or 20 Rs. to the detector.
30. Bouke ke chaumál deppí denássí.	Give all the jewellery to the goldsmith and let him melt the whole.
31. Nandú nandi debiddá nunhe ko díbgo.	Divide it in halves and give it to the shopkeepers.
32. Mánde das rerá ke tha, nínjí danní kí oli jáu.	This property is worth 100 Rs.; come after five days for the money.

SECTION 2nd.

TERMS USED BY ROBBERS OF THE GANDHILA CASTE.

1. Ghem ya khem ...	Thief, robber, burglar &c.,
2. Súá ...	The house breaking instrument.
3. Bán ...	Naqb, the breach made in the house.
4. Khoná ..	Gold.
5. Rúpá ...	Silver.
6. Toom chhaina ...	Jewellery of every description.
7. Lúgrá ...	Cloth.
8. Gámre chalío ghammi kari.	Come let us go to the village to steal.

ترجمہ بولیوں کا

زبان اصلی	ترجمہ اردو
باب	**سوئم**
۲۹- دَش دِیْ ہانڈِی لُوئی سَتُوْ	دس بیس روپیہ تلاشی کرنیوالونکو دیدو-
۳۰- بُونکی گہال دِیْ پِی دُوْنا سِیْ	سنار کو مال دیدو کردہ گلادی-
۳۱- نَنْدَ و نَنْدِی دِیْبَدَ اَنْہَنّی گُوْ دِیْبَ گو	نصفا نصف کرلو یا بنیونکو دیدو-
۳۲- ہانڈِی دَش بَرَّہ کِی اَتھی بَنچِی دِی کِی اُدْ لِی جاؤ	یہہ اسباب سو روپیہ کا ہی بانچر ذرکی بعد روپیہ لی جانا
حصہ	**دوئم**
گھنڈیلونکی ا	**صطلاحونکی بیان مین**
۱- کہیتم یا کہیتم	چور
۲- سُوا	آلہ نقب
۳- بان	نقب
۴- گھوتا	سونا
۵- رُوپا	چاندی
۶- ٹُوم چھیتا	زیور ہر قسم کا
۷- لُوگڑہ	پارچہ
۸- گگا مڈی جالی کہنی کر کیا	گانونمین جاکر چوری کرینا-

Original slang terms in Roman.	Translation in English.
CHAPTER	II.—(continued).
SECTION	2ND.—(continued).
9. Súá bijlá menu leápi de	Bring in the spade and chub.
10. Ahán to làgti nahin khoche karí do.	Cannot break the wall here, we will break open the roof.
11. Tu houn bekh àhon andar joí aúsàn.	Do thou sit here and watch until I may go and see.
12. Tallián andar chhun paryàn.	There are lots of clothes lying inside.
13. Paryán rahwàn ...	Let them be.
14. Parchondá ham nahin lejaná.	We would not take this kind of property.
15. Mànkho andar khodto jagi paro.	The man who was sleeping inside is awakened.
16. Mànkhián andar jagíon karyán jura khaugle ho.	Let the women who are awake inside sleep.
17. Khoí giá, joi lo ...	They are asleep, take away the property.
18. Boohey de wahín joe lo bahni ke wahín nahìn niklta	Take out the property from the door if you cannot get it out through the breach.
19. Main dhurí laddo dijlo márí menu kaddí lo.	They have caught me inside, rescue me by the means of the chubs.

ترجمه ٹوٹیو نگا

زبان اصلی	ترجمه اردو
باب	سویم
حصه	دویم
۹- سنگوا پتھلا مینگوں اپنی دد	آر نقب اور لاٹھی لادی-
۱۰- آکان ٹوڈلا گیتی نہیں کہو جیه کری دد	اسجگه نقب نہیں لگتی کوشه میں لگاؤ-
۱۱- تو ہنون تی بیکمتہ آہون تی اندہ جوی اوسانتی	تو یہان بیٹھکر خبرداری کریں اندر دیکھتا ہون-
۱۲- تلکیان اندہ جھوتی پڑیانگی	کپڑا بہت پڑا ہوا ہی-
۱۳- بڑ ناتی رنوانگی	رہنی دی-
۱۴- پیرجھونڈا ہم نہیتی لی جا ا-	ایسا اسباب ہم نہیں لی جاتی-
۱۵- ہا نگھو اندرہ کہو دتو خانی پریو	آدمی اندر سوتا ہوا جاگ پڑا-
۱۶- ماگیتن اندہ جاگیون گڑبان جبرا	عورتیں سوتی ہوئیں جاگی ہیں اونکو سوجانی دد-
۱۷- اینگھو ہی گیا جوی ٹو (گھونگنلی ہی)	سوگی ہیں مال لی لو-
۱۸- بوتنی دی واہین جوی لوبا ہنی کی دا ہیں نہیتی نکلیا	دروازه کی رسته سی مال نکالو اگر نقب کی رسته سی نہیں نکلتا-
۱۹- یتن دیری لدو دیجبو ماری بیتو گدیا (جیکوگرفتیا) تو	مجکو اندر پکڑ لیا لاٹھیان مار کر مجھی چھوڑا لو-

TRANSLATION OF SLANG TERMS.—(continued).

Original slang terms in Roman.	Translation in English.
CHAPTER	II.—(continued).
SECTION	2ND—(continued).
20. Mainu dakhjí ná ap maraigna jai.	Do not mention my name even if you have to die.
21. Thánedár buláe acho, chhillar lepi challo muri geo to marī acho	The Deputy Inspector has sent for us, come, let us go thither with some money, and if it could be managed, we will satisfy him.
22. Mohnde máhnde ghemí laggi chhe, khubardár murwá nahín dená.	They seem to accuse me for the theft, be on the look out.
23. Khoun ghemí karí thi ...	What sort of theft did you commit.
24. Hánk tarorí ...	I stole a hanslí or the collar belt.
25. Jero máro ghar tho lochí ghalí àio.	Where is my property ?
26. Pèlo het chaggálèwon mari thuní lit chhandion chit bandi khuji áo.	Some property is under the bet tree (*Ægle marmelos*), take it out and dispose it off.
27. Bíkh nád lo, teekh chà deo.	Do not give it for 20 but give for 30 Rs.
28. Múth noule hon beekh dokh chillár le menu makàí lo.	Give 20 or 40 Rs. and have me rescued.

ترجمہ بوٹیونکا

زبان اصلی	ترجمہ اردو
باب حصہ	بویم دوم
۲۰ - میتو دکھجی ٹا آپ مرگنا جی	میرا نام نہ لینا اپنی سر پر لینا -
۲۱ - تھانی دار لو لاہی اچھو جینگر لی لی چیلو مرعی گیمو لو ناری کرچھو	تھانہ دار نی لولا ہی کچھ روپیہ لی چلو اگر رضامند ہوا تو راضی کرا دیگی -
۲۲ - لو ندی نامڈی گھمی لگی مچھہ کھبہ دار حمرد اشیں دنیا -	میری منہ چوری لگی ہی خبردار رہنا -
۲۳ - خون گھمی گری تھی	کسی چوری کری ہی -
۲۴ - آنگ ترڈی	ہنسلی اوتاری تھی -
۲۵ - جرد ناکد کبہ چھو لو چیتی کہانی اتو	جو میرا اسباب تمہارہ کہاں ہی
۲۶ - بیلو سٹ جھنگا یون ناری شونی بسٹ جھوشہ یون جبہ ندی کیمی اتو	کچھ اسباب پیپل کی درخت کی نیچی سی وہ نکال کر بیچ آنا -
۲۷ - بیگبہ نادِ لو ٹیکہ جادو	بیس روپیہ کو نہ دینا تیس روپیہ کو دیدینا -
۲۸ - موشتہ لو لی ہون بنکنہ دو گبہ چینگر لی نیر منگا می لو	بیس یا چالیس روپیہ خرچ کر کی مجھی چھڑوا لو

TRANSLATION OF SLANG TERMS.—(continued).

Original slang terms in Roman.	Translation in English.

CHAPTER IV.

SECTION 1ST.

Terms used by the Chhooras or Sweepers of the Delhi District.

Original slang terms in Roman.	Translation in English.
1. Ban ...	Thief, robber, burglar, pilferer, swindler &c.,
2. Okhar ...	House-breaking instrument.
3. Chánd ya Paiwand ...	The breach made in the house (naqab).
4. Nánd ...	House.
5. Títrí ...	Woman.
6. Mánkhá ...	Man.
7. Neta, Toom ...	Jewellery, ornament &c.,
8. Baktarí ...	Clothes, furniture, &c.,
9. Jánch ...	The house has been well seen.
10. Tál me ghóta lagtá hai.	The house is being broken.
11. Baktarí netá bowhut haí.	There are lots of jewellery, clothes and cash.
12. Mánkhá roshan hai ...	The man is awake.
13. Mutiá okas lejá ...	Take away this property.
14. Jarí liá ...	Has been caught.

Terms used by the Sweepers of the Punjab.

SECTION 2ND.

Original slang terms in Roman.	Translation in English.
1. Kálá ...	Thief, robber &c.,

ترجمہ ٹوٹیونگا

زبان اصلی	ترجمہ اردو
باب	چہارم
حصہ	اوّل
چوڑہونکی اصطلاحونکا بیان	جو علاقہ دہلی کی باشندہ ہیں
۱- بِن	چور
۲- کھوکھرہ	آلہ نقب
۳- کھانڈ پیونڈ	نقب
۴- ٹانڈ	گھر
۵- سٹری	عورت
۶- ٹانگھ	مرد
۷- منڈھ ٹوم	زیور
۸- گھنٹری	پارچہ اسباب وغیرہ
۹- کھانچ	گھر دیکھنا
۱۰- تال میں غوطہ لگتا ہی	اوس گھر میں نقب لگتی ہی
۱۱- گھنٹری منشہ بہت ہی	اسباب بہت ہی
۱۲- بانگھا بردشن ہی	آدمی جاگتا ہی
۱۳- منشا آدکھن لیجا	سب اسباب اوٹھا لی جاو
۱۴- جاڑھی لیا	پکڑا گیا
حصہ	دوئم
پنجاب کی چوڑہونکی	اصطلاحونکا بیان
۱- کالا	چور

TRANSLATION OF SLANG TERMS.—(continued).

Original slang terms in Roman.	Translation in English.
CHAPTER	IV.—(continued).
2. Tomu ...	The house-breaking innsrtment.
3. Nidí ...	The breach made in a dwelling.
4. Ganáí ...	Chori, robbery.
5. Dhárkí ...	Knife, (chhoree).
6. Ratálká ...	Gold.
7. Chatálká ...	Silver.
8. Balwá, gheemta, korpá.	Rupee, a coin current in British India.
9. Chhainná ..	Jewellery.
10. Nidí láo. ...	Break open the house.
11. Kodar jasro ...	Go inside.
12. Thûb ráu ...	Sit down.
13. Kájja áwe ...	The man is coming.
14 Bilakná ná ...	Do not speak.
15. Kurakná wagáná ...	To throw a stone.
16. Ratálká jagda ...	The lamp is lighting.
17. Kajjí togí nahín ...	The woman is awake.
18. Rahánká kúkna thabi	The box is secured with a lock.
19. Dhárkí de kuraknápulwa kar.	Hand in the knife to break the lock.

ترجمہ لپو لپونکا

زبان اصلی	ترجمہ اردو
باب	چہارم
۲- توٹو منو	آدہ نقب
۳- نینڈی	نقب
۴- گنتا منی	چوری
۵- وگارگی	چھوری
۶- رتا لگا	سونا
۷- جہا لگا	چاندی
۸- تموا گنیمہ سیدہ گوندیہ	روپیہ
۹- جنتا	زیور
۱۰ نینڈی لاد	نقب لگاؤ
۱۱- ستو دوز جیسہ و	اندر جاؤ
۱۲- شت تزد	بیٹھ جاؤ
۱۳- کاجا آدی	آدمی آتا ہی
۱۴- تاکرتا	بولنا نہیں
۱۵- سگڑ کنہ دگانا	بہتر نکلنا
۱۶- رتا لگا گگیدا	چراغ جلتا ہی
۱۷- بکی توگی نہیں	عورت جاگ رہی ہی
۱۸- رسکی لگا گو کیا شہنا	صندوق میں قفل لگا ہوا ہی
۱۹- سوگا سکی دی گوز تن بلوارکر	چھری دی قفل توڑ دونگا

Original slang terms in Roman.	Translation in English.
CHAPTER	IV.—(continued).
20. Kurkní dhárkí thubbá wag já.	Throw in the knife and stick to me before you go.
21. Bilúe chhanne nohí thibbe.	Cash and jewellery are buried in the house.
22. Thonke kodmí ...	Give it to goldsmith for money.
23. Medí kúr rakhín ...	Take care of me.

CHAPTER V.

Terms used by the robbers of the Hárni caste.

SECTION 1ST.

1. Tirwa ...	Thief, robber &c.,
2. Sandhewá ...	The house-breaking instrument.
3. Chan ní kar lo ...	Break open the house.
4. Ubar já ...	Go inside.
5. Obá piá ..	A box is here.
6. Duddu nor lo ..	Break the lock.
7. Phuliá jugdá hai ..	The lamp is burning.
8. Thokar lo ..	Come away, or get out.
9. Thuán áta hai ..	The constable is coming.
10. Bhorú ho challo ...	Keep aside from the tray.
11. Phogí lekár uth gai ...	They have gone away.

ترجمہ بولیونکا

زبان اصلی	ترجمہ اردو
باب	چہارم
٢٠- گرگٹی ڈہارکی شہنا بونگ جا	لاٹہی اور چہوری میری طرف پہینک جار-
٢١- بگڑی چہیپی بنو ہٹی ڈہبی	روپیہ زیور کوٹھہ مین دبا ہوا ہی-
٢٢- ٹہوکمی کو دمی	سنار کو دیدو روپیہ لیلو-
٢٣- مینڈی کو زرکہتی	میری خبر رکہنا-
باب	پنجم
حصہ	اول
ہار نیونکی	اصطلاحونکی بیان مین
١- [illegible]	چور-
٢- [illegible] سوا	آلہ نقب-
٣- چابنی کر لو	نقب لگالو-
٤- اد بڑ جا	اندر جا-
٥- ادنا بیا	صندوق رکہا ہی-
٦- [illegible] توڑ لو	قفل توڑ ڈالو
٧- [illegible] جگدا ہی	چراغ جلتا ہی
٨- ٹہو کر لو	نکل چلو
٩- ٹہوان آتا ہی	سپاہی آتا ہی
١٠- بہور ہو چلو	علیحدہ ہو چلو
١١- بہوگی [illegible]	مال لیکر چلی گئی

Translation of slang terms.—(continued).

Original slang terms in Roman.	Translation in English.
CHAPTER	V.—(continued).
12. Nakrá lád ho gai ...	Come away, the men are awake.
13. Gho kar do ...	Bury the booty.
14. Čhhute òbe ruláò thonkar-iá áyá	Bring in the buried property, the purchaser has come.
15. chhutto wálo ...	Rob the jewellery from the woman's head who is asleep.
16. Tullíán láh le ...	Take out the ear-rings.
17. Dhálí wálo ...	Take out the hanslí or the collar beet.

Section II.

Terms used by the robbers of the Báuria class.

1. Kálá ...	Thief, robber &c.
2. Bhanan ...	The breach made in walls for stealing.
3. Serú ...	House-breaking instrument.
4. Kát ...	Knife.
5. Khonu ...	Gold.
6. Nohrí áya ...	Some one is coming.
7. Khadu sero karí lo ...	Break the house.
8. Mawrí já ...	Go inside through the breach.

ترجمہ بولیونکا

زبان اصلی	ترجمہ اردو
باب	پنجم
۱۲- نکڑا الادِ ہونگی	آدمی جاگی ہین۔
۱۳- گھنو کردو	لوٹ کی مال کو دبادو۔
۱۴- چھنٹہ اُوبہ رلاو ٹھونگ نارایا	مال دبا ہوا نکال لاو چور کا مال لینی والہ آیا۔
۱۵- جھونو دارِن	سوتی عورت کا سرسی زیور اوتارلی۔
۱۶- ٹلیکان لالو	بالی کان سی اوتارلو۔
۱۷- دَہاِلی دالو	ہنسلی اوتارلو۔
حصہ	دویم
بادیونکی	اصطلاحونکی بیانین
۱- کالا	چور۔
۲- بھنن	آر نقب۔
۳- سیرد	آرہ نقب۔
۴- کاٹ	چھوری۔
۵- کُنگنون	سونا۔
۶- نُوہری آرا ہی	کوی آرہا ہی۔
۷- گھنادو سیرد کری لو	نقب لگالو
۸- نادری جا	نقب کی اندر جیا

TRANSLATION OF SLANG TERMS.—(continued).

Original slang terms in Roman.	Translation in English.
CHAPTER	V—(continued)
9. Lákrí jálí juí lo. ...	Light the lamp and see.
10. Norí nukhá. ...	Break the lock.
11. Achál chálí paroumen díá.	Take this property and put it away.
12. Mánkho jágeo ...	The man is awake.
13. Mansí hoti parí hán láí le, charion dorò wáhdí.	The woman is asleep, take off her collar belt by cutting the thread with a knife.
14. Wár pári nassí gaio borí do.	Break the door and go away, and bury this property underneath the ground.
15. Chuáí áparyôn koparyôn haddí kadí áí.	Go and see if that property is there, if so, bring it out.
16. Koparyôn bocchí áí.	Take this property and dispose it off.
17. Mankhá jhálí laddiá gheno vech do.	The thief has been caught and the property recognised.
18. Monkhe de ladi thana legeá.	After putting on the hand-cuffs he has been taken to the Police Station.
19. Háb kanní lae giada tín barion kaid káde dí.	The case was brought up before the magistrate, and he got 3 years' imprisonment.

ترجمہ بولیونکا

زبان اصلی	ترجمہ اردو
باب	**پنجم**
۹ - ناکڑی جالی جوی لو	روشنی کرکی دیکھہ لو-
۱۰ - نوڑی نگتھہ	قفل توڑ ڈال
۱۱ - آچھال جھالی بردن مین دیا	یہہ مال لیجاکر رکھہ آ-
۱۲ - منکھو جاگیو	آدمی جاگتا ہی-
۱۳ - نسی ہولی گبڑی ہان لائی لی چکھ پوئی ڈوڑ دارنڈی	عورت سوتی ہی ہنسلی اوتارلی چھوری سی فعدا کاٹکر
۱۴ - کواڑ باڑی نسی گیو لوری دڈ	دروازہ توڑکر نکل جاؤ یہہ مال زمین مین دبا آؤ-
۱۵ - جوآہی نا ایتہ تو ان کو بزلون ہتا ہی گاڑی آئی	جاکر دیکھہ آؤ دن مال اوسجگہ ہی اگر اوسجگہ ہی تو نکال لاؤ-
۱۶ - کو برلون بیچی آئی	یہہ مال بیجاکر بیچ آؤ-
۱۷ - منگتا جہالی لدیا گھنو دیمد ڈ	جو پکڑا گیا تھا ان چھٹا-
۱۸ - موسمجھی دیئی لدئی تہانالی گیا	جھکڑی ڈالکر تھانہ مین لی گیا-
۱۹ - ہاک کیٹنی لی گیا دا تین ورئیالک قید کاڑی دی	صاحب کی پاس تین برس قید ہوئی-

TRANSLATION OF SLANG TERMS.—(continued).

Original slang terms in Roman.	Translation in English.
CHAPTER VI.	
SECTION 1ST.	
Terms used by the Mína caste.	
1. Shikárí ...	Thief.
2. Boora Khosá ...	The house breaking instrument.
3. Nortá hai ...	He is a rich man.
4. Pár dená, phor karde.	Break open the house.
5. Kauá.	Constable.
6. Cheel.	Deputy Inspector.
7. Dhúr sánk.	Take the jewellery.
SECTION II.	
Terms used by the Meo caste.	
1. Mat phor thûllá tíkká hai.	Do not take this property, the constable is looking on.
2. Bahtí khá koí sar ná ho.	Go away, or else some one will see you.
3. Nethá tor le.	Take the jewellery from the head.
4. Chakkar tor le.	Take away the ear-ring.
5. Nakkí top, phúl mor.	Take the nath * and uláq † from the nose. * Nath, the large ring worn on the sides of the nostrils. † Buláq, the pendant ring between the two nostrils.

ترجمہ بولیونکا

زبان اصلی	ترجمہ اردو
باب	ششم
حصہ	اول
میونکی	اصطلاحوںکا بیان
۱- سنگارت	چور
۲- توڑیا کھوسنہ	آڑ نقب
۳- توڑا ہی	مالدار ہی
۴- ماڑ دینا بھوڑ کردی	نقب لگانا
۵- سنگوا	سپاہی
۶- چیتن	بہانہ دار
۷- قوہڑ سانگ	زیور اوتار
حصہ	دوئم
میونکی	اصطلاحوںکا بیان
۱- مت پھوڑ ٹھلا نکلا ہی	یہہ اسباب نہ اوٹھا سپاہی دیکھتا ہی
۲- بیتی گتنا کوئی سیڑ نہ ہو	چلا جا۔ کوئی پکڑ نہ لی۔
۳- نتھنہ توڑ لی	سر سی کوئی زیور اوتار لی۔
۴- جکرہ توڑ لی	بالا کان سی اوتار لی۔
۵- نکی توڑ پھول موڑ	ناک سی نتھ بولاق اوتار لی۔

TRANSLATION OF SLANG TERMS.—(continued).

Original slang terms in Roman.	Translation in English.
CHAPTER VI.—(continued).	
6. Phatak le ...	Take away the necklace.
7. Gár tor ...	Take the hanslí or collar belt away.
8. Bhuklá le ...	Take other jewellery from the neck.
9. Neshá phatak ...	Take the jaushan. *
10. Kaúl chír ...	Take away the bangles.
11. Lokhá sir hai ...	The owner is looking at
12. Chhappar detá hún ...	I am concealing the property
13. Tikká áyá ...	The constable has come.
14. Nákh máldár hai ..	He has a bag full of money round his waist.
15. Bindá chhak ...	Break the lock.
16. Paiwand kar ...	Make the breach (in the house).
17. Baihtí khá ...	Go away.
18. Bháta thám le ...	Pick up some stones.
19. Thikká ...	Basin.
20. Kekrá páprá ...	Stolen property.
21. Rezá ...	Clothes.
22. Páb ...	Golden ornaments.

* An ornament worn on the arms.

زبان اصلی	ترجمہ اردو

باب ششم

زبان اصلی	ترجمہ اردو
٦- ٹہنک لی	گلی سی زیور اوتارلی-
٧- گار توڑ	ہنسلی اوتار-
٨- ہنگلا لی	ہیکل وغیرہ اوتار-
٩- نیشہ ہٹک	جوشن وغیرہ اوتار-
١٠- گول چیز	کڑہ اوتار-
١١- لوکا ستر ہی	مال والہ دیکھتا ہی-
١٢- جھکڑ دیتا ہون	مین جہدا تا ہون-
١٣- [illegible]	سپاہی آگیا-
١٤- انکھیہ نالداری	کمر بن ہمیانی وغیرہ ہی-
١٥- نداجھک	قفل توڑ-
١٦- پونڈ گڑ	نقب لگا-
١٧- بتی گھا	چلا جا-
١٨- تہا تا تہام لی	ایک تہہ اتہہ مین اوٹھا-
١٩- تہا	برتن
٢٠- گنگرہ یا بڑہ	مال چورکا-
٢١- زبرہ	پارچہ-
٢٢- باب	زیور سونےکا-

TRANSLATION OF SLANG TERMS.—(continued).

Original slang terms in Roman.	Translation in English.
CHAPTER VII.	
SECTION 1ST.	
Terms of the Ahír and Gujar caste.	
1. Sarkáras ...	Thief &c.
2. Rasáí ...	The house breaking instrument.
3. Paiwand ...	The breach in a dwelling made for stealing.
4. Saríj bád ...	Gold
5. Naksá ...	Silver.
6. Kirí ...	Jewellery of every description.
7. Karpár ...	Clothes.
8. Phatkan ...	Break the house.
9. Dhúr lodgíkaryaní, raksa de.	The men are awake, give me some weapon
10. Atáí khut hogiá ...	There is no chance of breaking the house.
11. Rastá áí ...	If any one comes at the time.
12. Kharyá pharos, yá síti bajáni.	Run away.
13. Gouná kar. ...	Conceal it in your mouth (see No. 68 in terms of Utháigirás or pilferers).

زبان اصلی	ترجمہ اردو
باب	ہفتم
حصہ	اول
امیراوگوجردنکی	اصطلاحونکی بیان ہین
۱- سَنہ کارَتی	چور
۲- رِشّاری	زرہ نقب
۳- پُجونہ	نقب
۴- گرنج باد	سونا
۵- نمن	چاندی
۶- گری	ہرقسم کا زیور
۷- گرہار	ہرقسم کا پارچہ
۸- پیکن قتی	اوسجگہ چلکر نقب لگاؤ
۹- قوتہ نووگی گرائی گنشاوتی	آدمی جاگی ہین ہتیار دیدی
۱۰- لپاری کہنہ ہوگیا	وسجگہ نقب لگانیکا موقع نہین ہی
۱۱- رستہ ارٹی	نقب لگانیکی وقت اگر کوئی آجادی ہ
۱۲- کہنرا بردس پاسٹی بجانی	بہاگ جا۔
۱۳- گوٹی گرہ	(سو بال کومنہ مین رکھہ لی اردیکھو نمبر ۲- بولی اوٹہانگیرونکی)

Original slang terms in Roman.	Translation in English.

CHAPTER VIII.

Terms used by Thugs or Cheaters, Oppressors, &c.

SECTION 1ST.

1. Kur kurá milá ...	Have found a rich man.
2. Makkhí bhinakti haí ...	Some employer is coming.
3. Daghábáz choprá haí ..	There is no property or cash with him
4. Afyoon khá líje ..	Strangle him by throwing the turban round the neck.

SECTION 2ND.

Terms used by the cattle robbers called Pachada.

LITERAL.

1 Sir par háth rakhná.	Put the hand on the head.	My respect is in your hands (Take care, and do not disgrace me by mentioning my name).
2 Ankhon par hàth rakhná.	Put the hand on the eyes.	I have not seen it at all. To deny
3 Kán par háth rakhná.	Put the hand on the ears.	I have neither heard, nor am aware of it.
4. Moochhon par háth rakhná.	Twist your Moustaches.	Behave like a man, and do not give them a clue of any description.

ترجمہ بولیوں کا

زبان اصلی	ترجمہ اردو
باب	**ہشتم**
حصہ	**اول**
ٹھگون کی	**اصطلاحونکا بیان**
۱- گرڈا گرڈا یلا	مالدار مسافر کو جاتا ہوا دیکھیں
۲- گٹھی بنھگتی ہی	کسی سپاہی یا عہدہ دار کو دیکھیں
۳- دغا باز جوہڑہ ہی	کچھ مال پاس نہیں ہی
۴- افیون کہا بیچی	صافہ گلی مین ڈالکر مار دینا
حصہ	**دوئم**
بیجادونکی	**اصطلاحی حرکات کا بیان**
۱- سر پر ہاتھ رکھنا	عزت ہماری تیری ہاتھ ہی
۲- آنکھون پر ہاتھ رکھنا	مین نی نہین دیکھا
۳- کان پر ہاتھ رکھنا	نہ سنا اور نہ واقف ہون
۴- مونچھون پر ہاتھ رکھنا	مرد بنا اقرار نہ کرنا

Translation of slang terms.—(concluded).

Original slang terms in Roman.	Translation in English.	
Section 2nd—(concluded).		
5. Dáhrí par háth rakhná.	Stroke the beard.	Screen my shame (Do not tell any thing about me to any body.)
6. Gardan par háth rakhná.	Put the hand on the neck.	Take care even if they hang you, do not confess it.
7. Síne par háth rakhná.	Put the hand on the breast.	Do not let any body know your secrets, keep it in your own mind.

ترجمہ بولیونکا

زبان اصلی	ترجمہ اردو
حصہ	دویم
٥- داڑھی پر ہاتھ رکھنا	میری داڑھی کا شرم او حیا کرنا-
٦- گردن پر ہاتھ رکھنا	اگر تجھکو پھانسی دیں- یا سر کٹ جاے تو بھی اقرار نہ کرنا
٧- سینہ پر ہاتھ رکھنا	کسی سے بھید گفتہ دل میں رکھنا

List of Dacoos and Robbers of different localities

Number.	Register number.	Name.	Father's name.	Caste.	Crime.
					DELHI.
					High way
1	2437	Káhna ...	Mámráj ...	Ahír ...	391 I. P. C.
2	2439	Dharm Singh ...	Awáni ...	Gujar ...	395 "
3	6220	Herdeo ...	Muksúda ...	Ditto ...	394 "
4	6221	Kadma ...	Bahál ...	Ditto ...	392 "
5	6225	Baldeo ...	Johda ...	Ditto ...	397 "
6	6227	Munphool ...	Bhúra ...	Ditto ...	397 "
7	6229	Natha Singh ...	Lakha Singh ...	Ját ...	394 "
8	9486	Gulla ...	Jawahar ...	Ahír ...	395 "
9	9487	Girvar ...	Kalwa ...	Bairági ...	395 "
10	9488	Bhúpa ...	Kallu ...	Ahír ...	395 "
11	9489	Goopla ...	Dhanna ...	Zamíndár ...	395 "
12	9490	Gullu ...	Devi ...	Hindu ...	395 "
13	9493	Bhoora ...	Baldeó ...	Ditto ...	395 "
14	1104	Sundra ...	Haiti ...	Ahír ...	395 "
					Rob
15	7481	Allah Baksh ...	Khoda Baksh ...	Shaikh ...	457 I. P. C.
16	957	Pira ...	Ali Bahádur ...	Mussalmán ...	457 "
17	2440	Lachman ...	Kirpa ...	Gujar ...	379/380 "
18	2442	Mewa ...	Kallu ...	Ditto ...	380 "
19	2443	Belassa ...	Girdhári ...	Ditto ...	380 "
20	6218	Safdar Hossain ...	Shaik Natha ...	Shaikh ...	379 "
21	6222	Kallu ...	Belunda ...	Kumbár ...	457 "
22	6224	Jhaman ...	Husen Khan ...	Pathán ...	379 "
23	6228	Phúl Khan ...	Sávalya ...	Mewátti ...	407 "
24	7701	Khanjan ...	Kusháli ...	Kahár ...	457 "
25	7764	Iláhi Baksh, *Alias* Muhammad.	Fazal ...	Shaikh ...	457 "

[illegible] میں اور فی الحال سنٹرل جیل لاہور میں مقید ہیں۔

جرم	قومیت	ولدیت	نام	نمبر رجسٹر	نمبر شمار
ڈکیتی راہزنی					
۳۹۱	اہیر	ہمراج	کانہ	۲۲۳۷	۱
۳۹۵	گوجر	نروانی	دھرم سنگھ	۲۲۳۹	۲
۳۹۳	ایضاً	مقصودا	پیر دیو	۹۲۴۰	۳
۳۹۲	ایضاً	بحال	قوما	۹۲۴۱	۴
۳۹۷	ایضاً	جودا	بلدیو	۹۲۴۵	۵
۳۹۷	ایضاً	بھورے	سنہول	۹۲۴۷	۶
۳۹۴	جاٹ	لکھا سنگھ	نتھا سنگھ	۹۲۴۹	۷
۳۹۵	کمہیر	جواہر	کلو	۹۲۸۴	۸
۳۹۵	بیراگی	کلوا	گردد	۹۲۸۷	۹
۳۹۵	اہیر	کلو	بھویا	۹۳۸۹	۱۰
۳۹۵	زمیندار	دیانا	گوپالا	۹۳۸۹	۱۱
۳۹۵	ہندو	دلیومی	توتو	۹۳۹۰	۱۲
۳۹۷	ایضاً	بلدیو	بھورا	۹۳۹۳	۱۳
۳۹۵	اہیر	ہیتی	سندرا	۱۱۰۴	۱۴
چوری					
۴۵۷	شیخ	خدا بخش	اللہ بخش	۷۲۹۱	۱۵
۴۵۷	مسلمان	علی بہادر	پیرا	۹۰۸	۱۶
۳۷۹-۳۸۰-۴۵۷	گوجر	کریا	لچھمن	۲۲۲۰	۱۷
۳۸۰	ایضاً	کلو	مینوا	۲۲۳۲	۱۸
۳۸۰	ایضاً	گردہاری	بلاسا	۹۳۴۳	۱۹
۳۷۹	شیخ	شیخ نتھو	صفدر حسین	۹۲۱۰	۲۰
۴۵۷	کمہار	بلندا	کلو	۹۲۲۲	۲۱
۳۷۹	بنیان	حسن خان	لچھمن سنگھ	۹۳۲۴	۲۲
۴۵۷	میواتی	سالو	بھولا خان	۹۲۲۹	۲۳
۴۵۷	کمہار	خوشحالی	سندر	۸۸۹۱	۲۴
۴۵۷	شیخ	فضل	شمس الدین	۸۸۹۳	۲۵

in the Punjab, confined in the Central Jail Lahore.

Date of imprisonment.	Term. Years.	Months.	Days.	Date of release.	Residence of District.	Village.
DIVISION.						
Robbers.						
...	8	6	0	...	Delhi ...	Rewári.
12th May '71	10	6	0	12th Nov '81	Do. ...	Anwála.
13th June '73	8	0	0	13th June '81	Do. ...	Bhana.
13th do. '73	8	0	0	13th do. '81	Do. ...	Ditto.
23rd July '73	7	0	0	23rd July '80	Do. ...	Jonapore.
23rd do. '73	7	0	0	23rd do. '80	Do. ...	Delhi.
6th June '73	For Life			...	Do. ...	Bahaira.
17th do. '75	12	0	0	17th June '87	Do. ...	Delhi.
17th July '75	12	0	0	17th July '87	Do. ...	Wanderer.
17th do. '75	12	0	0	17th do. '87	Do. ...	Balol.
17th do. '75	12	0	0	17th do. '87	Do. ...	Ditto
17th do. '75	12	0	0	17th do. '87	Do. ...	Ajneah.
17th do. '75	12	0	0	17th do. '87	Do. ...	Sáhon.
11th do. '77	8	6	0	11th Jany. 86	Do. ...	Bajoor
bers.						
24th March '74	16	1	15	9th May '85	do. ...	Delhi.
..	8	9	0	...	Gurgaon ...	Poree.
20th April '71	7	0	0	20th April '78	Delhi ...	Wanderer.
20th do. '71	7	0	0	20th do. '78	Do. ...	Delhi.
20th do. '71	7	0	0	20th do. '78	Do. ...	Ditto.
16th do. '73	6	0	0	16th do. '79	Do. ...	Phátuk Habash Khan.
23rd August '73	6	0	0	23rd August '79	Do. ...	Oodnarpore.
30th do. '74	6	0	0	30th do. '80	Do. ...	Delhi.
25th March '73	6	0	0	25th June '79	Do. ...	Begpore.
23rd August '73	6	0	0	23rd August '79	Do. ...	Kami Ganj.
16th June '74	7	0	0	16th June '81	Do. ...	Delhi.

فہرست ڈاکوؤں اور چوروں کی جو اضلاع پنجاب کی مختلف حصوں میں سکونت

سکونت — دیہہ	سکونت — ضلع	تاریخ رہائی	میعاد — یوم	میعاد — ماہ	میعاد — سال	تاریخ قید
						قسمت
ریواڑی	دہلی		۰	۶	ے	
انگوالہ	ایضاً	۱۷ر نومبر ۱۸۸۱ء	۰	۶	ے	۱۲ر مئی ۱۸۸۱ء
بھانہ	ایضاً	۱۳ر جون ۱۸۸۱ء	۰	۰	ے	۱۳ر جون ۱۸۷۳ء
ایضاً	ایضاً	ایضاً	۰	۰	ے	۱۳ر ایضاً
جونا پور	ایضاً	۲۳ر جولائی ۱۸۸۱ء	۰	۰	عہ	۲۳ر جولائی ۱۸۷۳ء
دہلی	ایضاً	ایضاً	۰	۰	عہ	ایضاً
بھوہارا	ایضاً	۰	۰	۰	عمر قید	۶ر جون ۱۸۷۲ء
دہلی	ایضاً	۱۷ر جون ۱۸۸۵ء	۰	۰	ے	۱۷ر جون ۱۸۷۵ء
خانہ بدوش	ایضاً	۱۷ر جولائی ۱۸۸۵ء	۰	۰	ے	۱۷ر جولائی ۱۸۷۵ء
بلبول	ایضاً	ایضاً	۰	۰	ے	ایضاً
ایضاً	ایضاً	ایضاً	۰	۰	ے	ایضاً
اجنبان	ایضاً	ایضاً	۰	۰	ے	ایضاً
سوہون	ایضاً	ایضاً	۰	۰	ے	ایضاً
باجور	ایضاً	۱۱ر جنوری ۱۸۸۶ء	۰	۶	ے	۱۱ر جولائی ۱۸۷۸ء
دہلی	دہلی	۸ر مئی ۱۸۹۰ء	۱۵	۱	ے	۲۴ر مارچ ۱۸۸۲ء
پوری	گوہرگانوان		۰	۶	ے	
خانہ بدوش	دہلی	۲۰ر اپریل ۱۸۸۸ء	۰	۰	عہ	۲۰ر اپریل ۱۸۷۸ء
دہلی	ایضاً	ایضاً	۰	۰	عہ	ایضاً
ایضاً	ایضاً	ایضاً	۰	۰	عہ	ایضاً
بھانگ حسین خان	ایضاً	۲۶ر اپریل ۱۸۸۹ء	۰	۰	ے	۲۶ر اپریل ۱۸۸۲ء
اڈونارپور	ایضاً	۲۳ر اگست ۱۸۸۹ء	۰	۰	ے	۲۳ر اگست ۱۸۸۲ء
دہلی	ایضاً	۳۰ر اگست ۱۸۸۹ء	۰	۰	ے	۳۰ر اگست ۱۸۸۲ء
[illegible] پور	ایضاً	۲۰ر مارچ ۱۸۸۹ء	۰	۰	ے	۲۰ر مارچ ۱۸۸۲ء
[illegible]	ایضاً	۲۳ر اگست ۱۸۸۹ء	۰	۰	ے	۲۳ر اگست ۱۸۸۲ء
دہلی	ایضاً	۲۶ر جون ۱۸۸۹ء	۰	۰	عہ	۲۶ر جون ۱۸۸۲ء

Number.	Register Number.	Name.	Father's Name.	Caste.	Crime.
					Rob-
26	7766	Palto, *alias* Buldeo	Herjee ...	Chamár ...	457 I. P. C.
27	7767	Abdulla ...	Jangah ...	Lohár ...	454 „
28	7769	Muhammad Ali ...	Madári ...	Ráj ...	457 „
29	777[illegible]	Goonga and Bhera	*Not known* ...	Chamár ...	451 „
30	7777	Fidda Husen ...	Goláb Shah ...	Fakír ...	454 „
31	7778	Lahori ...	Inchha ...	Mussalman ...	379 „
32	7779	Panna ...	Behári ...	Baniáh ...	454 „
33	9485	Sheo Lall ...	Fakír Chand ...	Sonár ...	379 „
34	9491	Bukhshi ...	Muhammad Baksh	Shaikh ...	379 „
35	9499	Shibbu ...	Muhammad Baksh	Shaikh ...	379 „
36	9500	Mán Khan ...	Ahmed Khan ...	Pathán ...	379 „
37	9503	Hukma ...	Mánjah ...	Hindu ...	379 „
38	9763	Ganga Bishan ...	Dewa ...	Khatri ...	411 „
39	810	Kamor-ud-dín ...	Khoda Baksh ...	Meô ...	457 „
40	812	Chajju ...	Bulwa ...	Kumhár ...	411 „
41	814	Herphúl ...	Heta ...	Ahír ...	380 „
42	815	Evaz Khan ...	Azím Khan ...	Pathán ...	457 „
43	816	Jawáhar ...	Fakír ...	Gujar ...	457 „
44	819	Goláb Shah ...	Sadík ...	Fakír ...	379 „
45	820	Oodmee ...	Chainsookh ...	Dhának ...	457 „
46	1105	Mudde Khan ...	Mámraj ...	Mussalman ...	457 „
47	1106	Nathu ...	Karím Baksh ...	Shaikh ...	380 „
48	1107	Bokurria ...	Doolia ...	Barber ...	379 „
49	1110	Ilàhi Bakhsh ...	Murád Baksh ...	Shaikh ...	457 „
50	1112	Ramzání ...	Saidu ...	Bhangi ...	457 „
51	1811	Asgar Ali ...	Kásam Ali ...	Shaikh ...	380 „

and Robbers—continued.

Date of Imprisonment.	Term. Years.	Months.	Days.	Date of release.	Residence of District.	Village.
bers.—continued.						
18th June '74	7	0	0	18th June '81	Delhi ..	Paharganj.
25th Ditto. '74	5	0	0	25th June '79	Do. ...	Delhi.
24th August '74	5	0	0	24th August '79	Do. ...	Ditto.
9th July '74	5	0	0	9th July '79	Do. ...	Ditto.
28th June '74	7	0	0	28th June '81	Do. ...	Paharganj.
2nd October '74	6	0	0	2nd Octr. '80	Do. ...	Delhi.
8th Do. '74	7	0	0	8th Octr. '81	Do. ...	Ditto.
23rd November '75	5	0	0	23rd Novr. '80	Do. ..	Ditto.
23rd Ditto. '75	5	0	0	23rd do. '80	Do. ...	Wanderer.
24th December '77	4	0	0	24th Decr. '81	Do. ...	Sadar Bazár.
21st do. '75	3	0	0	21st Decr. '78	Do. ..	Shah Boolá ká Bur
26th September '75	4	0	0	26th Sept. '79	Do. ...	Bhiwani.
29th February '76	4	0	0	29th Feby. '80	Do. ...	Delhi.
18th June '75	7	0	0	18th June '82	Do. ...	Dhuda.
2nd April '76	6	0	0	2nd April '82	Do. ...	Balwána.
27th July '76	5	0	0	27th July '81	Do. ...	Rewari.
13th November '76	6	0	0	13th Novr. '82	Wanderer ...	Wanderer.
15th February '75	5	0	0	15th Feby. '80	Delhi ...	Chandráwal.
11th Jany. '76	4	0	0	11th Jany. '80	Wanderer ...	Wanderer.
18th March '76	7	3	0	18th June '83	Delhi ...	Nairnugee.
4th April '77	7	0	0	4th April '87	Do. ...	Wanderer.
21st do. '77	6	0	0	21st do. '83	Do. ...	Paharganj.
6th do. '77	5	0	0	6th do. '82	Do. ...	Eedgáh.
17th August '77	4	0	0	17th August '81	Do. ...	Delhi.
21st July '77	4	0	0	21st July '81	Do. ...	Ditto.
2nd January '78	10	0	0	22nd Jany. '90	Do. ...	Barwálla.

نمبر شمار	نمبر رجسٹر	نام	ولدیت	قومیت	جرم
٢٦	٧٧٤٤	بلوتو عرف سہو بلیلیو	ہرچی	ہگار	٤٥٧
٢٧	٧٧٤٦	عبداللہ	جنگا	[illegible]	٣٥٦
٢٨	٧٧٤٩	محمد علی	بدھاری	ہگار	٣٥٤
٢٩	٧٧٧٦	گوبنگا	نا معلوم	ہگار	٤١١
٣٠	٧٧٧٧	فدا حسین	گلاب شاہ	[illegible]	٤٥٣
٣١	٧٧٧٨	لاہوری	رانجہ	مسلمان	٣٧٩
٣٢	٧٧٧٩	بنیا	بہاری	بنیا	٣٥٦
٣٣	٩٣٨٥	شیولال	فقیرچند	سنار	٣٧٩
٣٤	٩٤٥١	بخشی	محمد بخش	شیخ	٣٧٩
٣٥	٩٤٩٩	شیو	محمد بخش	[illegible]	٣٧٩
٣٦	٩٥٠٠	بانک خان	احمد خان	پٹھان	٣٧٩
٣٧	٩٥٠٣	ٹکان	نانجہ	[illegible]	٣٧٩
٣٨	٩٧٤٣	گنگا بشن	دیوا	کہتری	٤١١
٣٩	٨١٠	قمرالدین	خدابخش	[illegible]	٤٥٧
٤٠	٨١٢	جیجو	بلوا	گہیار	٤١١
٤١	٨١٢	[illegible]	بیشا	[illegible]	٣٨٠
٤٢	٨١٥	عوض خان	عظیم خان	پٹھان	٤٥٧
٤٣	٨١٧	جواہر	نقیر	گوجر	٤٥٧
٤٤	٨١٩	گلاب شاہ	[illegible]	فقیر	٣٧٩
٤٥	٨٢٠	اودھی	[illegible]	دھانک	٤٥٧
٤٦	١١٠٥	بدھ خان	[illegible]	مسلمان	٤٥٧
٤٧	١١٠٦	بدھو	کریم بخش	شیخ	٣٨٠
٤٨	١١٠٧	بکریا	دولا	نائی	٣٧٩
٤٩	١١١٠	الٰہی بخش	مراد بخش	شیخ	٤٥٧
٥٠	١١١٢	رمضانی	سیدو	فاکروب	٤٥٧
٥١	١٠١١	اصغر علی	قاسم علی	شیخ	٣٨٠

سکونت		تاریخ رہائی	میعاد			تاریخ قید
دیہہ	ضلع		یوم	ماہ	سال	
بہادر گنج	دہلی	۱۸ر جون ۱۸۸۳ء	۰	۰	اعہ	۱۸ر جون ۱۸۷۳ء
ایضاً دہلی	ایضاً	۲۵ر جون ۱۸۷۹ء	۰	۰	صہ	۲۵ر ایضاً
ایضاً	ایضاً	۲۲ر اگست ۱۸۷۸ء	۰	۰	صہ	۲۲ر اگست ۱۸۷۳ء
ایضاً	ایضاً	۹ر جولائی ۱۸۸۳ء	۰	۰	اعہ	۹ر جولائی ۱۸۷۳ء
بہادر گنج	ایضاً	۲۸ر جون ۱۸۸۳ء	۰	۰	اعہ	۲۸ر جون ۱۸۷۳ء
دہلی	ایضاً	۳ر اکتوبر ۱۸۸۰ء	۰	۰	ے	۳ر اکتوبر ۱۸۷۳ء
ایضاً	ایضاً	۸ر اکتوبر ۱۸۸۳ء	۰	۰	اعہ	۸ر اکتوبر ۱۸۷۳ء
ایضاً	ایضاً	۲۳ر مارچ ۱۸۸۰ء	۰	۰	صہ	۲۳ر نومبر ۱۸۷۵ء
خانہ بدوش	ایضاً	ایضاً	۰	۰	صہ	ایضاً
صدر بازار	ایضاً	۲۴ر دسمبر ۱۸۹۱ء	۰	۰	لعہ	۲۴ر دسمبر ۱۸۷۷ء
شاہ بولا کا بڑ	ایضاً	۱۲ر دسمبر ۱۸۸۲ء	۰	۰	ے	۱۲ر دسمبر ۱۸۷۵ء
بھوانی	ایضاً	۲۶ر ستمبر ۱۸۸۴ء	۰	۰	لعہ	۲۶ر ستمبر ۱۸۷۰ء
دہلی	ایضاً	۲۹ر فروری ۱۸۸۶ء	۰	۰	لعہ	۲۹ر فروری ۱۸۷۲ء
ایضاً	ایضاً	۱۸ر جون ۱۸۸۵ء	۰	۰	اعہ	۱۸ر جون ۱۸۷۵ء
ملوادا	ایضاً	۲ر اپریل ۱۸۸۳ء	۰	۰	ے	۲ر اپریل ۱۸۷۶ء
ریواڑی	ایضاً	۲۷ر جولائی ۱۸۸۱ء	۰	۰	صہ	۲۷ر جولائی ۱۸۷۶ء
خانہ بدوش	ایضاً	۱۳ر نومبر ۱۸۸۴ء	۰	۰	ے	۱۳ر نومبر ۱۸۷۷ء
چندراول	ایضاً	۱۵ر فروری ۱۸۸۲ء	۰	۰	صہ	۱۵ر فروری ۱۸۷۷ء
خانہ بدوش	ایضاً	۱۱ر جنوری ۱۸۹۰ء	۰	۰	لعہ	۱۱ر جنوری ۱۸۷۶ء
بیگی	ایضاً	۱۸ر جون ۱۸۸۶ء	۰	۳	اعہ	۱۸ر مارچ ۱۸۷۶ء
خانہ بدوش	ایضاً	۲ر اپریل ۱۸۸۷ء	۰	۰	اعہ	۲ر اپریل ۱۸۷۷ء
بہادر گنج	ایضاً	۱۲ر اپریل ۱۸۸۴ء	۰	۰	ے	۱۲ر اپریل ۱۸۷۷ء
عیدگاہ	ایضاً	۶ر اپریل ۱۸۸۲ء	۰	۰	صہ	۶ر اپریل ۱۸۷۷ء
دہلی	ایضاً	۱۶ر اگست ۱۸۹۱ء	۰	۰	لعہ	۱۶ر اگست ۱۸۷۷ء
ایضاً	ایضاً	۲۱ر جولائی ۱۸۹۱ء	۰	۰	لعہ	۲۱ر جولائی ۱۸۷۷ء
بروالہ	ایضاً	۲۲ر جنوری ۱۸۹۹ء	۰	۰	ـــ	۲۲ر جنوری ۱۸۷۹ء

Number.	Register number.	Name.	Father's Name.	Caste.	Crime.
					Rob-
52	1812	Phúla ...	Behári ...	Baniáh ...	379 I. P. C.
53	1813	Khoda Baksh ...	Kamani Khan ...	Pathán ...	379 "
54	1814	Dhuma ...	Shunker ...	Brahmin ..	457 "
55	1815	Ganga Dass ...	Girdhári ...	Máli ...	379 "
56	1816	Nazír Hossain ...	Amír Khan ...	Pathán ...	379 "
57	1817	Ramkarn ...	Jaggu ...	Gujar ...	411 "
58	1819	Moosa ...	Luchman ...	Chamár ...	457 "
59	1820	Mahammad Baksh	Nubbi Baksh ...	Bhishti ...	457 "
60	1821	Iláhi Baksh ...	Ahmed Khan ...	Shaik ...	454 "
61	1822	Ungna ...	Ram Baksh ...	Chamár ...	454 "
62	1823	Bahál, *Alias* Khoda Baksh	Khairáti ...	Mussalman ...	379 "
63	1824	Ganga Din ...	Boojee ...	Khatík ...	379 "
64	1826	Jawáhar ...	Mehtáb ...	Rájpút ...	457 "
65	1827	Yakúb ...	Allon ...	Shaikh ...	457 "
					HISSAR
66	2430	Jussa ...	Bukshee ...	Hindu ...	394 I. P. C.
67	2432	Garíbu ...	Rasea, *Alias* Mansa	Ját ...	394 "
68	6210	Kahnpuri ...	Náthpurí ...	Jogi ...	392 "
69	6211	Kahna ...	Moti ...	Ditto ...	392 "
70	6212	Ramkarn ...	Praim ...	Fakír ...	392 "
71	8013	Harya ...	Thumba ...	Dhának ...	392 "
72	9510	Moteáh ...	Motee ...	Hindu ...	395 "
73	9759	Lekhu ...	Sámut ...	Ditto ...	395 "
74	9760	Baghela ...	Jawáhar ...	Ját ...	396 "
75	9766	Háku ...	Malook ...	Lohár ...	392 "

and Robbers.—continued.

Date of Imprisonment.	Term. Years.	Months.	Days.	Date of release.	Residence of District.		Village.
bers.—concluded.							
19th January '78	4	0	0	19th Jany. '82	Delhi	...	Delhi.
5th ditto '78	6	0	0	5th do. '84	do.	...	Wanderer.
26th September '77	5	0	0	26th Sept. '82	do.	...	Delhi.
10th ditto '77	4	0	0	10th do. '81	do.	...	Ditto.
18th December '77	4	0	0	18th Decr. '81	do.	...	Ditto.
22nd November '77	8	0	0	22nd Novr. '85	do.	...	Pahárganj.
19th ditto '77	5	0	0	19th do. '82	do.	...	Panjoke.
14th ditto '77	6	0	0	14th ditto. '83	do.	...	Moree Mohulla.
19th October '77	5	0	0	19th October '82	Wanderer	...	Wanderer.
14th do. '77	4	0	0	14th do. '81	Delhi	...	Delhi.
11th June '76	5	0	0	11th June '81	do.	...	Ditto.
14th May '77	5	0	0	14th May '82	do.	...	Ditto.
29th January '78	5	0	0	29th Jany '83	do.	...	Kúncha Begam.
7th do. '78	For Life				do.	...	Shah Boola ka Bur.
DIVISION.							
...	7	0	0	...	Rohtak	...	Chaija.
...	5	0	0	...	do.	...	Malcapore.
17th May '72	14	0	0	17th May '86	Hissar	...	Wanderer.
17th ditto '73	6	0	0	17th do. '79	Wanderer	...	Ditto.
16th June '73	6	6	0	16th Decr. '79	Hissar	...	Bikáner.
7th July '74	7	0	0	7th Jany. '82	do.	...	Bhiwáni.
17th ditto '75	12	0	0	17th July '87	do.	...	Ajutta.
21st September '75	12	6	0	21st March '88	do.	...	Modha
21st ditto '75	10	0	0	21st Sept. '85	do.	...	Dharampur.
4th June '75	5	0	0	4th June '80	Rohtak	...	Kharak.

جرم	قومیت	ولدیت	نام	نمبر رجسٹر	نمبر شمار
۳۷۹	بنیا	بہاری	بھولا	۱۸۱۲	۵۲
۳۷۹	پٹھان	گگانی خاں	خدابخش	۱۸۱۳	۵۳
۴۵۷	برہمن	شنکر	دنمان	۱۸۱۴	۵۴
۳۷۹	مالی	گردہاری	گنگا داس	۱۸۱۵	۵۵
۳۷۹	پٹھان	امیر خاں	نظیر حسین	۱۸۱۶	۵۶
۱۱۴	گوجر	جگو	رانگرن	۱۸۱۷	۵۷
۴۵۷	چمار	چھمن	موسو	۱۸۱۹	۵۸
۴۵۷	بہشتی	ہی مت	محمد بخش	۱۸۲۰	۵۹
۱۴	شیخ	احمد خاں	الٰہی بخش	۱۸۲۱	۶۰
۴۵۴	چمار	رام بخش	انگنان	۱۸۲۲	۶۱
۳۷۹	مسلمان	خیراتی	بحال عرف خدابخش	۱۸۲۳	۶۲
۳۷۹	کہنک	بوجی	گنگا دین	۱۸۲۴	۶۳
۴۵۷	راجپوت	مہتاب	جواہر	۱۸۲۶	۶۴
۴۵۷	شیخ	الو	یعقوب	۱۸۲۷	۶۵
حصار					
۳۹۳	ہندو	بخشی	جسا	۲۴۳۰	۶۶
۳۹۴	جاٹ	رسیا مشہور بنیا	غزیو	۲۴۳۲	۶۷
۳۹۲	جوگی	نانہہ پوری	کانہہ پوری	۶۲۱۰	۶۸
۳۹۲	الغنا	سوتی	کانشا	۶۲۱۱	۶۹
۳۹۲	فقیر	پیم	رانکرن	۶۲۱۲	۷۰
۳۹۲	ڈاکنک	تہنا	ہریا	۸۰۱۳	۷۱
۳۹۵	ہندو	بہوتی	مونیا	۹۵۱۰	۷۲
۳۹۵	ریفا	شامت	لیکھو	۹۷۵۹	۷۳
۳۹۶	جاٹ	جواہر	بھنگلا	۹۷۶۰	۷۴
۳۹۲	تومار	لوک	سنگھو	۹۷۶۶	۷۵

سکونت: دیہہ	سکونت: ضلع	تاریخ رہائی	میعاد: یوم	میعاد: ماہ	میعاد: سال	تاریخ قید
دہلی	دہلی	۱۹؍جنوری ۱۸۸۲ء	۰	۰	للعہ	۱۹؍جنوری ۱۸۷۸ء
خانہ بدوش	ایضاً	۵؍جنوری ۱۸۸۳ء	۰	۰	ے	۵؍جنوری ۱۸۷۹ء
دہلی	ایضاً	۲۶؍ستمبر ۱۸۸۲ء	۰	۰	صہ	۲۶؍ستمبر ۱۸۷۷ء
ایضاً	ایضاً	۱۰؍ستمبر ۱۸۸۱ء	۰	۰	للعہ	۱۰؍ستمبر ۱۸۷۷ء
ایضاً	ایضاً	۱۹؍دسمبر ۱۸۸۱ء	۰	۰	للعہ	۱۸؍دسمبر ۱۸۷۷ء
بہار گنج	ایضاً	۲۲؍نومبر ۱۸۸۵ء	۰	۰	ے	۲۲؍نومبر ۱۸۷۷ء
بجوکی	ایضاً	۱۹؍نومبر ۱۸۸۲ء	۰	۰	صہ	۱۹؍نومبر ۱۸۷۷ء
نوری محلہ	ایضاً	۱۴؍نومبر ۱۸۸۳ء	۰	۰	ے	۱۴؍نومبر ۱۸۷۷ء
۰	خانہ بدوش	۱۹؍اکتوبر [illegible]	۰	۰	صہ	۱۵؍اکتوبر [illegible]
دہلی	دہلی	۱۳؍اکتوبر ۱۸۸۱ء	۰	۰	للعہ	۱۳؍اکتوبر ۱۸۷۷ء
ایضاً	ایضاً	۱۱؍جون ۱۸۸۱ء	۰	۰	صہ	۱۱؍جون ۱۸۷۶ء
ایضاً	ایضاً	۱۳؍مئی ۱۸۸۲ء	۰	۰	صہ	۱۳؍مئی ۱۸۷۷ء
کوچہ بیگم	ایضاً	۲۹؍جنوری ۱۸۸۳ء	۰	۰	صہ	۲۹؍جنوری ۱۸۷۸ء
پیاؤ نوالاکا برڈ	ایضاً				عمر قید	۷؍جنوری ۱۸۷۸ء
						قسمت
جھکا	رہتک		۰	۰	صہ	
ناگلیا پور	ایضاً		۰	۰	صہ	
خانہ بدوش	حصار	۱۷؍مئی ۱۸۸۶ء	۰	۰	للعہ	۱۷؍مئی ۱۸۷۶ء
ایضاً	خانہ بدوش	۲۷؍مئی ۱۸۷۹ء	۰	۰	ے	۲۷؍مئی ۱۸۷۳ء
بیکانیر	حصار	۱۲؍دسمبر ۱۸۷۹ء	۰	۶	ے	۱۲؍جون ۱۸۷۳ء
سوانی	ایضاً	۷؍جنوری ۱۸۸۲ء	۰	۰	اعہ	۷؍جولائی ۱۸۷۲ء
ایضاً	ایضاً	۱۷؍جولائی ۱۸۸۳ء	۰	۰	للعہ	۱۷؍جولائی ۱۸۷۵ء
موڈو	ایضاً	۱۲؍مارچ ۱۸۸۵ء	۰	۶	للعہ	۱۲؍ستمبر ۱۸۷۵ء
ڈرم پورہ	ایضاً	۱۲؍ستمبر ۱۸۸۰ء	۰	۰	عہ	۱۲؍ستمبر ۱۸۷۵ء
سونجرک	رہتک	۲؍جولائی ۱۸۸۱ء	۰		صہ	۳؍جون ۱۸۷۵ء

Number.	Register Number.	Name.	Father's Name.	Caste.	Crime.
					HISSAR
76	370	Ami Chand ...	Sidhoo ...	Sánsi ...	392 I. P. C
77	371	Donna ...	Sohna ...	Ditto ...	392 „
78	372	Shádi ...	Rukhali ...	Hindu ...	392 „
79	374	Nathu ...	Rooldu ...	Sánsi ...	392 „
80	1911	Mámráj ...	Kooshâli ...	Ját ...	392 „
81	1913	Toolsee ...	Nowla ...	Chamár ...	392 „
82	1914	Rasúla ...	Shahámut ...	Lohár ...	395 „
83	1915	Urshud ...	Shaháboo ...	Ditto ...	395 „
84	1916	Rahim Ali ...	Káim Ali ...	Ditto ...	395 „
85	1917	Mangta ...	Boondee ...	Ditto ...	395 „
86	1911	Shibba ...	Deya Rám ...	Ját ...	397 „
87	1913	Urjan ...	Shimboo ...	Ditto ...	397 „
					Rob.
88	4556	Devi Saháí ...	Sávan ...	Khatri ...	379 I. P. C.
89	7748	Fazuldeen ...	Moujdeen ...	Shaikh ...	380 „
90	7751	Husna ...	Farída ...	Mirási ...	457 „
91	7752	Wazíra ...	Noora ...	Lohár ...	457 „
92	7755	Natha Singh ...	Jameat Singh ...	Ját ...	379 „
93	7756	Juma ...	Boola, *Alias* Noor	Juláha ...	457 „
94	9180	Ráhu ...	Husta ...	Ját ...	379 „
95	9181	Jugga ...	Roop Rám ...	Arora ...	379 „
96	9504	Shamshoo ...	Ehsán Ali ...	Mussalman ...	379 „
97	9505	Bungla ...	Heera ...	Hindu ...	379 „
98	9761	Bhera ...	Náma ...	Báveria ...	411 „
99	9765	Rám Bikh ...	Dhola ...	Ját ...	457 „
100	9767	Nathoo ...	Píroo ...	Shaikh ...	411 „

and Robbers—continued.

Date of Imprisonment.	Term. Years.	Months.	Days.	Date of release.	Residence of District.	Village.
DIVISION—	contin	ue	d.			
14th July '76	5	6	0	14th January '82	Wanderer ...	Wanderer.
14th do. '77	5	6	0	14th do. '82	do. ...	ditto.
19th August '76	5	6	0	19th May '82	Hissar ...	Hánsi.
14th July '76	5	1	0	14th August '81	Wanderer ...	Wanderer.
3rd August '77	4	0	0	3rd do. '81	Rohtak ...	Gománeka.
13th November '77	4	0	0	13th Novr. '81	do. ...	Dhárec.
14th ditto '77	4	0	0	14th do. '81	do. ...	Banuttec.
14th ditto '77	4	0	0	14th ditto '81	do ...	ditto.
14th ditto '77	4	0	0	14th do. '81	do. ...	ditto.
14th ditto. '77	4	0	0	14th do. '81	do. ...	ditto.
18th September '77	7	0	0	18th Sept. '84	Hissar ...	Hánsi.
4th May '74	5	3	0	4th August '79	Wanderer ...	Wanderer.
bers.						
2nd January '73	7	6	0	2nd July '80	Delhi ...	Delhi.
20th February '74	5	0	0	20th Feby. '79	Hissar ...	Leháree.
4th July '74	6	6	0	4th January '79	Rohtak ...	Rohtak.
3rd do. '74	5	0	0	3rd July '79	Ditto. ...	Hussangarh
3rd do. '76	5	0	0	3rd do. '81	Sirsa ...	Kádian.
15th June '74	4	0	0	15th June '78	Ditto. ...	Sirsa.
28th May '75	4	0	0	28th May '79	Ditto. ...	Amírpura.
28th do. '75	4	0	0	28th do. '79	Ditto. ...	Ditto.
24th July '75	4	0	0	24th July '79	Hissar ...	Bhiwáni
16th June '75	4	6	0	16th Decr. '79	Wanderer ...	Hissar.
21st September '75	8	0	0	21st Sept. '83	Sirsa ...	Dhergarh.
24th November '75	4	6	0	24th May '83	Rohtak ...	Boránoh.
20th May '75	5	0	0	20th do. '80	Ditto. ...	Kheora.

جرم	قومیت	ولدیت	نام	نمبر رجسٹر	نمبر شمار
۳۹۲	سیانسی	سدہو	آمین چند	۳۷۰	۷۶
۳۹۲	الیضاً	سونا	وردنا	۳۷۱	۷۷
۳۹۲	ہندو	رکہالی	شادی	۳۷۲	۷۸
۳۹۲	سیانسی	بدلندو	نتہو	۳۷۴	۷۹
۳۹۲	جاٹ سکھ	خوشحالی	ہالمراج	۱۹ ۱۱	۸۰
۳۹۲	نجار	نیولا	تکسی	۱۹ ۱۳	۸۱
۳۹۵	لوہار	سشہامت	روسلا	۱۹ ۱۴	۸۲
۳۹۵	الیضاً	ستہابو	ارشد	۹ ۱۵	۸۳
۳۹۵	الیضاً	قایم علی	رحیم علی	۹ ۱۶	۸۴
۳۹۵	الیضاً	بونڈی	منگتا	۹ ۱۷	۸۵
۳۹۷	جٹ سکھ	دیارام	سشیو	۱۹ ۲۲	۸۶
۳۹۷	الیضاً	مشیو	ارجن	۱۹ ۲۳	۸۷
چور ۳۷۹	گستیری	سانون	دیلوی سہای	۴۵۵۶	۸۸
۳۸۰	شیخ	موجدین	فصل الدین	۷۷۴۸	۸۹
۴۵۷	میرانسی	فریدا	حسنا	۷۷۵۱	۹۰
۴۵۷	لوہار	نورا	وزیرا	۷۷۵۲	۹۱
۳۷۹	جٹ سکھ	جمعیت سنگھ	نتہا سنگھ	۷۷۵۵	۹۲
۴۵۷	جولاہا	بولا عرف نور	جمعہ	۷۷۵۶	۹۳
۳۷۹	جٹ سکھ	بسنتا	راہو	۹۱۸۰	۹۴
۳۷۹	اروڑا	روپ رام	ملو	۹۱۸۱	۹۵
۳۷۹	مسلمان	احسان علی	مشمشہ	۹۵۰۴	۹۶
۳۷۹	ہندو	ہیرا	نیگلا	۹۵۰۵	۹۷
۴۱۱	بادریہ	بابان	بھیرا	۹۶۷۱	۹۸
۴۵۶	خاکروب	ڈہیوا	رام پرکاش	۹۶۷۵	۹۹
۴۱۱	شیخ	بسیرہ	نتھو	۹۶۷۶	۱۰۰

سکونت: دیہہ	سکونت: ضلع	تاریخ رہائی	میعاد: یوم	میعاد: ماہ	میعاد: سال	تاریخ قید
	خانہ بدوش	۱۳ر جنوری ۱۸۸۲ء	۰	۶	حہ	۱۳ر جولائی ۱۸۷۹ء
	ایضاً	ایضاً	۰	۶	حہ	ایضاً سنہ ۱۸۷۹ء
ہانسی	حصار	۱۹ر فروری ۱۸۸۲ء		۶	ہ	۱۹ر اگست ۱۸۷۶ء
	خانہ بدوش	۱۳ر اگست ۱۸۸۱ء	۰	۱	حہ	۱۳ر جولائی ۱۸۷۶ء
گمانی کا	رہتک	۱۳ر اگست ۱۸۸۱ء	۰	۰	للعہ	۱۳ر اگست ۱۸۷۷ء
دہاری	ایضاً	۱۳ر نومبر ۱۸۸۱ء	۰	۰	للعہ	۱۳ر نومبر ۱۸۷۷ء
بانتی	ایضاً	۱۳ر نومبر ۱۸۸۱ء	۰	۰	للعہ	۱۳ر نومبر ۱۸۷۷ء
ایضاً	ایضاً	۱۳ر نومبر ۱۸۸۱ء	۰	۰	للعہ	۱۳ر نومبر ۱۸۷۷ء
ایضاً	ایضاً	۱۳ر نومبر ۱۸۸۱ء	۰	۰	للعہ	۱۳ر نومبر ۱۸۷۷ء
ایضاً	ایضاً	ایضاً	۰	۰	للعہ	ایضاً
ہانسی	حصار	۱۸ر ستمبر ۱۸۸۳ء	۰	۰	الحہ	۱۸ر ستمبر ۱۸۷۷ء
	خانہ بدوش	۱۳ر اگست ۱۸۸۲ء	۰	۴	ہ	۱۳ر مئی ۱۸۷۶ء
دہلی	دہلی	۲ر جولائی ۱۸۸۰ء	۰	۶	الحہ	۲ر جنوری ۱۸۷۳ء
لوہاری	حصار	۲۰ر فروری ۱۸۸۰ء	۰	۰	ہ	۲۰ر فروری ۱۸۷۳ء
بہلبہ	رہتک	۱۳ر جنوری ۱۸۸۱ء	۰	۶	ے	۱۳ر جولائی ۱۸۷۳ء
حسن گڈھ	ایضاً	۱۳ر جولائی ۱۸۸۱ء	۰	۰	حہ	۱۳ر جولائی ۱۸۷۲ء
کادیان	سرسہ	۱۳ر جولائی ۱۸۸۱ء			حہ	۱۳ر جولائی ۱۸۷۶ء
ایضاً	ایضاً	۱۵ر جون ۱۸۸۱ء	۰	۰	للعہ	۱۵ر جون ۱۸۷۶ء
بھیر بوڑہ	ایضاً	۲۸ر مئی ۱۸۸۰ء	۰	۰	للعہ	۲۸ر مئی ۱۸۷۵ء
ایضاً	ایضاً	ایضاً	۰	۰	للعہ	ایضاً
بہوانی	حصار	۲۴ر جولائی ۱۸۸۰ء	۰	۰	للعہ	۲۴ر جولائی ۱۸۷۵ء
[illegible]	خانہ بدوش	۱۶ر دسمبر ۱۸۷۷ء	۰	۶	ہعہ	۱۶ر جون ۱۸۷۶ء
بہادر گڈھ	سرسہ	۱۲ر ستمبر ۱۸۸۰ء	۰	—	[illegible]	۱۲ر ستمبر ۱۸۷۵ء
بٹوڑہ	رہتک	۲۳ر مئی ۱۸۸۱ء	۰	۶	للعہ	۲۳ر نومبر ۱۸۷۵ء
مسعود پور	ایضاً	۲۰ر مئی ۱۸۸۰ء	۰	۰	حہ	۲۰ر مئی ۱۸۷۵ء

Number.	Register number.	Name.	Father's Name.	Caste.	Crime.
					Robbers.
101	9768	Harjus ...	Nathoo, *Alias* Mehria	Zamíndár ...	411 I. P. C.
102	373	Shibjee ...	Soorjon ..	Málee ...	457 „
103	375	Shera ...	Dhooman ...	Mussalman ...	380 „
104	376	Sookhee Rám ...	Ram Karn ...	Málee ...	457 „
105	823	Sáluk ...	Ganga Bishan ...	Ját ...	411 „
106	831	Oodmee ...	Sookhee Rám ...	Hindu ...	380 „
107	832	Kahna ...	Rádhoo ...	Ditto ...	360 „
108	833	Bhoora ...	Toorsom ...	Lohár ...	379 „
109	1095	Teja ...	Chutter Singh ...	Ját ...	380 „
110	1101	Zahirya ...	Yára ...	Kumhár ...	457 „
111	1102	Boalie ...	Kundee ...	Tailee ...	379 „
112	1909	Kulloo ...	Kareem Baksh ...	Shaikh ...	457 „
113	1939	Rooria ...	Hurria ...	Baniáh ...	379 „
114	1940	Goordeen ...	Hatoo ...	Ditto ...	379 „
115	1942	Moula Baksh ...	Kareem Baksh ...	Mussalman ...	379 „
					UMBALLA
116	5719	Ahmed ...	Khewan ...	Mussalman ...	395 I. P. C.
117	5720	Thamon ...	Mela ...	Ját, Hindu ...	395 „
118	5721	Mehtáb Singh ...	Jeva singh ...	Ditto ...	395 „
119	5722	Goomtee dás ...	Soorjoo dás ...	Ditto ...	395 „
120	6558	Deyal Singh ...	Boodhoo ...	Ditto ...	395 „
121	6559	Goláb Singh ...	Jey Singh ...	Sonár ...	397 „
122	9818	Bahádcr ...	Shádee ...	Zamíndár ...	392 „
123	9819	Soba ...	Sangat ...	Kumhár ...	394 „
124	9820	Mána ...	Sahib ...	Bhungee ...	395 „
125	838	Heera Singh ...	Moher Singh ..	Ját ...	392 „

and Robbers—continued

Date of Imprisonment.	Term. Years.	Term. Months.	Term. Days.	Date of release.	Residence of District.	Residence of Village.
continued.						
30th June '75	5	0	0	30th June '82	Rohtak ...	Rohtak.
19th August '76	5	9	0	19th May '82	Hissar ...	Hánsi.
4th October '76	4	9	0	4th July '81	ditto ...	Burma.
19th August '76	6	0	0	19th August '82	ditto ...	Hánsi
22nd ditto '76	7	6	0	22nd Feby. '84	Rohtak ...	Jehángeerpore.
8th January '77	4	6	0	8th July '81	Hissar ...	Semálábad.
9th ditto '77	7	0	0	9th January '84	ditto ...	Hissar.
3rd February '77	7	6	0	3rd August '84	ditto ...	Lálee.
18th ditto '77	4	0	0	18th Feby. '81	ditto ...	Bhiwáni.
28th June '77	4	0	0	28th June '81	ditto ...	Dhooda.
29th do. '75	8	0	0	29th do. '83	Rohtak ...	Rohtak.
3rd do. '75	4	0	0	3rd do. '79	ditto ...	Jhajjar.
23rd August '77	5	0	0	23rd August '82	Hissar ...	Bhiwáni.
28th ditto '76	7	0	0	28th do. '83	ditto ...	Boorhána.
6th October '77	3	0	0	6th Octr. '80	ditto ...	Gohána.
DIVISION.						
16th July '73	15	0	0	16th July '88	Ludhiána ...	Maler Kotla.
16th do. '73	7	0	0	16th do. '80	ditto ...	ditto.
16th do. '73	7	0	0	16th do. '80	ditto ...	ditto.
16th do. '73	7	0	0	16th do. '80	ditto ...	ditto.
16th do. '73	7	0	0	16th do. '80	ditto ...	ditto.
16th do. '73	7	0	0	16th do. '80	ditto ...	ditto.
5th August '75	10	0	0	5th August '85	Umballa ...	Firozpur.
5th ditto '75	10	0	0	5th do. '85	Umballa ...	Jussowál.
5th ditto '75	10	0	0	5th ditto '85	ditto ...	Phoukree.
29th November '76	10	0	0	29th Novr. '86	ditto ...	Bakerpore.

جرم	قومیت	ولدیت	نام	نمبر رجسٹر	نمبر شمار
۱۱۴	زمیندار	ہنتو عرف ہیرا	ہرجس	۹۶۶۸	۱۰۱
۴۵۷	مالی	سورجن	سیوجی	۳۶۳	۱۰۲
۳۸۰	مسلمان	رام موہن	شیرا	۳۶۵	۱۰۳
۵۷۴	مالی	رام کرن	سوکھی رام	۳۶۶	۱۰۴
۱۱۴	جٹ	گنگا بشن	سالک	۸۲۳	۱۰۵
۳۸۰	ہندو	سکھی رام	ادومی	۸۳۱	۱۰۶
۳۰۰	الفناد	رادھو	کاہنا	۸۳۲	۱۰۷
۲۴۹	لوہار	نرسم	بھورا	۸۳۳	۱۰۸
۳۸۰	جٹ	چھتر سنگھ	ہتنا	۱۰۹۵	۱۰۹
۴۵۷	کمہار	تارا	ظاہریا	۱۱۰۱	۱۱۰
۳۷۹	تیلی	گنڈو	دمسی	۱۱۰۲	۱۱۱
۴۵۷	شیخ	کریم بخش	لکھو	۱۹۰۹	۱۱۲
۳۷۹	بنیا	ہرا	رودڑا	۱۹۳۹	۱۱۳
۳۷۹	الفناد	ہاتو	گوردن	۱۹۴۰	۱۱۴
۳۷۹	مسلمان	کریم بخش	مولا بخش	۱۹۴۲	۱۱۵
انبالہ					
۳۹۵	مسلمان	کھیون	احمد	۵۶۱۹	۱۱۶
۳۹۵	جٹ	میلا	لچھمن	۵۶۲۰	۱۱۷
۳۹۵	الفناد	جیون سنگھ	مہتاب سنگھ	۵۶۲۱	۱۱۸
۳۹۵	الفناد	سورج داس	گومتی داس	۵۶۲۲	۱۱۹
۳۹۵	الفناد	ہیم جیو	دیال سنگھ	۴۵۵۸	۱۲۰
۳۹۵	[illegible]	جی سنگھ	گلاب سنگھ	۴۵۵۹	۱۲۱
۳۹۳	زمیندار	شادی	بہادر	۹۸۱۸	۱۲۲
۳۹۲	کمہار	سنگت	شوبھا	۹۸۱۹	۱۲۳
۳۹۵	بھنگی	صاحب	مانا	۹۸۲۰	۱۲۴
۳۹۲	جٹ	مہر سنگھ	ہیرا سنگھ	۸۳۸	۱۲۵

سکونت: دیہہ	سکونت: ضلع	تاریخ رہائی	میعاد: یوم	میعاد: ماہ	میعاد: سال	تاریخ قید
رہتک	رہتک	۳۰ جون ۱۸۸۰ء	۰	۰	۱۵	۳۰ جون ۱۸۶۵ء
ہانسی	حصار	۱۹ مئی ۱۸۸۲ء	۰	۹	[illegible]	۱۶ اگست ۱۸۶۷ء
برمان	ایضاً	۳۰ جولائی ۱۸۸۱ء	۰	۹	[illegible]	۳۰ اکتوبر ۱۸۶۷ء
ہانسی	ایضاً	۱۶ اگست ۱۸۸۲ء	۰	۰	[illegible]	۱۶ اگست ۱۸۶۷ء
[illegible] پور		۲۲ فروری ۱۸۸۲ء	۰	۶	[illegible]	۲۲ اگست ۱۸۶۷ء
[illegible]	حصار	۸ جولائی ۱۸۸۸ء	۰	۶	[illegible]	۸ جنوری ۱۸۶۸ء
حصار	ایضاً	۹ جنوری ۱۸۸۹ء	۰	۰	[illegible]	۹ جنوری ۱۸۶۸ء
لالی	ایضاً	۳ اگست ۱۸۸۱ء	۰	۶	[illegible]	۳ فروری ۱۸۶۸ء
بھوانی	ایضاً	۱۸ فروری ۱۸۸۳ء	۰	۰	[illegible]	۱۸ فروری ۱۸۶۸ء
[illegible] سوڈر	ایضاً	۲۸ جون ۱۸۸۱ء	۰	۰	[illegible]	۲۸ جون ۱۸۶۸ء
رہتک	ایضاً	۲۹ جون ۱۸۸۰ء	۰	۰	[illegible]	۲۹ جون ۱۸۶۵ء
جھجھر	ایضاً	۱ جون ۱۸۸۰ء	۰	۰	[illegible]	۳۰ جون ۱۸۶۵ء
بھوانی		۲۳ اگست [illegible]	۰	۰	[illegible]	۲۳ اگست ۱۸۶۷ء
بوڑھانہ	حصار	۲۰ اگست [illegible]	۰	۰	[illegible]	۱۸ اگست ۱۸۶۷ء
ایضاً	ایضاً	۲ اکتوبر [illegible]	۰	۰	[illegible]	۱۰ اکتوبر ۱۸۶۷ء
مالیرکوٹلہ	لودیانہ	۱۴ جولائی [illegible]	۰	۰	[illegible]	۱۴ جولائی ۱۸۶۷ء قسمت
ایضاً	ایضاً	۱۶ جولائی [illegible]	۰	۰	[illegible]	ایضاً
ایضاً	ایضاً	ایضاً	۰	۰	[illegible]	ایضاً
ایضاً	ایضاً	ایضاً				ایضاً
ایضاً	ایضاً	ایضاً	۰	۰	[illegible]	ایضاً
ایضاً	ایضاً	ایضاً	۰	۰	[illegible]	ایضاً
فیروزپور	انبالہ	۵ اگست [illegible]	۰	۰	—	۵ اگست ۱۸۶۵ء
[illegible]	ایضاً	ایضاً	۰		—	ایضاً
[illegible]	ایضاً	ایضاً	۰	۰	—	ایضاً
[illegible] پور	ایضاً	۹ نومبر [illegible]	۰	۰	—	۹ نومبر ۱۸۶۵ء

List of Dacoos and

Number.	Register Number.	Name.	Father's Name.	Caste.	Crime.
					UMBAL
126	1582	Anokha Singh ...	Sochait Singh ...	Ját ...	395 I. P.C.
127	1583	Koula Singh ...	Sobáh Singh ..	do. ...	395 „
128	1584	Sawan ...	Perdhána ...	do. ...	395 „
129	1586	Deyálla ...	Samanda ...	do. ...	395 „
130	1587	Futta ...	Samanda ...	do. ...	395 „
131	1588	Soonder Singh ...	Sahib Singh ...	do. ...	395 „
132	1589	Heera Singh ...	Jey Singh ...	do. ...	395 „
133	1590	Khazána ...	Mangul Singh ...	do. ...	395 „
					Rob
134	5834	Nehala ...	Nowdha Singh ...	Ját ...	457 I. P. C.
135	6481	Khoda Baksh ...	Eedoo ...	Shaikh ...	454 „
136	8050	Mamoo, *Alias* Bhoopa	Khaira ...	Chhoora ...	457 „
137	9821	Bhugwana ...	Boota ...	do. ...	460 „
138	9822	Sohba Singh ...	Thamon Singh ...	do. ...	460 „
139	9902	Deena, *Alias* Derba	Nubbee Baksh ...	Shaik ...	379 „
140	228	Mangal Sain ...	Oottum ...	Kalál ...	457 „
141	1935	Deya Singh ...	Oottum Singh ...	Kumhár ...	457 „
142	1936	Anopa ...	Roop Singh ...	Sánsi ...	380,411 „
					JULL
143	6840	Bhola ...	Alla ...	Jheor ...	392 I. P. C.
144	6841	Rámdas ...	Natha ...	Fakír ...	392 „
145	861	Lukha Singh ...	Amír Singh ...	Ját ...	392 „
					Rob
146	8305	Kahna ...	Jowála ...	Ját ...	457 I. P. C.
147	2233	Kirpa ...	Ganda ...	Arora ...	437 „
148	3076	Laboo ...	Kaka, *Alias* Hardial	Chamár ...	379 „

Robbers.—(continued)

Date of Imprisonment.		Term			Date of release.		Residence of	
		Years.	Months.	Days			District.	Village.
LA DIVISION—continued.								
11th August	'77	For Life.			...		Umballa ...	Illaka Patiála.
11th do.	'77	ditto			...		ditto ...	ditto.
11th do.	'77	ditto			...		ditto ...	ditto.
11th do.	'77	ditto			...		ditto ...	ditto.
11th do.	'77	ditto			...		ditto ..	ditto.
11th do.	'77	ditto			...		ditto ...	ditto.
11th do.	'77	ditto			...		ditto ...	ditto.
11th do	'77	ditto			...		ditto ...	ditto.
bers.								
12th December	'74	7	0	0	12th Decr.	'81	Umballa ...	Sarowla.
31st July	'73	14	0	0	31st July	'87	ditto ...	Umballa.
13th October	74	10	6	0	13th April	'85	Ludhiána ...	Ráikote.
20th November	'75	10	0	0	20th Novr.	'85	Umballa ...	Dutt Rodah.
20th do.	'76	10	0	0	20th do.	'86	ditto ...	Geana.
30th July	'73	10	0	0	30th July	'83	ditto ...	Narota.
4th February	'76	7	9	0	4th Novr.	'84	Ludhiána ...	Umballa.
30th November	'77	7	0	0	30th do	'84	Umballa ...	Wanderer.
7th September	'77	21	0	0	7th Sept.	'98	Ludhiána ...	Jandiála.
UNDUR DIVN.								
17th December	'76	5	0	0	17 Decr.	'81	Jullundur ...	Akalpore.
25th November	'73	5	0	0	25 Nov.	'78	ditto ...	Kishanpur.
17th Sept.	'73	5	0	0	17 Sept.	'78	ditto ...	Akalpore.
bers.								
...		12	6	0	...		Hoshiárpur ...	Hoshiárpur.
...		14	0	0	...		Jullundur ...	Nur Mahal
3rd July	'71	12	6	0	3rd Jany.	'84	ditto ...	Goláwal.

جرم	قومیت	ولدیت	نام	نمبر رجسٹر	نمبر شمار
۳۹۵	جٹ	سوجیت سنگھ	الوکھا سنگھ	۱۵۸۲	۱۲۶
۳۹۵	القند	سوہا سنگھ	کولا سنگھ	۱۵۸۳	۱۲۷
۳۹۵	القند	پرو آنا	ساون	۱۵۸۴	۱۲۸
۳۹۵	القند	شمندا	دیالا	۱۵۸۶	۱۲۹
۳۹۵	القند	سمندا	فتہ	۱۵۸۷	۱۳۰
۳۹۵	القند	صاحب سنگھ	سندر سنگھ	۱۵۸۸	۱۳۱
۳۹۵	القند	جی سنگھ	بیرا سنگھ	۱۵۸۹	۱۳۲
۳۹۵	القند	منگل سنگھ	نوزانا	۱۵۹۰	۱۳۳
[illegible]					
۴۵۷	جٹ	نودہ سنگھ	شیالا	۵۸۴۴	۱۳۴
۳۵۴	شیخ	عیدو	فقیرا	۹۳۸۱	۱۳۵
۴۵۷	مہنگی	خیرا	مامون عرف بہوپا	۸۱۵۰	۱۳۶
۳۶۰	القند	لوتا	بہگوانا	۹۸۲۱	۱۳۷
۳۶۰	القند	شمن سنگھ	بتوا سنگھ	۹۸۲۲	۱۳۸
۴۵۹	شیخ	بجی بخش	دینا عرف دریا	۹۹۰۳	۱۳۹
۴۵۷	کلال	اوتم	منگل	۳۳۸	۱۴۰
۴۵۶	کمہار	اوتم سنگھ	دیا سنگھ	۱۹۳۵	۱۴۱
۴۰۰ - ۱۱۲	سانسی	روپ سنگھ	اتو با	۱۹۳۶	۱۴۲
جالندھر					
۳۹۲	کمہار	الا	بہولا	۴۹۲۰	۱۴۳
۳۹۲	تیلی	کانشا	رام داس	۹۸۲۱	۱۴۴
۳۹۳	جٹ	دیا سنگھ	گلاب سنگھ	۸۷۱	۱۴۵
[illegible]					
۴۵۷	جٹ	جوالا	کانہا	۴۳۹۵	۱۴۶
۴۵۷	[illegible]	گنڈا	سکرما	۱۳۳۲	۱۴۷
۴۰۱	چمار	کاکا عرف [illegible]	لابو	۳۰۶۷	۱۴۸

سکونت		تاریخ رہائی	میعاد			تاریخ قید
دیہہ	ضلع		یوم	ماہ	سال	
علاقہ پٹیالہ	انبالہ	+	۰	۰	عمر قید	۱۱ر اگست ۱۸۷۲ء
ایضاً	ایضاً	۰	۰	۰	رر	ایضاً
ایضاً	ایضاً	۰	۰	۰	رر	ایضاً
ایضاً	ایضاً	۰	۰	۰	رر	ایضاً
ایضاً	ایضاً	۰	۰	۰	رر	ایضاً
ایضاً	ایضاً	۰	۰	۰	رر	ایضاً
ایضاً	ایضاً	۰	۰	۰	رر	ایضاً
ایضاً	ایضاً	۰	۰	۰	رر	ایضاً
سمانہ	ایضاً	۱۲ر دسمبر ۱۸۸۱ء	۰	۰	[illegible]	۱۲ر دسمبر ۱۸۷۲ء
انبالہ	ایضاً	۲۰ر جولائی ۱۸۸۵ء	۰	۰	[illegible]	۲۰ر جولائی ۱۸۷۲ء
برائے گوشہ	لودھیانہ	۳۰ر اپریل ۱۸۸۵ء	۰	۲	[illegible]	۳۰ر اکتوبر ۱۸۷۲ء
دت روڑا	انبالہ	۲۰ر نومبر ۱۸۸۵ء	۰	۰	[illegible]	۲۰ر نومبر ۱۸۷۲ء
گگیانہ	ایضاً	۲۰ر نومبر ۱۸۸۶ء	۰	۰	[illegible]	۲۰ر نومبر ۱۸۷۲ء
تاروتہ	ایضاً	۳۰ر جولائی ۱۸۸۶ء	۰	۰	[illegible]	۳۰ر جولائی ۱۸۷۲ء
انبالہ	لودھیانہ	۳۰ر نومبر ۱۸۸۶ء	۰	۱	[illegible]	۳ر فروری ۱۸۷۲ء
نا شہید دمتی	انبالہ	۳۰ر نومبر ۱۸۸۵ء	۰	۰	[illegible]	۳۰ر نومبر ۱۸۷۲ء
جیند بالا	لودھیانہ	۶ر ستمبر ۱۸۹۵ء	۰	۰	[illegible]	۶ر ستمبر ۱۸۷۲ء
						قسمت
سقل پور	جالندھر	۱۶ر دسمبر ۱۸۸۹ء	۰	۰	[illegible]	۱۶ر دسمبر ۱۸۷۲ء
کشن پور	ایضاً	۲۵ر نومبر ۱۸۸۹ء	۰	۰	[illegible]	۲۵ر نومبر ۱۸۷۲ء
عقل مند	ایضاً	۱۲ر ستمبر ۱۸۸۶ء	۰	۰	[illegible]	۱۲ر ستمبر ۱۸۷۲ء
ہوشیارپور	ہوشیارپور		۰	۱	[illegible]	
نور محل	جالندھر		۰	۰	[illegible]	
کولادل	ایضاً	۱۰ر جنوری ۱۸۸۳ء	۰	۱	[illegible]	۱۰ر جولائی ۱۸۷۲ء

List of Dacoos

Number.	Register number.	Name.	Father's Name.	Caste.	Crime.
					Robbers
149	3077	Botee Gir ...	Guru Gobind ...	Meena ...	457 I. P. C.
150	5208	Imámdeen ...	Sooltán Baksh ...	Zamíndár ...	379 „
151	6384	Lál Singh ...	Eeshur Singh ...	Ját ...	411-457
152	6583	Illáhi Baksh ...	Illáhia, *Alias* Husson	Weaver ...	380 „
153	6587	Boodhoo ...	Saif Ali ...	Shaikh ...	456 „
154	6588	Futta ...	Dalloo Shah ...	Berwála ..	411 „
155	6839	Soonder Singh ...	Mán Singh ...	Ját ...	457 „
156	8376	Eeda ...	Kareem Baksh ...	Aráín ...	380 „
157	8377	Suttár ...	Luddee ...	do. ...	457 „
158	8378	Saidamán ..	Powloo ...	do. ...	457 „
159	8379	Ghania ...	Hurree Ram ...	Hindu. ...	454 „
160	8467	Moula Baksh ...	Futta ...	Cashmíri ...	380 „
161	8469	Nezám ...	Hájee ...	Pathán ...	411 „
162	8470	Nehál Singh ...	Mujja Singh ...	Ját ..	457 „
163	8474	Rulla ...	Sangat ...	Khutree ...	453 „
164	8565	Negáhi Shah ...	Mukhan Shah ...	Fakeer ...	379 „
165	8593	Hákoo ..	Semailee ...	Ját ...	457 „
166	9313	Mánee ...	Hookmee ...	do. ...	379 „
167	9421	Sháma ...	Shádee ...	Shaikh ...	379 „
168	514	Shibkarun ...	Bahâder ...	Jogee ...	457 „
169	515	Gurditta ...	Rutnoo ..	Rájpút ...	411 „
170	517	Phullee ...	Seáu ...	Fakeer ...	457 „
171	518	Gurditta ...	Nantoo ...	Brahmin ...	457 „
172	748	Jhandoo ...	Káim ...	Mussalman ...	454 „
173	1058	Mohoo ...	Kabna ...	Ját ...	457 „
174	1059	Saloo ...	Kammoh ...	Barber ...	457 „
175	1060	Boodha ...	Lábah ...	Tirkhán ...	457 „

and Robbers—continued.

Date of imprisonment.	Term. Years.	Months.	Days.	Date of release.	Residence of District.	Village.
—concluded.						
12th July '71	7	0	0	12th July '78	Jullundur ...	Sarai Nainu.
9th April '72	7	6	0	9th Octr. '79	ditto ...	Hoshiárpur
...	3	0	0	...	Hoshiárpur ...	Una.
19th July '73	5	0	0	19th July '78	Jullundur ...	Jullundur.
...	6	0	0	...	ditto ...	ditto.
28th February '73	6	3	0	28th May '79	ditto ...	Ramdaspore.
5th ditto '74	7	0	0	5th Feby. '81	ditto ...	Gobindpore.
1st October '75	7	0	0	1st Octr. '82	ditto ...	Mukroona.
18th December '74	6	0	0	18th Decr. '80	ditto ...	ditto
14th October '74	4	0	0	14th Octr. '78	ditto ...	Debon.
14th January '75	4	0	0	14th Jany. '79	Kangra ...	Kángra.
16th July '74	5	0	0	16th July '79	Jullundur ...	Hoshiar.
13th February '74	6	0	0	13th Feby. '80	ditto ...	Khánpore.
22nd September '74	6	0	0	22nd Sept. '80	ditto ...	Dogana.
23rd January '74	5	0	0	23rd Jany. '79	ditto ...	Jullundur.
28th September '74	4	0	0	28th Sept. '78	ditto ...	Jadaula.
22nd ditto '74	5	0	0	22nd do. '79	ditto ...	do.
5th November '75	4	0	0	5th Novr. '79	ditto ...	Mangala.
4th October '75	5	0	0	4th Octr. '80	ditto ...	Lalpore.
28th February '76	13	6	0	28th July '89	Kangra ...	Soodahpore.
15th April '76	8	6	0	15th Octr. '84	do. ...	Nangal.
30th June '76	5	0	0	30th June '81	do. ...	Kangra.
22nd July '76	4	0	0	22nd July '80	do. ...	Sooltánpore.
30th November '76	7	0	0	30th Novr. '86	do. ...	Sanker.
19th March '77	7	0	0	19th March '84	Jullundur ...	Hoshiárpore.
19th do. '77	7	0	0	19th do. '84	ditto ...	ditto
19th March '77	5	0	0	19th do. '82	ditto ...	Bahádcrpore.

جرم	قومیت	ولدیت	نام	نمبر رجسٹر	نمبر شمار
۴۵۷ ب	سینیا	گوبرد گوبند	بوٹی گگر	۳۰۷۷	۱۴۹
۳۷۹ ت	مسلمان زمیندار	سلطان بخش	امام دین	۵۲۰۸	۱۵۰
۱۱ ب	جٹ	ایشر سنگھ	لعل سنگھ	۶۳۸۲	۱۵۱
۰۰ ب	جولاہا	الیاس عرف حسن	الٰہی بخش	۶۵۸۴	۱۵۲
۴۵۶ ب	شیخ	سیف علی	بگو ڈیو	۶۵۸۷	۱۵۳
۱۱ ب	بردالہ	ترلوک شاہ	فتا	۶۵۸۸	۱۵۴
۴۵۷ ب	جٹ	مان سنگھ	سندر سنگھ	۶۸۳۹	۱۵۵
۳۸۰ ب	آرائیں	کریم بخش	عیدا	۸۳۷۶	۱۵۶
۴۵۷ ب	الفقیر	لدھی	ستار	۸۳۷۷	۱۵۷
۴۵۷ ب	الفقیر	پولو	سید امان	۸۳۷۸	۱۵۸
۴۵۲ ب	ہندو	ہربیرام	گھنا	۸۳۷۹	۱۵۹
۳۸۰ ب	کشمیری	فتت	مولا بخش	۸۴۶۷	۱۶۰
۱۱ ب	مہان	حاجی	نظام	۸۴۶۹	۱۶۱
۴۵۷ ب	جٹ	موجا سنگھ	نہال سنگھ	۸۴۷۰	۱۶۲
۴۵۳ ب	کھتری	سنگت	رلا	۸۴۷۴	۱۶۳
۳۷۹ ب	فقیر	بکن شاہ	نگاہی شاہ	۸۵۶۵	۱۶۴
۴۵۷ ب	جٹ	سما علی	حاکو	۸۵۹۳	۱۶۵
۳۷۹ ب	الفقیر	حکمی	باقی	۹۳۱۳	۱۶۶
۳۷۹ ب	شیخ	شادی	شیامان	۹۴۲۱	۱۶۷
۴۵۷ ب	جوگی	بہادر	سکرن	۵۱۲	۱۶۸
۱۱ ب	راجپوت	رنگھو	گوردتا	۵۱۵	۱۶۹
۴۵۷ ب	فقیر	سیبان	بہولی	۵۱۷	۱۷۰
۴۵۷ ب	برہمن	ملتو	گوردتا	۵۱۸	۱۷۱
۴۵۲ ب	مسلمان	قائم	جھنڈو	۷۴۸	۱۷۲
۴۵۷ ب	نائی	کاہنا	منو ہیو	۱۰۵۸	۱۷۳
۴۵۷ ب	خاکروب	کمو	سالو	۱۰۵۹	۱۷۴
۴۵۷ ب	نجار	لال شاہ	بڈھا	۱۰۶۰	۱۷۵

سکونت		تاریخ رہائی	میعاد			تاریخ قید
دیہہ	ضلع		یوم	ماہ	سال	
سرائے نیتو	جالندھر	۱۳؍ جولائی ۱۸۷۸ء	۰	۰	عہ	۱۳؍ جولائی ۱۸۷۱ء
ہوشیارپور	ایضاً	۹؍ اکتوبر ۱۸۷۹ء	۰	۶	عہ	۹؍ اپریل ۱۸۷۲ء
اونا	ہوشیارپور		۰	۰	ے	
جالندھر	جالندھر	۱۹؍ جولائی ۱۸۸۱ء	۰	۰	ص	۱۹؍ جولائی ۱۸۷۳ء
ایضاً	ایضاً		۰	۰	ے	
رامداس پور	ایضاً	۲۳؍ مئی ۱۸۷۹ء	۰	۳	ے	۲۳؍ فروری ۱۸۷۳ء
سنگو بند پور	ایضاً	۵؍ فروری ۱۸۸۳ء	۰	۰	عہ	۵؍ فروری ۱۸۷۳ء
گوٹھ باٹ	ایضاً	یکم اکتوبر ۱۸۸۱ء	۰	۰	عہ	یکم اکتوبر ۱۸۷۵ء
دہی خانہ	ایضاً	۱۳؍ اکتوبر ۱۸۸۴ء	۰	۰	لعہ	۱۳؍ اکتوبر ۱۸۷۳ء
ایضاً	ایضاً	ایضاً	۰	۰	لعہ	ایضاً
کانگڑہ	کانگڑہ	۱۳؍ جنوری ۱۸۷۹ء	۰	۰	لعہ	۱۳؍ جنوری ۱۸۷۵ء
ہوشیارپور	جالندھر	۱۶؍ جولائی ۱۸۸۳ء	۰	۰	ص	۱۶؍ جولائی ۱۸۷۳ء
خانکوٹ	ایضاً	۱۳؍ فروری ۱۸۸۱ء	۰	۰	ے	۱۳؍ فروری ۱۸۷۳ء
دوگانہ	ایضاً	۲۳؍ ستمبر ۱۸۸۱ء	۰	۰	ے	۲۳؍ ستمبر ۱۸۷۳ء
چنڈالہ	ایضاً	۲۳؍ جنوری ۱۸۷۹ء	۰	۰	ص	۲۳؍ جنوری ۱۸۷۳ء
ایضاً	ایضاً	۲۸؍ ستمبر ۱۸۷۶ء	۰	۰	لعہ	۲۸؍ ستمبر ۱۸۷۳ء
چنڈالہ	ایضاً	۲۳؍ ستمبر ۱۸۷۹ء	۰	۰	ص	۲۳؍ ستمبر ۱۸۷۲ء
منگالہ	ایضاً	۵؍ نومبر ۱۸۷۹ء	۰	۰	لعہ	۵؍ نومبر ۱۸۶۵ء
محل پور	ایضاً	۲۳؍ اکتوبر ۱۸۸۰ء	۰	۰	ص	۲۳؍ اکتوبر ۱۸۷۵ء
سودہ پور	کانگڑہ	۲۸؍ جولائی ۱۸۸۹ء	۰	۴	ٹ	۲۸؍ فروری ۱۸۷۶ء
سنگنی	ایضاً	۱۵؍ اکتوبر ۱۸۸۹ء	۰	۶	ے	۱۵؍ اپریل ۱۸۷۲ء
کانگڑہ	ایضاً	۳۰؍ جون ۱۸۷۶ء	۰	۰	عہ	۳۰؍ جون ۱۸۷۲ء
سلطان پور	ایضاً	۲۲؍ جولائی ۱۸۸۱ء	۰	۰	لعہ	۲۲؍ جولائی ۱۸۷۶ء
سنگھ	ایضاً	۳۰؍ نومبر ۱۸۸۳ء	۰	۰	عہ	۳۰؍ نومبر ۱۸۷۶ء
ہوشیارپور	جالندھر	۱۹؍ مارچ ۱۸۸۱ء	۰	۰	عہ	۱۹؍ مارچ ۱۸۷۷ء
ایضاً	ایضاً	ایضاً	۰	۰	عہ	ایضاً
بہادرپور	ایضاً	۱۹؍ مارچ ۱۸۸۲ء	۰	۰	ص	ایضاً

Number.	Register Number.	Name.	Father's Name.	Caste.	Crime.
					AMRIT
176	4804	Bhugtoo ...	Káder ...	Chhoora ...	395 I. P. C.
177	4805	Illáhia 1st ...	Mána ...	do. ...	395 „
178	4806	Illáhia 2nd ...	Dessoo ...	do. ...	395 „
179	4830	Taboo ...	Jutta Singh ...	Labána ...	392 „
180	4831	Seddoo ...	Kála ...	Ját ...	39 „
181	4832	Heera ...	Kahna ...	do. ...	395 „
182	4834	Golámee ...	Peer Baksh ...	do. ...	395 „
183	4135	Khoda Baksh ...	Boota ...	Shaikh ...	365 „
184	4836	Hákim ...	Peera ...	do. ...	395 „
185	4837	Oomra ...	Bhola ...	do. ...	395 „
186	4838	Boodho	Hassan ...	do. ...	395 „
187	5675	Mán Singh ...	Jawáher Singh ...	Ját ...	395 „
188	5676	Goormokh Singh	Kour Singh ...	do. ...	395 „
189	6368	Nehála ...	Yekka ...	Sánsi ...	395 „
190	6369	Gorkhee ...	Motooh ...	do. ...	395 „
191	6370	Goláb ...	Jawáya ...	do. ...	395 „
192	6371	Devia ...	Badna ...	Kumhár ...	395 „
193	6373	Heera ...	Begoo ...	Sánsi ...	395 „
194	6374	Sengára ...	Jawáher ..	do. ...	395 „
195	6375	Deálla ...	Sáet ...	do. ...	395 „
196	6376	Waseela ...	Reejah ...	Khutree ...	395 „
197	6684	Mánee ...	Wussáwa Singh	Zamíndár ...	395 „
198	6685	Ranjot Singh ...	Futteh Singh ...	do. ...	395 „
199	6686	Kádoo ...	Faiz ...	Ját ...	395 „
200	7279	Misree ...	Lukha ...	Sánsi ...	395 „

and Robbers—continued.

Date of Imprisonment.	Term. Years.	Months.	Days.	Date of release.	Residence of District.	Village.
SAR DIVISION.						
21st December '72	6	3	0	21st March '79	Sialkot ...	Derwalee.
21st ditto '72	6	3	0	21st do. '79	ditto ...	ditto.
21st ditto '72	6	3	0	21st do. '79	ditto ...	ditto.
21st May '72	8	9	0	21st Novr. '81	Gurdáspur ...	Chanderbar.
6th June '72	8	9	0	6th March '81	ditto ...	Boory.
6th do. '72	8	9	0	6th do. '81	ditto ...	Nooda.
6th do. '72	8	9	0	6th do. '81	ditto ...	Deliwála.
6th do. '72	8	9	0	6th do. '81	ditto ...	Ghousepore.
6th do. '72	8	9	0	6th do. '81	ditto ...	ditto.
6th do. '72	8	9	0	6th do. '81	ditto ...	ditto.
6th do. '72	8	9	0	6th do. '81	ditto ...	ditto.
31st July '73	10	0	0	31st July '83	Amritsar ...	Mareseo.
...	5	0	0	...	ditto ...	Subraj.
24th February '73	8	9	0	24th Novr. '81	Gurdáspur ...	Pindee.
24th ditto '73	8	9	0	24th do. '81	ditto ...	Lukha
24th ditto '73	8	9	0	24th do. '81	ditto ...	Jamul.
24th ditto '73	8	9	0	24th do. '81	ditto ...	Eetowalee.
24th ditto '73	8	9	0	24th do. '81	ditto ...	ditto.
24th ditto '73	8	9	0	24th do. '81	ditto ...	Hirraba.
24th ditto '73	8	9	0	24th do. '81	ditto ...	Summa
24th ditto '73	8	9	0	24th do. '81	ditto ...	Rahowallee.
5th January '74	10	0	0	5th Jany. '84	Amritsar ...	Kote Mián.
5th ditto '74	8	9	0	5th do. '84	ditto ...	ditto.
4th October '73	7	0	0	4th Octr. '80	ditto ...	ditto.
28th ditto '73	8	9	0	28th July '82	Gurdáspur ...	Dhanpore.

جرم	قومیت	ولدیت	نام	نمبر رجسٹر	نمبر شمار
۳۹۵	جوہڑہ	قادر	سوہگنتو	۴۸۰۴	۱۷۶
۳۹۵	ایضاً	بانہ	الہیا	۴۸۰۵	۱۷۷
۳۹۵	ایضاً	ایضاً لیسو	الہیا ثانی	۴۸۰۶	۱۷۸
۳۹۲	لبانہ	جبٹا سنگھ	تابو	۴۸۳۰	۱۷۹
۳۹۵	جاٹ	کالا	سیدو	۴۸۳۱	۱۸۰
۳۹۵	ایضاً	کاہنا	ہیرا	۴۸۳۲	۱۸۱
۳۹۵	ایضاً	پیر بخش	غلاجی	۴۸۳۳	۱۸۲
۳۹۵	شیخ	نوٹہ	خدا بخش	۴۸۳۵	۱۸۳
۳۹۵	ایضاً	ہیرا	ناکم	۴۸۳۴	۱۸۴
۳۹۵	ایضاً	بتولا	عمرا	۴۸۳۷	۱۸۵
۳۹۵	ایضاً	حسن	بدھو	۴۸۳۸	۱۸۶
۳۹۵	جٹ	جواہر سنگھ	مان سنگھ	۵۶۷۵	۱۸۷
۳۹۵	ایضاً	گوپ سنگھ	گوربکھہ سنگھ	۵۶۷۶	۱۸۸
۳۹۵	سانسی	ہکہ	شہالا	۶۳۶۸	۱۸۹
۳۹۵	ایضاً	موہنوہ	گگورہبی	۶۳۶۹	۱۹۰
۳۹۵	ایضاً	جوانا	گلاب	۶۳۷۰	۱۹۱
۳۹۵	کمہار	بڈھا	دیوا	۶۳۷۱	۱۹۲
۳۹۵	سانسی	ٹینگو	ہیرا	۶۳۷۳	۱۹۳
۳۹۵	ایضاً	جواہر	سنگارا	۶۳۷۴	۱۹۴
۳۹۵	ایضاً	سائیت	دیالا	۶۳۷۵	۱۹۵
۳۹۵	کھتری	رنجا	دسیلہ	۶۳۷۶	۱۹۶
۳۹۵	زمیندار	دساوا سنگھ	مانی	۶۶۸۴	۱۹۷
۳۹۵	ایضاً	فتح سنگھ	رنجوت سنگھ	۶۶۸۵	۱۹۸
۳۹۵	جٹ	شفیق	قادو	۶۶۸۶	۱۹۹
۳۹۵	سانسی	لکھا	مصری	۷۷۷۹	۲۰۰

سکونت		تاریخ رہائی	میعاد			تاریخ قید
دیہہ	ضلع		یوم	ماہ	سال	
دروالی	سیالکوٹ	۱۲ مارچ ۱۸۷۹ء	۰	۳	ے	۱۲ دسمبر ۱۸۷۲ء
ایضاً	ایضاً	ایضاً	۰	۳	ے	ایضاً
ایضاً	ایضاً	ایضاً	۰	۳	ے	ایضاً
چھندریر	گورداسپور	۱۲ مئی ۱۸۸۱ء	۰	۹	ہے	۱۲ مئی ۱۸۷۲ء
لوہکی	ایضاً	۶ مارچ ۱۸۸۱ء	۰	۹	ہے	۶ جون ۱۸۷۲ء
نودا	ایضاً	ایضاً	۰	۹	ہے	ایضاً
دلی والہ	ایضاً	ایضاً	۰	۹	ہے	ایضاً
گنگوسی پور	ایضاً	ایضاً	۰	۹	ہے	ایضاً
ایضاً	ایضاً	ایضاً	۰	۹	ہے	ایضاً
ایضاً	ایضاً	ایضاً	۰	۹	ہے	ایضاً
ایضاً	ایضاً	ایضاً	۰	۹	ہے	ایضاً
کاریسو	امرت سر	۱۳ جولائی ۱۸۸۳ء	۰	۰	عہ	۱۳ جولائی ۱۸۷۳ء
سیراج	ایضاً		۰	۰	حہ	
پنڈی	گورداسپور	۲۳ نومبر ۱۸۸۱ء	۰	۹	ہے	۲۳ فروری ۱۸۷۳ء
سکھوا	ایضاً	ایضاً	۰	۹	ہے	ایضاً
جاتل	ایضاً	ایضاً	۰	۹	ہے	ایضاً
ایٹھو والی	ایضاً	ایضاً	۰	۹	ہے	ایضاً
دیہہ	ایضاً	ایضاً	۰	۹	ہے	ایضاً
ہرابا	ایضاً	ایضاً	۰	۹	ہے	ایضاً
سمان	ایضاً	ایضاً	۰	۹	ہے	ایضاً
راہو والی	ایضاً	ایضاً	۰	۹	ہے	ایضاً
سکوٹ عمران	امرتسر	۵ جنوری ۱۸۸۳ء	۰	۰	عہ	۵ جنوری ۱۸۷۳ء
ایضاً	ایضاً	۵ اپریل ۱۸۸۲ء	۰	۹	ہے	ایضاً
ایضاً	ایضاً	۳ اکتوبر ۱۸۸۰ء	۰	۰	عہ	۳ اکتوبر ۱۸۷۳ء
دہن پور	گورداسپور	۲۸ جولائی ۱۸۸۲ء	۰	۹	ہے	۲۸ اکتوبر ۱۸۷۳ء

Number.	Register number.	Name.	Father's Name.	Caste.	Crime.
					AMRIT
201	7280	Ganda ...	Lukha ...	Sánsi ...	395 I. P. C.
202	7643	Eesur Singh ...	Goordit Singh ...	Ját ...	392 „
203	7644	Mohna ...	Nathoo ...	Chhoora ...	392 „
204	7646	Kamoon Singh ...	Kharuk Singh ...	Muzhbee ...	392 „
205	7648	Dittoo ...	Gokul ...	Hindu ...	392 „
206	7789	Nathoo ...	Lukhoo ...	Chhoora ...	392 „
207	8440	Sáwan Singh ...	Shádee ...	Fakír ...	392 „
208	4841	Illáhia ...	Amír Baksh ...	Ját ...	392 „
209	4842	Wazeera ...	Rajwonee ...	Tárar ...	392 „
210	4844	Jawáher ...	Kharkoo ...	Sánsi ...	392 „
211	8995	Shibboo ...	Jeysingh ...	Ját ...	392 „
212	9003	Námee ...	Kharkoo ...	Khokhar ...	392 „
213	9527	Ránjah ...	Ghaseeta ...	Ját ...	392 „
214	9529	Ghaseetah ...	Khoda Baksh ...	do. ...	392 „
215	9712	Wasáwa Singh ...	Mehtáb Singh ...	do. ...	395 „
216	9713	Goor Singh ...	Nedhán Singh ...	do. ...	395 „
217	9716	Jeymal Singh ...	Doola Singh ...	do. ...	395 „
218	9717	Nokha Singh ...	Wazeer Singh ...	do. ...	395 „
219	9718	Lehna Singh ...	Wazeer Singh ...	do. ...	395 „
220	9719	Natha ...	Baisakhee ...	Chhoora ...	392 „
221	755	Heera ...	Wun ...	Mosullee ...	395 „
222	756	Jowála ...	Koondon ...	do. ...	395 „
223	758	Neikoo ...	Mehra ...	do. ...	395 „
224	759	Singára ...	Goota ...	Barber ...	395 „
225	760	Nathal ...	Larhikka ...	Doomna ...	392 „
226	1042	Jeymal Singh ...	Moher Singh ...	Ját ...	379 „

and Robbers—continued.

Date of imprisonment.	Term. Years.	Months.	Days.	Date of release.	Residence of District.	Village.
SAR—Continued.						
28th October '73	8	9	0	28th July '82	Gurdáspur ...	Dhanpore.
20th July '74	7	0	0	20th do. '81	Amritsar ...	Máhoona.
20th do. '74	7	0	0	20th do. '81	ditto ...	Ameepore.
28th August '74	4	0	0	28th August '78	ditto ...	Amritsar.
18th August '74	7	0	0	18th do. '81	ditto ...	Ditto.
28th February '74	5	0	0	28th Feby. '79	ditto ...	Ditto.
...	4	0	0	...	ditto ...	Marewall.
...	4	0	0	...	ditto ...	Ditto.
...	4	0	0	...	ditto ...	Ditto.
16th November '74	4	0	0	16th Novr. '78	ditto ...	Tulwandee.
12th December '74	4	0	0	12th Decr. '78	ditto ...	Amritsar.
8th ditto '74	4	6	0	8th March '79	ditto ...	Sunkra.
9th January '75	12	6	0	9th July '87	Siálkot ...	Saeán.
9th ditto '75	6	6	0	9th do. '81	ditto ...	Ditto.
22nd March '76	7	0	0	22nd March '83	ditto ...	Ditto.
22nd do. '76	7	0	0	22nd do. '83	Amritsar ...	Monyáwall.
22nd do. '76	7	0	0	22nd do. '83	ditto ...	Panjgraon.
22nd do. '76	7	0	0	22nd do. '83	ditto ...	Ditto.
22nd do. '76	7	0	0	22nd do. '83	ditto ...	Ditto.
22nd do. '76	5	0	0	22nd do. '83	ditto ...	Ajnála.
15th January '77	8	0	0	15th January '85	Gurdáspur ...	Topa.
15th do. '77	8	0	0	15th do. '85	ditto ...	Ditto.
15th do, '77	8	0	0	15th do. '85	ditto ...	Kulwal.
15th do. '77	8	0	0	15th do. '85	ditto ...	Pindee.
29th June '76	10	6	0	29th Decr. '86	ditto ...	Ditto.
29th May '77	6	0	0	29th May '83	Amritsar ...	Jhubba Kalán.

نمبر شمار	نمبر رجسٹر	نام	ولدیت	قومیت	جرم
۲۰۱	۶۳ ۶۰	گنیشا	نکھا	سانسی	۳۹۵
۲۰۲	۶۳ ۲۳	والیر سنگھ	گوہرت سنگھ	جٹ	۳۹۲
۲۰۳	۶۳ ۲۴	موہنا	نتھو	چوہڑا	۳۹۲
۲۰۴	۶۳ ۲۶	گموند سنگھ	گوردت سنگھ	تیلی	۳۹۲
۲۰۵	۶۴ ۲۸	دلو	گنگو کل	سندو	۳۹۲
۲۰۶	۶۶ ۲۹	نتھو	جھنو	چوہڑا	۳۹۲
۲۰۷	۳۲ ۳۰	ساون سنگھ	شادی	فقیر	۳۹۲
۲۰۸	۳۱ ۸	الہیا	امیر بخش	جٹ	۳۹۲
۲۰۹	۴۸ ۲۲	وزیرا	رجو بخش	تارڑ	۳۹۲
۲۱۰	۴۸ ۲۲	جواہر	کپڑو	سانسی	۳۹۲
۲۱۱	۸۹ ۴۵	شیبو	جی سنگھ	جٹ	۳۹۲
۲۱۲	۹ ۰۰۳	نامی	گرمکھ	کمبوہ	۳۹۲
۲۱۳	۹۵ ۲۷	رائجمہ	گلاب	جٹ	۳۹۲
۲۱۴	۹۵ ۲۹	بشیشا	خدا بخش	الفیاد	۳۹۲
۲۱۵	۹۵ ۱۴	وسادہ سنگھ	مہتاب سنگھ	الفیاد	۳۹۵
۲۱۶	۹۵ ۱۳	گنور سنگھ	ندان سنگھ	الفیاد	۳۹۵
۲۱۷	۹۵ ۱۶	جیمل سنگھ	دولا سنگھ	الفیاد	۳۹۵
۲۱۸	۹۵ ۱۷	گوبند سنگھ	ذیر سنگھ	الفیاد	۳۹۵
۲۱۹	۹۵ ۱۸	لہنا سنگھ	الفیاد	الفیاد	۳۹۵
۲۲۰	۹۵ ۱۹	مغتیا	بساکھی	چوہڑا	۳۹۲
۲۲۱	۵۰۶	ہیرا	وارث	شرصا	۳۹۵
۲۲۲	۵۰۹	جوالا	گوندن	الفیاد	۳۹۵
۲۲۳	۵۰۸	سنگھو	مہرا	الفیاد	۳۹۵
۲۲۴	۵۰۶	بسنت گارا	گوبندا	نائی	۳۹۵
۲۲۵	۵۳۰	عقیل	لہنگا	ڈومنا	۳۹۲
۲۲۶	۱۰ ۲۲	جیمل سنگھ	مہر سنگھ	جٹ	۳۷۹

سکونت: موضع	سکونت: ضلع	تاریخ رہائی	میعاد: یوم	میعاد: ماہ	میعاد: سال	تاریخ قید
دیپالپور	گورداسپور	۲۸ جولائی ۱۸۸۲ء	۰	۹	[illegible]	۲۸ اکتوبر ۱۸۷۲ء
چھینا	امرتسر	۲۰ جولائی ۱۸۸۲ء	۰	۰	[illegible]	۲۰ جولائی ۱۸۷۲ء
آدمن پور	ایضاً	ایضاً	۰	۰	[illegible]	ایضاً
امرتسر	ایضاً	۲۸ اگست ۱۸۸۲ء	۰	۰	[illegible]	۲۸ اگست ۱۸۷۲ء
ایضاً	ایضاً	۲۹ اگست ۱۸۸۲ء	۰	۰	[illegible]	ایضاً
ایضاً	ایضاً	۲۸ فروری ۱۸۷۹ء	۰	۰	[illegible]	۲۸ فروری ۱۸۷۲ء
مروال	ایضاً		۰	۰	[illegible]	
ایضاً	ایضاً		۰	۰	[illegible]	
ایضاً	ایضاً		۰	۰	[illegible]	
تلونڈی	ایضاً	۶ نومبر ۱۸۸۲ء	۰	۰	[illegible]	۱۶ نومبر ۱۸۷۲ء
امرتسر	ایضاً	۲ دسمبر ۱۸۸۲ء	۰	۰	[illegible]	۱۲ دسمبر ۱۸۷۲ء
سنکرا	ایضاً	۸ مارچ ۱۸۷۹ء	۰	۶	[illegible]	۸ دسمبر ۱۸۷۲ء
سیان	سیالکوٹ	۹ جولائی ۱۸۸۰ء	۰	۶	[illegible]	۹ جنوری ۱۸۷۵ء
ایضاً	ایضاً	۹ جولائی ۱۸۸۱ء	۰	۶	[illegible]	ایضاً
ایضاً	ایضاً	۲۳ مارچ ۱۸۸۳ء	۰	۰	[illegible]	۲۳ مارچ ۱۸۷۳ء
نشاوال	امرتسر	ایضاً	۰	۰	[illegible]	ایضاً
کیچ کرالو	ایضاً	ایضاً	۰	۰	[illegible]	ایضاً
ایضاً	ایضاً	ایضاً	۰	۰	[illegible]	ایضاً
ایضاً	ایضاً	ایضاً	۰	۰	[illegible]	ایضاً
رحنالہ	ایضاً	۲۳ مارچ ۱۸۸۱ء	۰	۰	[illegible]	ایضاً
ٹوپا	گورداسپور	۱۵ جنوری ۱۸۸۳ء	۰	۰	[illegible]	۱۵ جنوری ۱۸۷۳ء
ایضاً	ایضاً	ایضاً	۰	۰	[illegible]	ایضاً
کھوال	ایضاً	ایضاً	۰	۰	[illegible]	ایضاً
بنڈی	ایضاً	ایضاً	۰	۰	[illegible]	ایضاً
ایضاً	ایضاً	۲۹ دسمبر ۱۸۸۱ء	۰	۶	[illegible]	۲۹ جون ۱۸۷۳ء
جیا کلان	امرتسر	۲۹ مئی ۱۸۸۳ء	۰	۰	[illegible]	۲۹ مئی ۱۸۷۳ء

Number.	Register number.	Name.	Father's name.	Caste.	Crime.
				ROBBERS OF	
227	1044	Híra ...	Ditta ...	Ját ...	454 I. P. C.
228	1065	Hukam Singh ...	Nehál Singh ...	Do. ...	454 „
229	1072	Umra ...	Jawáya ...	Zamíndár ...	379 „
230	1216	Ramzán ...	Rahmán ...	Cashmiri ...	379 „
221	1217	Dewa Singh ...	Chauda Singh ...	Ját ...	457 „
232	1219	Eeshar Singh ...	Jowálla Singh ...	Do. ...	457 „
233	1220	Moher Singh ...	Dyála Singh ...	Do. ...	457 „
234	1234	Hamáyoon ...	Diloo ...	Awán ...	379 „
235	2524	Mán Singh ...	Goordit Singh ...	Ját ...	379 „
236	6234	Híra ...	Jungi ...	Bhát ...	380 „
237	9930	Natha ...	Karím Baksh ...	Rajpút ...	379 „
238	1937	Neháln ...	Jodh Singh ...	Hindu ...	457 „
239	1940	Ráma ...	Golàb ...	Ditto ...	457 „
240	1942	Jey Rám ...	Mahádeo ...	Ját ...	457 „
241	3834	Shibba ...	Ghaffoora ...	Cashmiri ...	379 „
242	3841	Wahâb ...	Futtu ...	Ditto ...	457 „
243	4842	Ralla ...	Goláb ...	Goldsmith ...	380 „
244	4845	Bhána ...	Malang ...	Jhewar ...	457 „
245	4847	Mír Dín ...	Hasna ...	Cashmiri ...	457 „
246	5686	Ladha ...	Iláhia ...	Zamíndár ...	379 „
247	6112	Arura ...	Mának ...	Cashmiri ...	457 „
248	6365	Bakshu ...	Noor ...	Ditto ...	411 „
249	6679	Kesar Singh ...	Jowáhar ...	Ját ...	379 „
250	6688	Samdoo ...	Kamál ...	Cashmiri ...	370 „
251	6719	Karm Dín ...	Mánee Shah ...	Fakír ...	379 „
252	7652	Balli	Shew Deen	Kahár ...	380 „

and Robbers—continued.

Date of Imprisonment.		Term.			Date of release.		Residence of	
		Years.	Months.	Days.			District.	Village.
AMRITSAR—continued.								
6th July	'77	6	0	0	6th July	'83	Amritsar ...	Salgráon.
6th do.	'77	6	0	0	6th do.	'83	ditto ...	Hotánwala.
19th September	'77	7	0	0	19th Sept.	'84	Siálkot ...	Atall.
30th August	'77	6	0	0	30th August	'83	Amritsar ...	Amritsar.
13th September	'77	7	0	0	13th Sept.	'84	ditto ...	Ditto.
28th ditto	'77	5	0	0	28th ditto	'82	ditto ...	Jalee Meed.
29th October	'77	5	0	0	29th Oct.	'82	ditto ...	Wadála Kalán.
21st November	'77	6	0	0	21st Novr.	'83	Siálkot ...	Lakhi.
1st June	'66	16	3	0	1st Sept.	'82	Amritsar ...	Bhera.
12th October	'69	14	0	0	12th Octr.	'83	Siálkot ...	Chakla.
21st January	'70	11	6	0	21st July	'81	Amritsar ...	Morán.
14th April	'71	8	0	0	14th April	'79	ditto ...	Ghazee Moghal
14th do.	'72	14	0	0	14th do.	'86	Gurdáspur ...	Batála.
...		9	0	0	...		Amritsar ...	Jandiála.
7th December	'71	6	0	0	7th Decr.	'77	ditto ...	Dera Karím.
30th April	'72	7	0	0	30th April	'79	ditto ...	Amritsar.
3rd July	'72	8	9	0	3rd do.	'81	Gurdáspur ...	Batála.
14th October	'72	8	0	0	14th Octr.	'80	ditto ...	ditto.
14th ditto	'72	8	9	0	14th July	'81	ditto ...	ditto.
28th ditto	'72	6	0	0	28th Octr.	'82	ditto ...	Kot Súba Singh
17th May	'73	5	0	0	17th May	'78	Siálkot ...	Siálkot.
20th March	'73	7	6	0	20th June	'80	Gurdáspur ...	Shakargarh.
7th October	'73	6	[illegible]	0	7th July	'80	Amritsar ...	Phalli Khurd.
25th July	'73	5	[illegible]	0	25th do.	'78	ditto ...	Amritsar.
9th April	'73	8	9	0	9th June	'82	Siálkot ...	Bhárke.
13th May	'73	5	0	0	13th May	'78	Amritsar ...	Kusseepore.

جرم	قومیت	ولدیت	نام	نمبر رجسٹر	نمبر شمار
۴۵۷	جٹ	دتا	سیرا	۱۰۴۳	۲۲۷
۴۵۷	افغان	نہال سنگھ	حکم سنگھ	۱۰۴۵	۲۲۸
۳۷۹	زمیندار	جوایا	عمرا	۱۰۷۳	۲۲۹
۳۷۹	کشمیری	رمضان	رمضان	۱۲۱۶	۲۳۰
۴۵۷	جٹ	چندا سنگھ	دیوا سنگھ	۱۲۱۸	۲۳۱
۴۵۷	افغان	جوالا سنگھ	اندر سنگھ	۱۲۱۹	۲۳۲
۴۵۷	افغان	دیالا سنگھ	مہر سنگھ	۱۲۲۰	۲۳۳
۳۷۹	آوان	دتو	ہمایون	۱۳۳۴	۲۳۴
۳۷۹	جٹ	گوردت سنگھ	میاں سنگھ	۲۵۲۴	۲۳۵
۳۸۰	بھاٹ	جھنگی	سیرا	۹۲۳۴	۲۳۶
۳۷۹	راجپوت	کرم بخش	نقا	۹۹۳۰	۲۳۷
۴۵۷	ہندو	جودھ سنگھ	ہنشالا	۱۹۳۷	۲۳۸
۴۵۷	افغان	گلاب	رامان	۹۹۴۰	۲۳۹
۴۵۷	جٹ	مہادیو	جی رام	۱۹۴۲	۲۴۰
۳۷۹	کشمیری	غفورا	شبا	۳۸۴۳	۲۴۱
۴۵۷	افغان	فتو	دہاب	۳۸۴۱	۲۴۲
۳۸۰	سونار	گلاب	رلا	۴۸۴۳	۲۴۳
۴۵۷	جھیور	شنگ	بہانا	۴۸۴۵	۲۴۴
۴۵۶	کشمیری	حسنا	میر دین	۴۸۴۷	۲۴۵
۳۷۹	زمیندار	الیا	لدھا	۵۶۸۶	۲۴۶
۴۵۷	کشمیری	نانک	اروڑا	۶۱۱۲	۲۴۷
۱۱۴	افغان	لونڈ	بخشو	۶۳۶۵	۲۴۸
۳۷۹	جٹ	جواہر	کیسر سنگھ	۶۶۷۹	۲۴۹
۳۷۹	کشمیری	گوپال	سمدو	۶۶۸۸	۲۵۰
۳۷۹	فقیر	بابی شاہ	کرم دین	۶۷۱۹	۲۵۱
۳۸۰	کمہار	شیودین	بلی	۶۷۵۲	۲۵۲

سکونت: دیہہ	سکونت: ضلع	تاریخ رہائی	میعاد: یوم	میعاد: ماہ	میعاد: سال	تاریخ قید
سالگرانون	امرتسر	۶ر جولائی ۱۸۸۳ء	۰	۰	ے	۶ر جولائی ۱۸۷۷ء
بھوتا نوالہ	الضاً	الضاً	۰	۰	ے	الضاً
اٹل	سیالکوٹ	۱۹ر ستمبر ۱۸۸۲ء	۰	۰	[illegible]	۱۹ر ستمبر ۱۸۷۷ء
بھرستر	امرتسر	۳۰ر اگست ۱۸۸۳ء	۰	۰	ے	۳۰ر اگست ۱۸۷۷ء
ایضاً	ایضاً	۱۳ر ستمبر ۱۸۸۲ء	۰	۰	[illegible]	۱۳ر ستمبر ۱۸۷۷ء
جلی منڈ	ایضاً	۲۸ر ستمبر ۱۸۸۲ء	۰	۰	ھ	۲۸ر ستمبر ۱۸۷۷ء
دڈالہ کلاں	ایضاً	۲۹ر اکتوبر ۱۸۸۲ء	۰	۰	ھ	۲۹ر اکتوبر ۱۸۷۷ء
لکھی	سیالکوٹ	۲۱ر نومبر ۱۸۸۳ء	۰	۰	ے	۲۱ر نومبر ۱۸۷۷ء
بھیرا	امرتسر	یکم ستمبر ۱۸۸۲ء	۰	۳	[illegible]	یکم جون ۱۸۷۶ء
جیکلا	سیالکوٹ	۱۳ر اکتوبر ۱۸۸۳ء	۰	-	[illegible]	۱۳ر اکتوبر ۱۸۶۹ء
نوران	امرت سر	۱۲ر جولائی ۱۸۸۱ء	۰	۶	[illegible]	۱۲ر جنوری ۱۸۷۷ء
غازی مغل	الضاً	۱۳ر اپریل ۱۸۷۹ء	۰	۰	[illegible]	۱۳ر اپریل ۱۸۷۱ء
بٹالہ	گورداسپور	۱۳ر اپریل ۱۸۹۶ء	۰	۰	[illegible]	۱۳ر اپریل ۱۸۷۴ء
جنڈیالہ	امرت سر		۰	۰	[illegible]	
ڈیرہ کریم	الضاً	۷ر دسمبر ۱۸۷۷ء	۰	۰	ے	۷ر دسمبر ۱۸۷۱ء
امرت سر	الضاً	۳۰ر اپریل ۱۸۷۶ء	۰	۰	[illegible]	۳۰ر اپریل ۱۸۶۲ء
بٹالہ	گورداسپور	۱۳ر اپریل ۱۸۸۱ء	۰	۹	[illegible]	۱۳ر جولائی ۱۸۷۳ء
الضاً	الضاً	۱۳ر اکتوبر ۱۸۹۰ء	۰	۰	[illegible]	۱۳ر اکتوبر ۱۸۷۳ء
الضاً	الضاً	۱۲ر جولائی ۱۸۸۱ء	۰	۹	[illegible]	الضاً
کوٹ صوبا سنگھ	الضاً	۲۸ر اکتوبر ۱۸۷۸ء	۰	۰	ے	۲۸ر اکتوبر ۱۸۷۳ء
سیالکوٹ	سیالکوٹ	۱۷ر مئی ۱۸۷۸ء	۰	۰	ھ	۱۷ر مئی ۱۸۷۳ء
شکر گڑھ	گورداسپور	۲۰ر ستمبر ۱۸۸۰ء	۰	۶	[illegible]	۲۰ر مارچ ۱۸۷۳ء
سیلی خورد	امرتسر	۷ر جولائی ۱۸۸۳ء	۰	۹	ے	۷ر اکتوبر ۱۸۷۳ء
[illegible]	الضاً	۲۵ر جولائی ۱۸۷۹ء	۰	۰	ھ	۲۵ر جولائی ۱۸۷۳ء
سمبارکی	سیالکوٹ	۹ر جنوری ۱۸۸۲ء		۹	[illegible]	۹ر اپریل ۱۸۷۳ء
فتحی پور	امرتسر	۱۳ر مئی ۱۸۷۹ء	۰	۰	ھ	۱۳ر مئی ۱۸۷۳ء

List of Dacoos

Number.	Register Number.	Name.	Father's Name.	Caste.	Crime.
				ROBBERS OF	
253	7778	Aroora ...	Ramzáni ...	Gujar ...	379 I. P. C
254	7791	Geedar ..	Bhola ...	Chhoora ...	379 „
255	7839	Sher Shah ...	Cherágh Shah ...	Syad ...	380 „
256	7841	Màhia ...	Chaita ...	Rajpút ...	411 „
257	7842	Iláhia ...	Waláit ...	Aráin ...	457 „
258	8425	Fatta ...	Bhola ...	Khoja ...	414 „
259	8426	Ramzán ...	Himmat ...	Cashmeri ...	379 „
260	8428	Máni ...	Mutsuddi ...	Musulman ...	411 „
261	8429	Azíz ...	Ghuffoor ...	Cashmíri ...	454 „
262	8431	Alla Baksh ...	Peera ...	Mochee ...	380 „
263	8432	Summoon ...	Soorjan ...	Seráogee ...	457 „
264	8433	Kirpa ...	Ganga ...	Arora ...	379 „
265	8527	Dína ...	Shera, *alias* Dína	Chhoora ...	379 „
266	8528	Kor Singh ...	Dewa Singh ...	Ját ...	457 „
267	8529	Sáwan Singh ...	Jáwahar Singh ...	Do. ..	411 „
268	8530	Bolunda ...	Peer Baksh ...	Rajpút ...	380 „
269	8531	Hukma ...	Chogetta ...	Ját ...	457 „
270	8996	Sáin Dass ...	Moher Singh ...	Arora ...	379 „
271	8997	Chúha ...	Dára ...	Goldsmith ...	457 „
272	8998	Sohan ...	Pohoo ...	Khatri ...	379 „
273	9000	Kálu ...	...	Ditto ...	379 „
274	951	Boor Shah ...	Daswandee ...	Fakír ...	457 „
275	9126	Fatta ...	Roopa ...	Khatri ...	379 „
276	9145	Oomer ...	Gohar ...	Aráin ...	380 „
277	9146	Dussoondee ...	Jawáya ...	Máchhee ...	380 „
278	9523	Reejah ...	Dilloo ...	Machhee ...	457 „

and Robbers.—(continued).

Date of Imprisonment.	Term. Years.	Months.	Days.	Date of release.	Residence of District.	Village.
AMRITSAR—continued						
...	4	6	0	...	Siálkot ...	Gullee.
13th April '73	5	0	0	13th April '78	Ditto ...	Siálkot.
22nd do. '74	5	9	0	22nd Jany. '80	Ditto ...	Pasrúr.
22nd October '72	7	6	0	22nd April '80	ditto ...	Mujjerzal.
22nd Ditto '72	8	0	0	22nd Do. '80	ditto ...	Kutcha.
...	3	0	0	...	Amritsar ...	Amritsar.
29th February '75	5	0	0	29th Feby. '80	ditto ...	ditto.
12th March '75	3	0	0	12th March '78	ditto ...	Bharowal.
12th do. '75	7	0	0	12th do. '82	ditto ...	Amritsar.
26th do. '75	7	0	0	26th do. '82	ditto ...	ditto.
26th April '75	3	0	0	26th April '78	ditto ...	ditto.
16th do. '75	5	0	0	16th do. '80	ditto ...	ditto.
30th October '74	5	0	0	30th Octr. '79	Gurdaspur ...	Gurdaspur.
8th March '75	6	0	0	8th March '81	Ditto ...	Soorlee.
26th Feby. '75	6	0	0	26th Feby. '81	Amritsar ...	Amritsar.
...	7	0	0	...	Gurdaspur ...	Manwál.
25th Feby. '75	10	3	0	25th May '85	Ditto ...	Dadoo Doola.
16th Septr. '73	6	0	0	16th Sept. '79	Amritsar ...	Amritsar.
10th March '75	6	0	0	10th March '81	Ditto ...	Ditto.
25th June '75	6	0	0	25th June '81	Ditto ...	Ditto.
15th do. '75	6	0	0	15th do. '81	Ditto ...	Ditto.
21st August '75	4	0	0	21st August '79	Gurdaspur ...	Mundan.
27th November '75	5	0	0	27th Novr. '82	Amritsar ...	Amritsar.
3rd December '75	3	9	0	3rd August '79	Ditto ...	Máree.
3rd ditto '75	3	9	0	3rd ditto '79	Ditto ...	Ditto.
11th ditto '74	4	6	0	11th June '79	Siálkot ...	Jhang.

جرم	قومیت	ولدیت	نام	نمبر رجسٹر	نمبر شمار
۳۷۹	گوجر	رمضانی	اروڑا	۴۴۴۸	۲۵۳
۳۷۹	چوہڑا	بہولا	گیدڑ	۴۴۹۱	۲۵۴
۳۸۰	سید	چراغ شاہ	شیر شاہ	۴۸۳۹	۲۵۵
۴۱۱	راجپوت	چشا	بابا	۴۸۴۱	۲۵۶
۴۵۷	آرائیں	ذولائیت	الٰہیا	۴۸۴۳	۲۵۷
۴۱۱	نوحا	بہولا	فتا	۸۲۲۵	۲۵۸
۳۷۹	کشمیری	ہمت	رمضان	۸۲۲۶	۲۵۹
۴۱۱	مسلمان	منصدی	مالی	۸۲۲۸	۲۶۰
۴۵۳	کشمیری	غفور	عزیز	۸۲۲۹	۲۶۱
۳۸۰	موچی	بسرا	اللہ بخش	۸۲۳۱	۲۶۲
۴۵۷	سیرادگی	سوزجن	سمون	۸۲۳۲	۲۶۳
۳۷۹	اروڑا	گلاگا	کریا	۸۲۳۳	۲۶۴
۳۷۹	چوہڑا	سیر علی	دینا	۸۵۲۶	۲۶۵
۴۵۷	خشت	دیوا سنگھ	گور سنگھ	۸۵۲۸	۲۶۶
۴۱۱	[illegible]	چراغ سنگھ	ساون سنگھ	۸۵۲۹	۲۶۷
۳۸۰	راجپوت	سیر بخش	بلندا	۸۵۳۰	۲۶۸
۴۵۶	جٹ	جوغفر	فکان	۸۵۳۱	۲۶۹
۳۷۹	اروڑا	مہر سنگھ	سائیداس	۸۹۹۶	۲۷۰
۴۵۷	زرگر	دارا	چھا	۸۹۹۷	۲۷۱
۳۷۹	کشمیری	بوہو	سوہن	۸۹۹۸	۲۷۲
۳۷۹	[illegible]		کالو	۹۰۰۰	۲۷۳
۴۵۷	فقیر	دسوندی	بورشاہ	۹۰۵۱	۲۷۴
۳۷۹	کہتری	مروبا	فتا	۹۱۲۶	۲۷۵
۳۸۰	آرائیں	گوہر	عمرا	۹۱۴۵	۲۷۶
۳۸۰	ماچھی	جوانیا	دسوندی	۹۱۴۶	۲۷۷
۴۵۷	[illegible]	دلو	ریکا	۹۵۲۳	۲۷۸

سکونت: دیہہ	ضلع	تاریخ رہائی	میعاد: یوم	ماہ	سال	تاریخ قید
گکھی	سیالکوٹ		۰	۲	[illegible]	
سیالکوٹ	ایضاً	۲۳ر اپریل ۱۸۷۶ء	۰	۰	ھ	۲۳ر اپریل ۱۸۷۳ء
[illegible]	ایضاً	۲۴ر جنوری ۱۸۸۰ء	۰	۹	ھ	۲۴ر اپریل ۱۸۷۴ء
موجی پٹل	ایضاً	۲۴ر اپریل ۱۸۸۰ء	۰	۶	[illegible]	۲۴ر اکتوبر ۱۸۷۶ء
گھگی	ایضاً	۲۴ر اکتوبر ۱۸۸۰ء	۰	۰	[illegible]	ایضاً
امرتسر	امرتسر		۰	۰	[illegible]	
ایضاً	ایضاً	۲۹ر فروری ۱۸۸۰ء	۰	۰	ھ	۲۹ر فروری ۱۸۷۵ء
بہروال	ایضاً	۱۳ر مارچ ۱۸۸۰ء	۰	۰	ے	۱۳ر مارچ ۱۸۷۵ء
امرتسر	ایضاً	۱۳ر مارچ ۱۸۸۲ء	۰	۰	[illegible]	۱۳ر ایضاً
ایضاً	ایضاً	۲۶ر ایضاً	۰	۰	[illegible]	۲۶ر مارچ ۱۸۷۵ء
ایضاً	ایضاً	۲۶ر اپریل ۱۸۸۲ء	۰	۰	ے	۲۶ر اپریل ۱۸۷۵ء
ایضاً	ایضاً	۱۶ر اپریل ۱۸۸۰ء	۰	۰	ھ	۱۶ر اپریل ۱۸۷۵ء
[illegible] گورداسپور	گورداسپور	۳۰ر اکتوبر ۱۸۷۹ء	۰	۰	ھ	۳۰ر اکتوبر ۱۸۷۴ء
سوہل	ایضاً	۸ر مارچ ۱۸۸۱ء	۰	۰	ے	۸ر مارچ ۱۸۷۵ء
امرتسر	امرتسر	۲۶ر فروری ۱۸۸۱ء	۰	۰	ے	۲۶ر فروری ۱۸۷۵ء
منوال	ایضاً		۰	۰	[illegible]	
داؤد ڈولہ	ایضاً	۲۵ر مئی ۱۸۸۵ء	۰	۳	[illegible]	۲۵ر فروری ۱۸۷۵ء
امرتسر	ایضاً	۱۶ر ستمبر ۱۸۷۹ء	۰	۰	[illegible]	۱۶ر ستمبر ۱۸۷۳ء
ایضاً	ایضاً	۱۰ر مارچ ۱۸۸۱ء	۰	۰	ے	۱۰ر مارچ ۱۸۷۵ء
ایضاً	ایضاً	۲۰ر جون ۱۸۸۰ء	۰	۰	ے	۲۰ر جون ۱۸۷۵ء
ایضاً	ایضاً	۱۵ر جون ۱۸۸۱ء	۰	۰	ے	۱۵ر جون ۱۸۷۵ء
[illegible]	گورداسپور	۱۳ر اگست ۱۸۷۹ء	۰	۰	[illegible]	۱۳ر اگست ۱۸۷۵ء
امرتسر	امرتسر	۲۷ر نومبر ۱۸۸۰ء	۰	۰	ھ	۲۷ر نومبر ۱۸۷۵ء
[illegible]	ایضاً	۳۰ر ستمبر ۱۸۷۹ء	۰	۹	[illegible]	۳۰ر دسمبر ۱۸۷۵ء
ایضاً	ایضاً	ایضاً	۰	۹	[illegible]	ایضاً
[illegible]	سیالکوٹ	۱۱ر جون ۱۸۸۰ء	۰	۶	[illegible]	۱۱ر دسمبر ۱۸۷۳ء

List of Dacoos

Number.	Register number.	Name.	Father's Name.	Caste.	Crime.
					ROBBERS OF
279	9525	Jáni ...	Satia ...	Sánsi ...	457 I. P. C.
280	9526	Nathoo ...	Boor ...	Do. ...	379 „
281	9531	Hossain Shah ...	Jehán Shah ...	Fakeer ...	379 „
282	9532	Jameeta ...	Karm Ali ...	Khoja ...	454 „
283	9534	Samdoo ...	Jawáya ...	Changar ...	457 „
284	9635	Lassoo ...	Suttar ...	Cashmiri ...	379 „
285	9710	Mehra ...	Jhanda ...	Chhoora ...	454 „
286	9711	Mahmúd ...	Ramzán ...	Cashmiri ...	379 „
287	9721	Mának ...	Mahmood ...	Blacksmith ...	379 „
288	9774	Natha Singh, *alias* Bishan Singh ...	Máhán Singh ...	Arora ...	380 „
289	9775	Bhagtu ...	Sant Singh ...	Brahmin ...	380 „
290	9903	Fakira ...	Jáni ...	Gukhar ...	457 „
291	206	Bussoo, *alias* Dína	Narain Singh ..	Khatree ...	454 „
292	281	Sant Singh ...	Dal Singh ...	Dhobee ...	380 „
293	282	Roshan ...	Jíwa ...	Aráin ...	380 „
294	283	Jáni ...	Oomra ...	Cashmiri ...	457 „
295	287	Attar Singh ...	Shamír Singh ...	Kamboh ...	457 „
296	294	Gandu ...	Hazuri ...	Arora ...	457 „
297	458	Mohamdi ...	Kádu ...	Cashmiri ...	457 „
298	651	Peera ...	Sáwan ...	Jhewar ...	379 „
299	734	Dhana ...	Sáwan ...	Musulman ...	379 „
300	736	Kullan, *alias* Dharma	Amira ...	Goldsmith ...	379 „
301	835	Oottam Dass ...	Jawáhar ...	Ját ...	379 „
302	953	Soobhan, *alias* Bughiar	Kamál ...	Cashmiri ...	454 „

and Robbers.—(continued),

Date of Imprisonment.	Term. Years.	Months.	Days.	Date of release.	Residence of District.	Village.
AMRITSAR—continued.						
11th December '74	5	0	0	11th Decr. '79	Siálkot ...	Miánwál.
29th July '74	5	0	0	29th July '79	Ditto ...	Wanderer.
8th April '76	6	0	0	8th April '82	Ditto ...	Wasla.
1st May '75	6	3	0	1st Novr. '81	Ditto ...	Rung Kotee.
30th July '75	5	3	0	30th August '80	Ditto ...	Basantpur.
13th March '76	5	0	0	13 March '81	Amritsar ...	Amritsar.
2nd February '76	5	0	0	2nd Feby. '81	Ditto ...	Akálgarh.
11th ditto '76	5	0	0	11th do. '81	Ditto ...	Amritsar.
28th April '76	6	0	0	28th April '82	Ditto ...	Ditto.
18th May '76	7	0	0	18th May '83	Ditto ...	Ditto.
18th do. '76	6	0	0	18th do. '82	Ditto ..	Amritsar.
2nd September '75	7	9	0	2nd June '83	Siálkot ...	Salie.
1st August '76	5	0	0	1st August '81	Amritsar ...	Dera Baba Nanak
4th October '76	6	0	0	4th Oct. '82	Ditto ...	Amritsar.
4th ditto '76	4	0	0	4th do. '80	Ditto ...	Ditto.
20th September '76	5	0	0	20th Sepr. '81	Ditto ..	Ditto.
16th ditto '76	5	0	0	16th do. '81	Ditto ...	Phagwára.
6th October '76	5	0	0	6th Oct. '81	Amritsar ...	Amritsar.
4th November '76	3	6	0	4th May '80	Ditto ...	Ditto.
22nd January '77	6	9	0	22nd Oct. '84	Ditto ...	Ditto.
8th March '77	6	9	0	8th Decr. '83	Ditto ...	Katra Hari Singh
2nd April '77	7	6	0	2nd Oct. '84	Ditto ...	Amritsar.
29th March '77	6	0	0	29th March '83	Ditto ...	Jumla Pír.
1st May '77	8	0	0	1st May '85	Ditto ...	Katra Harmoot Singh.

جرم	قومیت	ولدیت	نام	نمبر رجسٹر	نمبر شمار
۴۵۷	سانسی	ستیا	جانی	۹۵۲۵	۲۷۹
۳۷۹	الیفقار	بوڑا	نتھو	۹۵۲۶	۲۸۰
۳۷۹	فقیر	جہان شاہ	حسین شاہ	۹۵۳۱	۲۸۱
۴۵۴	چوہڑہ	کرم علی	جمیقا	۹۵۳۲	۲۸۲
۴۵۷	چنگڑ	جوایا	سمدو	۹۵۳۴	۲۸۳
۳۷۹	کشمیری	ستار	لسو	۹۶۳۵	۲۸۴
۴۵۴	چوہڑا	جھنڈا	مہرا	۹۷۱۰	۲۸۵
۳۷۹	کشمیری	رمضان	محمود	۹۷۱۱	۲۸۶
۳۷۹	لوہار	محمود	ملک	۹۷۳۱	۲۸۷
۳۸۰	اروڑہ	جہان سنگھ	نتھا سنگھ عرف نتھن سنگھ	۹۷۷۴	۲۸۸
۳۸۰	برہمن	سنت سنگھ	رگھو	۹۷۷۵	۲۸۹
۴۵۷	سنگھ	جانی	فقیریا	۹۹۰۴	۲۹۰
۴۵۴	کھتری	نرائن سنگھ	بسو عرف دینا	۲۰۶	۲۹۱
۳۸۰	دھوبی	دل سنگھ	سنت سنگھ	۲۸۱	۲۹۲
۳۸۰	آرائیں	جیوا	روشن	۲۸۲	۲۹۳
۴۵۷	کشمیری	عمرا	جانی	۲۸۳	۲۹۴
۴۵۷	کمبوہ	شیر سنگھ	عطر سنگھ	۲۸۷	۲۹۵
۴۵۷	اروڑہ	حضوری	گنڈو	۲۹۴	۲۹۶
۴۵۷	کشمیری	قادو	محمدی	۴۰۸	۲۹۷
۳۷۹	جھیور	سانون	بیرا	۴۵۱	۲۹۸
۳۷۹	مسلمان	سانون	دتا	۴۳۴	۲۹۹
۳۷۹	سنیار	امیرا	کلن عرف [illegible]	۴۲۶	۳۰۰
۳۷۹	جٹ	جواہر	اوتم داس	۸۳۵	۳۰۱
۴۵۴	کشمیری	کامل	سبحان عرف بیگا	۹۵۴	۳۰۲

سکونت — دیہہ	سکونت — ضلع	تاریخ رہائی	میعاد — یوم	میعاد — ماہ	میعاد — سال	تاریخ قید
میانوال	سیالکوٹ	۱۱؍دسمبر ۱۸۷۹ء	۰	۰	ھ	۱۱؍دسمبر ۱۸۷۴ء
خانہ بدوش	ایضاً	۲۹؍جولائی ۱۸۷۹ء	۰	۰	ھ	۲۹؍جولائی ۱۸۷۴ء
دسلہ	ایضاً	۸؍اپریل ۱۸۸۲ء	۰	۰	ے	۸؍اپریل ۱۸۷۶ء
سنگ کوہلی	ایضاً	یکم اگست ۱۸۸۱ء	۰	۳	ے	یکم مئی ۱۸۷۵ء
بسنت پور	ایضاً	۳۰؍اکتوبر ۱۸۸۳ء	۰	۳	ھ	۳۰؍جولائی ۱۸۷۸ء
امرتسر	امرت سر	۱۳؍مارچ ۱۸۸۱ء	۰	۰	ھ	۱۳؍مارچ ۱۸۷۶ء
عاقل گڑھ	ایضاً	۲؍فروری ۱۸۸۱ء	۰	۰	ھ	۲؍فروری ۱۸۷۶ء
امرتسر	ایضاً	۱۱؍فروری ۱۸۸۱ء	۰	۰	[illegible]	۱۱؍فروری ۱۸۷۶ء
ایضاً	ایضاً	۲۸؍اپریل ۱۸۸۳ء	۰	۰	ے	۲۸؍اپریل ۱۸۷۶ء
جالندھر	ایضاً	۸؍مئی ۱۸۸۳ء	۰	۰	عہ	۸؍مئی ۱۸۷۳ء
امرتسر	ایضاً	۸؍مئی ۱۸۸۳ء	۰	۰	ے	ایضاً
سیالی	سیالکوٹ	۲؍جون ۱۸۸۳ء	۰	۹	عہ	۲؍ستمبر ۱۸۷۵ء
ڈیرہ بابا نانک	امرتسر	یکم اگست ۱۸۸۱ء	۰	۰	ھ	یکم اگست ۱۸۷۶ء
امرتسر	ایضاً	۴؍اکتوبر ۱۸۸۳ء	۰	۰	ے	۴؍اکتوبر ۱۸۷۶ء
ایضاً	ایضاً	۴؍اکتوبر ۱۸۸۳ء	۰	۰	للہ	ایضاً
ایضاً	ایضاً	۲۰؍ستمبر ۱۸۸۱ء	۰	۰	ھ	۲۰؍ستمبر ۱۸۷۶ء
بھکواڑہ	ایضاً	۱۶؍ستمبر ۱۸۸۱ء	۰	۰	ھ	۱۶؍ستمبر ۱۸۷۶ء
امرتسر	ایضاً	۱۶؍اکتوبر ۱۸۸۱ء	۰	۰	ھ	۱۶؍اکتوبر ۱۸۷۶ء
ایضاً	ایضاً	۴؍مئی ۱۸۸۰ء	۰	۹	ے	۴؍نومبر ۱۸۷۶ء
ایضاً	ایضاً	۲۲؍اکتوبر ۱۸۸۳ء	۰	۹	ے	۲۲؍جنوری ۱۸۷۶ء
کھنڈا سپی سنگھ	ایضاً	۸؍ستمبر ۱۸۸۳ء	۰	۹	ے	۸؍مارچ ۱۸۷۷ء
امرتسر	ایضاً	۲؍اکتوبر ۱۸۸۳ء	۰	۹	عہ	۲؍اپریل ۱۸۷۷ء
مجیٹھہ	ایضاً	۲۹؍مارچ ۱۸۸۴ء	۰	۰	ے	۲۹؍مارچ ۱۸۷۷ء
سکھڑہ ہرنت سنگھ	ایضاً	یکم مئی ۱۸۸۴ء	۰	۰	ے	یکم مئی ۱۸۷۷ء

List of Dacoos

Number.	Register number.	Name.	Father's name.	Caste.	Crime.
				ROBB	ERS OF
303	954	Ditta ...	Mohomed Baksh	Gagra ...	380 I. P.C.
304	955	Nathoo ...	Phoola Singh ...	Ját ...	380 „
305	956	Ditta ...	Kahna ...	Chhoora ...	457 „
					LAHORE
					High way
306	64	Sardara, *alias* Sukkhee.	Kullan ...	Ját ...	394 „
307	2041	Mán Singh, *alias* Mánah.	Tilook Singh ...	Do. ...	395 „
308	6326	Jawála Singh ...	Soonder Singh ...	Zamíndár ...	392 „
309	6143	Heera ...	Bhola ...	Ditto ...	395 „
310	7081	Bal Singh ...	Anoop Singh ...	Ditto ...	395 „
311	7082	Sher Singh ...	Ruttan Singh ...	Ját ...	395 „
312	7900	Hari Singh ...	Sant Singh ...	Tirkhán ...	397 „
					ROB
313	961	Roda ...	Sharfu ...	Hárni ...	458 „
314	962	Mírán Baksh ...	Ahmad ...	Ditto ...	458 „
315	963	Budha ...	Keema ...	Ditto ...	458 „
316	966	Parma ...	Khúbee ...	Hindu ...	379 „
317	968	Mukhoo ...	Chaita ...	Ditto ...	379 „
318	967	Mahanda ...	Enait ...	Ditto ...	379 „
319	969	Ghaina ...	Baila ...	Ditto ...	379 „
320	5095	Ilahia, *alias* Kanhia	Ahmed, *Alias* Fatta	Musulman ...	379 „
321	1931	Sookha ...	Nand Singh ...	Jhevar ...	457 „
322	2473	Karmoo ...	Salárok ...	Sheikh ...	457 „
323	2491	Goláb Khan ...	Golaman Khan	Afghan ...	457 „
324	4999	Zaibood Deen ...	Sharf Deen ...	Musulman ...	457 „
325	5009	Deena, *alias* Dindár	Boota ...	Zamíndar ...	381 „

and Robbers.—continued

Date of Imprisonment.	Term. Years.	Months.	Days.	Date of release.	Residence of District.	Village.
AMRITSAR—concluded						
1st May '77	6	0	0	1st May '83	Amritsar ...	Kila Bhungián.
5th do. '77	6	0	0	5th do. '82	Ditto ...	Amritsar.
8th April '77	4	0	0	8th April '81	Ditto ...	Hyderpore.
DIVISION.						
Robbers.						
...	12	0	0	...	Gujránwála ...	Wáng.
...	14	6	0		Ferozepore ...	Piroki.
18th July '73	5	0	0	18th July '78	Lahore ...	Kasur.
8th November '73	5	0	0	8th Novr. '78	Ditto ...	Bhánde Phor.
27th June '74	4	0	0	27th June '78	Ditto ...	Moorkee.
27th do. '74	4	9	0	27th do. '78	Ditto ...	Jamál.
30th December '74	8	9	0	30th Septr. '83	Gujránwála ...	Gujránwála.
BERS.						
3rd July '77	5	0	0	3rd July '82	Lahore ...	Dergorhi.
30th do. '77	5	0	0	30th do. '82	ditto ...	Khoond.
30th do. '77	5	0	0	30th do. '82	ditto ...	Googer Mandi.
31st May '77	4	9	0	2nd Feby. '82	Gujránwála ...	Wanderer.
31st do. '77	4	9	0	2nd do. '82	ditto ...	ditto.
31st do. ,77	4	9	0	2nd do. '82	ditto ...	ditto.
31st do. '77	7	3	7	7th Octr. '84	ditto ...	ditto.
17th Jany. '66	12	0	0	17th Janry '78	Lahore ...	Nageer.
...	8	0	0	...	ditto ...	Patiála.
...	8	0	0	...	Lahore ...	Goojar.
...	5	0	6	...	ditto ...	Jalála.
7th May '73	7	0	0	7th May '80	ditto ...	Lahore.
6th February '73	7	0	0	6th February '80	Gujránwála ...	Denakote

جرم	قومیت	ولدیت	نام	نمبر رجسٹر	نمبر شمار
۳۸۰	گگیرہ	محمد بخش	وتا	۹۵۴	۳۰۳
۳۸۰	جٹ	بہول سنگھ	نتھو	۹۵۵	۳۰۴
۴۵۷	چوہڑا	کاہنا	وتا	۹۵۶	۳۰۵
لاہور					
۳۹۴	جٹ	کلن	سردارا عرف سنگھی	۶۴	۳۰۶
۳۹۵	ایضاً	تکوک سنگھ	مان سنگھ عرف مانا	۲۰۴۱	۳۰۷
۳۹۲	ایضاً	سندر سنگھ	جوالا سنگھ	۵۳۴۶	۳۰۸
۳۹۵	ایضاً	بہولا	ہیرا	۹۱۴۳	۳۰۹
۳۹۵	ایضاً	انوپ سنگھ	بال سنگھ	۷۰۸۱	۳۱۰
۳۹۵	"	رتن سنگھ	شیر سنگھ	۷۰۸۲	۳۱۱
۳۹۷	ترکھان	سنت سنگھ	ہری سنگھ	۷۰۹۰	۳۱۲
چوہر					
۴۵۸	ہاڑی	ستر فو	روڈا	۹۶۱	۳۱۳
۴۵۸	ایضاً	احمد	میران بخش	۹۶۲	۳۱۴
۴۵۸	ایضاً	سکھیا	بوڈھا	۹۶۳	۳۱۵
۳۷۹	ہندو	خولی	بربان	۹۶۶	۳۱۶
۳۷۹	ایضاً	چھتیا	سکھو	۹۶۸	۳۱۷
۳۷۹	ایضاً	عنایت	محمدا	۹۶۷	۳۱۸
۳۷۹	ایضاً	بہلا	کنہیا	۹۶۹	۳۱۹
۳۷۹	مسلمان	احمد عرف فتا	اہنا عرف گہنیا	۵۰۹۵	۳۲۰
۴۵۷	کمہار	نند سنگھ	سکھیا	۱۹۳۱	۳۲۱
۴۵۷	شیخ	سلارک	کرموں	۲۴۷۳	۳۲۲
۴۵۷	افغان	غلام خان	گلاب خان	۲۴۹۱	۳۲۳
۴۵۷	مسلمان	شرف الدین	ظاہب الدین	۳۹۹۹	۳۲۴
۳۸۱	تہسیلدار	بوٹا	دینا عرف دیندار	۵۰۰۶	۳۲۵

سکونت: دیہہ	سکونت: ضلع	تاریخ رہائی	میعاد: یوم	میعاد: ماہ	میعاد: سال	تاریخ قید
قلعہ سنگوان	امرتسر	یکم مئی ۱۸۸۳ء	۰	۰	ے	یکم مئی ۱۸۷۷ء
امرت سر	ایضاً	۵ مئی ۱۸۸۳ء	۰	۰	ے	۵ مئی ۱۸۷۷ء
حیدر پور	ایضاً	۸ اپریل ۱۸۸۱ء	۰	۰	للعہ	۸ اپریل ۱۸۷۷ء
						قسمت
وانگ	گوجرانوالہ		۰	۰	[illegible]	
بروکھی	فیروزپور		۰	۶	للعہ	
قصور	لاہور	۱۸ جولائی ۱۸۷۹ء	۰	۰	صہ	۱۸ جولائی ۱۸۷۳ء
بھانڈی بھوپ	ایضاً	۸ نومبر ۱۸۷۹ء	۰	۰	صہ	۸ نومبر ۱۸۷۳ء
موڑکی	ایضاً	۲۷ جون ۱۸۷۹ء	۰	۰	للعہ	۲۷ جون ۱۸۷۳ء
چہال	ایضاً	ایضاً	۰	۰	للعہ	ایضاً
گوجرانوالہ	گوجرانوالہ	۳۰ ستمبر ۱۸۸۳ء	۰	۶	[illegible]	۳۰ دسمبر ۱۸۷۳ء
ڈیرہ [illegible]	لاہور	۳۰ جولائی ۱۸۸۲ء	۰	۰	صہ	۳۰ جولائی ۱۸۷۷ء
سہو [illegible]	ایضاً	۳۰ جولائی ۱۸۸۲ء	۰	۰	صہ	۳۰ جولائی ۱۸۷۷ء
[illegible] منڈی	ایضاً	ایضاً	۰	۰	صہ	ایضاً
خانہ بدوش	گوجرانوالہ	۲ فروری ۱۸۸۲ء	۰	۶	للعہ	۱۳ مئی ۱۸۷۷ء
ایضاً	ایضاً	ایضاً	۰	۶	للعہ	ایضاً
ایضاً	ایضاً	ایضاً	۰	۶	للعہ	ایضاً
ایضاً	ایضاً	۷ اکتوبر ۱۸۸۱ء	۷	۳	[illegible]	ایضاً
[illegible]	لاہور	۱۷ جنوری ۱۸۸۱ء	۰	[illegible]	[illegible]	۱۷ جنوری ۱۸۷۷ء
[illegible]	ایضاً		۰	۰	[illegible]	
[illegible]	ایضاً		۰	۰	[illegible]	
[illegible]	ایضاً		۰	۶	[illegible]	
[illegible]	ایضاً	۷ مئی ۱۸۸۱ء	۰	۰	[illegible]	۷ مئی ۱۸۷۳ء
[illegible]	گوجرانوالہ	۲ فروری ۱۸۸۱ء	۰	۰	[illegible]	۲ فروری ۱۸۷۳ء

List of Dacoits

Number.	Register number.	Name.		Father's Name.		Caste.		Crime.	
						ROBBERS OF			
326	5677	Ladha	...	Fazla	...	Cashmiri	...	380	I. P. C.
327	5191	Shera	...	Mohomed Baksh		Goojer	...	457	„
328	5424	Roora, *alias* Wasáva		Káhn Singh	...	Ját	...	457	„
329	5545	Sookhdiál	...	Goorditta Mal	...	Khatrí	...	457	„
330	5888	Musta	...	Pathána	...	Zamíndár	...	380	„
331	5889	Hossain Shah	...	Peer Shah	...	Syad	...	380	„
332	5891	Salah	...	Belanda	...	Zamíndár	...	380	„
333	5894	Bhagaila	...	Shádee	...	Chhoora	...	379	„
334	5895	Sujávli	...	Amír	...	Barber	...	379	„
335	5896	Sohni	...	Gool	...	Zamindár	...	379	„
336	5900	Uttar Singh	...	Gulába	...	Ját	...	411	„
337	5903	Doola	...	Ghaseeta	...	Zamíndár	...	457	„
338	5945	Ran Singh	...	Khazán Singh	...	Ját	...	411	„
339	6470	Sobha	...	Sáwan	...	Khoker	...	379	„
340	6640	Waisákhi	...	Ganjoo	...	Chamár	...	457	„
341	6642	Saida	...	Noopa	...	Zamíndár	...	411	„
342	6643	Bága Singh	...	Rám Singh	...	do.	...	379	„
343	6644	Shahábul	...	Mall	...	do.	...	379	„
344	6846	Jewna	...	Yára	...	do.	...	454	„
345	6805	Oomri	...	Mának	...	do.	...	411	„
346	6822	Baili	...	Ghaina	...	Khatri	...	457	„
347	6825	Badan Singh	...	Suffa Singh	...	...		457	„
348	7203	Moola	...	Peer Baksh	...	Jogee	...	457	„
349	7256	Nathu	...	Sher Khan	...	Afghan	...	380	„
350	7283	Wasna	...	Mohkam	...	Baildár	...	456	„

and Robbers—continued.

Date of Imprisonment.		Term. Years.	Months.	Days.	Date of release.		Residence of District.		Village.
LAHORE—continued.									
13th June	'73	5	0	0	13th June	'78	Gujránwála	...	Akálgarh.
16th do.	'72	6	0	0	16th do.	'78	Lahore	...	Lahor.e
28th do.	'73	7	0	0	28th do.	'80	ditto	...	Kasur.
30th July	'73	7	0	0	30th July	'80	ditto	...	Lahore.
3rd May	'73	7	0	0	3rd May	'80	Gujránwála	...	Tang Phora.
3rd do.	'73	7	0	0	3rd do.	'80	ditto	...	Gujránwála.
19th April	'73	6	0	0	19th April	'79	ditto	...	Háfizabad.
19th do.	'73	6	0	0	19th do.	'79	ditto	...	Cháper.
19th do.	'73	6	0	0	19th do.	'79	ditto	...	Natha.
19th do.	'73	6	0	0	19th do.	'79	ditto	...	Háfizabad.
17th June	'72	6	0	0	17th June	'78	ditto	...	Wulleka.
...		5	0	0	...		ditto	...	Mattee.
25th September	'73	7	0	0	25th Sept.	'80	Lahore	...	Dhumáke.
20th January	'74	5	0	0	20th Janry.	'79	ditto	...	Máree.
16th do.	'74	5	0	0	16th do.	'79	Gujránwála	...	Máldai.
6th October	'73	7	0	0	6th Octor.	'80	ditto	...	Maradman.
22nd July	'73	6	6	0	22nd Janry.	'80	ditto	...	Kharián.
26th September	'73	6	6	0	26th March	'80	ditto	...	Jussookai.
11th do.	'73	6	3	0	11th Decr.	'79	ditto	...	Kamerwáli.
13th do.	'74	5	0	0	13th April	'79	Lahore	...	Noopa.
13th do.	'74	5	0	0	13th do.	'79	ditto	...	Gojráh.
20th do.	'74	5	0	0	31st do.	'79	ditto	...	Khuttara.
23nd July	'74	5	0	0	23rd July	'79	ditto	...	Lahore.
6th August	'74	5	0	0	6th Agust.	'79	ditto	...	Jandiála.
18th do.	'74	7	0	0	18th do.	'81	ditto	...	Sermáli.

جرم	قومیت	ولدیت	نام	نمبر رجسٹر	نمبر شمار
۳۸۰	کشمیری	فضلا	لدھا	۵۶۷۷	۳۲۶
۴۵۷	گوجر	محمد بخش	مشیرا	۵۱۹۱	۳۲۷
۴۵۷	جٹ	کاہن سنگھ	اروڑا عرف دسادا	۵۴۲۴	۳۲۸
۴۵۶	کھتری	گوردتا مل	سکھ دیال	۵۵۴۵	۳۲۹
۳۸۰	زمیندار	شہانہ	بستا	۵۸۸۸	۳۳۰
۳۸۰	سید	پیر شاہ	حسین شاہ	۵۸۸۹	۳۳۱
۳۸۰	زمیندار	بُندا	صالح	۵۸۹۱	۳۳۲
۳۷۹	چوہڑا	شادی	بھگلا	۵۸۹۴	۳۳۳
۳۷۹	حجام	امیر	ادلی	۵۸۹۵	۳۳۴
۳۷۹	زمیندار	گل	سوہنی	۵۸۹۶	۳۳۵
۴۱۱	جٹ	گلابا	عطر سنگھ	۵۹۰۰	۳۳۶
۴۵۷	زمیندار	گھنیٹا	زولا	۵۹۰۳	۳۳۷
۴۱۱	جٹ	خزان سنگھ	رن سنگھ	۵۹۴۵	۳۳۸
۳۷۹	کھوکھر	ساون	سوبا	۶۴۷۰	۳۳۹
۴۵۷	تماں	گنجو	بساکھی	۶۰۴۰	۳۴۰
۴۱۱	زمیندار	نوبا	سیدا	۶۶۴۳	۳۴۱
۳۷۹	ایضاً	رام سنگھ	باگا سنگھ	۶۶۴۳	۳۴۲
۳۷۹	ایضاً	نائل	سہابل	۶۶۴۴	۳۴۳
۴۵۶	ایضاً	بارال	جیونا	۶۶۴۶	۳۴۴
۴۱۱	ایضاً	نانک	غمری	۶۸۰۵	۳۴۵
۴۵۷	کھتری	کھنا	بیلی	۶۰۲۲	۳۴۶
۴۵۶		سفا سنگھ	بدن سنگھ	۶۸۲۵	۳۴۷
۴۵۷	جوگی	پیر بخش	ہولا	۷۲۰۳	۳۴۸
۳۸۰	افغان	شیر خان	نتھو	۷۲۵۶	۳۴۹
۴۵۶	بیلدار	نکم	وسنا	۷۲ ۳	۳۵۰

سکونت		تاریخ رہائی	میعاد			تاریخ قید
دیہہ	ضلع		یوم	ماہ	سال	
رنگال [illegible]	گوجرانوالہ	۳۰ر جون سنہ ۱۸۶۸ء	۰	۰	ص	۳۰ر جون سنہ ۱۸۷۳ء
لاہور	لاہور	۱۶ر جون سنہ ۱۸۶۸ء	۰	۰	ے	۱۶ر جون سنہ ۱۸۷۳ء
قصور	ایضاً	۲۸ر جون سنہ ۱۸۶۸ء	۰	۰	عہ	۲۸ر جون سنہ ۱۸۷۳ء
لاہور	ایضاً	۳۰ر جولائی سنہ ۱۸۶۸ء	۰	۰	عہ	۳۰ر جولائی سنہ ۱۸۷۳ء
[illegible] سوڈرا	گوجرانوالہ	۳۰ر مئی سنہ ۱۸۶۸ء	۰	۰	عہ	۳۰ر مئی سنہ ۱۸۷۳ء
گوجرانوالہ	ایضاً	ایضاً	۰	۰	عہ	ایضاً
حافظ آباد	ایضاً	۱۹ر اپریل سنہ ۱۸۶۹ء	۰	۰	ے	۱۹ر اپریل سنہ ۱۸۷۳ء
[illegible]	ایضاً	ایضاً	۰	۰	ے	ایضاً
تتہا	ایضاً	ایضاً	۰	۰	ے	ایضاً
حافظ آباد	ایضاً	ایضاً	۰	۰	ے	ایضاً
ولی کا	ایضاً	۱۷ر جون سنہ ۱۸۶۹ء	۰	۰	ے	۱۷ر جون سنہ ۱۸۷۳ء
[illegible]	ایضاً		۰	۰	ص	
دہماکی	لاہور	۲۵ر ستمبر سنہ ۱۸۶۸ء	۰	۰	عہ	۲۵ر ستمبر سنہ ۱۸۷۳ء
[illegible]	ایضاً	۲۰ر جنوری سنہ ۱۸۶۹ء	۰	۰	ص	۲۰ر جنوری سنہ ۱۸۷۳ء
ال ولتی	گوجرانوالہ	۱۶ر جنوری سنہ ۱۸۶۹ء	۰	۰	ص	۱۶ر جنوری سنہ ۱۸۷۳ء
ہرد مان	ایضاً	۲ر اکتوبر سنہ ۱۸۶۸ء	۰	۰	عہ	۲ر اکتوبر سنہ ۱۸۷۳ء
کھاریاں	ایضاً	۲۲ر جنوری سنہ ۱۸۶۸ء	۰	۶	ے	۲۲ر جولائی سنہ ۱۸۷۳ء
جسوکی	ایضاً	۲۶ر مارچ سنہ ۱۸۶۸ء	۰	۶	ے	۲۶ر ستمبر سنہ ۱۸۷۳ء
نمبر والی	ایضاً	۱۱ر دسمبر سنہ ۱۸۶۹ء	۰	۳	ے	۱۱ر ستمبر سنہ ۱۸۷۳ء
توبا	لاہور	۱۳ر ستمبر سنہ ۱۸۶۹ء	۰	۰	ص	۱۳ر ستمبر سنہ ۱۸۷۳ء
[illegible]	ایضاً	ایضاً	۰	۰	ص	ایضاً
[illegible]	ایضاً	۲۰ر ستمبر سنہ ۱۸۶۹ء	۰	۰	ص	۲۰ر ستمبر سنہ ۱۸۷۳ء
لاہور	ایضاً	۳۰ر جولائی سنہ ۱۸۶۹ء	۰	۰	ص	۳۰ر جولائی سنہ ۱۸۷۳ء
جنڈیالہ	ایضاً	۶ر اگست سنہ ۱۸۶۹ء	۰	۰	ص	۶ر اگست سنہ ۱۸۷۳ء
[illegible]	ایضاً	۱۸ر اگست سنہ ۱۸۶۸ء	۰	۰	عہ	۱۸ر اگست سنہ ۱۸۷۳ء

List of Dacoos

Number.	Register Number.	Name.	Father's Name.	Caste.	Crime.
				ROBB	ERS OF
351	7284	Alláhyár, *alias* Yároo	Tooraiz ...	Baildár	457 I. P. C.
352	7690	Amir Shah ...	Roostam Ali Shah	Syad ...	457 „
353	...	Chákree ...	Bhána ...	Chhoora ..	457 „
354	7904	Bakhta ...	Námdár ...	Zamíndár ...	379 „
355	7909	Mookh Rám ...	Hernám ...	Brahmin ...	380 „
356	7958	Sohni ...	Bágar ...	Zamíndár ...	379 „
357	8174	Hyát ...	Alláh Yár ...	Taili ...	457 „
358	8239	Nawáb ...	Mábi ...	Beloch ...	379 „
359	8240	Sárang ...	Masnee ...	Ját ...	411 „
360	8241	Sohna ...	Shera ...	do. ...	411 „
361	8242	Kimoon ...	Khair ...	do. ...	411 „
362	8274	Chandoo ...	Peera ...	Aráin ...	411 „
363	8331	Mangal Singh ...	Boodh Singh ...	Ját ...	456 „
364	8333	Kálu ..	Mohomda ...	Zamindár ...	457 „
365	8970	Aroora ...	Wazeer ...	Sánsí ...	380 „
366	8971	Wussan ...	Noopa ...	do. ...	380 „
367	8972	Miàn Singh ..	Madad Singh ...	Ját ...	411 „
368	8973	Kálu ...	Azeem ...	Zamíndár ...	411 „
369	9028	Kaisar Singh ...	Màn Singh ...	Arora ...	457 „
370	9029	Naráin Das ...	Chaila Ramjee Dass	Fakír ...	379 „
371	9456	Yusaff ...	Ján Mohomed ...	Cashmíri ...	380 „
372	9464	Aroor Singh ...	Dewa Singh ...	Báweria ...	380 „
373	9724	Gamoon ...	Bodul ...	Sonár ...	457 „
374	9465	Goláb ...	Jhandoo ...	Báweria ...	380 „
375	9745	Boota ...	Ránjah ...	Khoja ...	379 „
376	9813	Míràn Baksh ...	Bhág ...	Ját ...	457 „

and Robbers—(continued).

Date of Imprisonment.	Term. Years.	Months.	Days.	Date of release.	Residence of District.	Village.
LAHORE.—continued.						
20th August '74	7	0	0	20th August '82	Lahore ...	Aree.
8th May '74	5	0	0	8th May '79	Ferozepore ...	Manjkai.
5th September '74	4	0	0	5th Sept. '78	Lahore ...	Reemon.
7th November '74	4	0	0	7th Novr. '78	Gujránwála ...	Chámah.
9th January '75	4	0	0	9th Jany. '79	Lahore ...	Lukni Kuger.
4th November '74	6	0	0	4th Novr. ,80	Gujránwála ...	Jalab Bána.
5th April '75	6	0	0	5th April '81	Lahore ...	Madawalee.
15th December '74	6	6	0	15th June '81	Gujránwála ...	Khiáliwála.
15th January '75	5	0	0	15th Jany. '80	Ditto ...	Khartak.
14th July '75	5	0	0	14th July '80	Ditto ...	Ditto.
30th do. '75	5	0	0	30th do. '80	Ditto ...	Kalarwála,
27th April '75	6	0	0	27th April '81	Lahore ...	Lahore.
17th February '75	4	0	0	17th Feby. '79	Ferozepore ...	Ferozepore.
30th June '74	4	0	0	30th June '78	Ditto ...	Nuddee
13th July '75	4	0	0	13th July '79	Gujránwála ...	Gujránwála.
9th September '75	7	0	0	9th Sept '82	Ditto ...	Ditto.
17th August '75	5	0	0	17th August '80	Ditto ...	Háfizabad.
...	6	0	0	...	Ditto ...	Mánkai.
23rd September '77	5	0	0	23rd Sept. '82	Ferozepore ...	Ferozepore
18th June '75	3	0	0	18th June '78	Ditto ...	Bhera.
7th March '76	5	0	0	7th March '81	Lahore ...	Lahore.
5th February '76	3	1	0	5th ditto '79	do. ...	Jáman.
2nd May '75	7	9	0	2nd Oct. '82	do. ...	Mángla.
25th February '76	4	0	0	25th Feby. '80	do. ...	Jáman.
3rd May '76	8	0	0	3rd May '84	do. ...	Mangla.
1st June '76	7	0	0	1st June '83	do. ...	Kasur.

جرم	قومیت	ولدیت	نام	نمبر رجسٹر	نمبر شمار
۴۵۷	بیلدار	نوریز	اللہ یار عرف یارو	۷۲۹۴	۳۵۱
۴۵۷	سید	رستم علی شاہ	وحید شاہ	۷۲۹۰	۳۵۲
۴۵۷	چوہڑا	بھانا	جاکری		۳۵۳
۳۷۹	زمیندار	اسرار	سنجانا	۷۹۰۴	۳۵۴
۳۸۰	برہمن	برنام	سکھدرام	۷۹۰۹	۳۵۵
۳۷۹	زمیندار	باگھر	سوہنی	۷۹۵۸	۳۵۶
۴۰۲	تیلی	اللہ یار	عنایت	۸۱۷۴	۳۵۷
۳۷۹	بلوچ	ماہی	نواب	۸۲۳۹	۳۵۸
۱۱۴	جٹ	مسنی	سانگا	۸۲۴۰	۳۵۹
۱۱۴	ایضاً	میشیرا	سوہنا	۸۲۴۱	۳۶۰
۱۱۴	ایضاً	خیر	گیموان	۸۳۳۲	۳۶۱
۱۱۴	آرائیں	پیرا	جیندو	۸۳۷۴	۳۶۲
۴۵۷	جٹ	بدھ سنگھ	منگل سنگھ	۸۳۳۱	۳۶۳
۴۵۷	زمیندار	محمدا	کلو	۸۳۳۴	۳۶۴
۳۸۰	سانسی	فرندہ	ارجنا	۸۹۴۰	۳۶۵
۳۸۰	ایضاً	نوابا	حسن	۸۹۴۱	۳۶۶
۱۱۴	جٹ	ہری سنگھ	میاں سنگھ	۸۹۴۲	۳۶۷
۱۱۴	زمیندار	عظیم	کالو	۸۹۷۳	۳۶۸
۴۵۷	اردوڑہ	مان سنگھ	کیسر سنگھ	۹۰۲۸	۳۶۹
۳۷۹	فقیر	رام چند داس	نرائن داس	۹۰۲۹	۳۷۰
۳۸۰	کشمیری	جان محمد	یوسف	۹۲۵۷	۳۷۱
۳۸۰	پوربیہ	دیوا سنگھ	ارور سنگھ	۹۲۷۳	۳۷۲
۴۵۷	زرگر	بودل	گلاحون	۹۶۲۱	۳۷۳
۳۸۰	پوربیہ	جھنڈو	گلاب	۹۶۶۵	۳۷۴
۳۷۹	خوجہ	رانجھو	بوٹا	۹۶۴۸	۳۷۵
۴۵۷	جٹ	اباگی	میراں بخش	۹۸۱۴	۳۷۶

سکونت		تاریخ رہائی	میعاد			تاریخ قید
دیہہ	ضلع		یوم	ماہ	سال	
آریی	لاہور	۳۰ر اگست ۱۸۸۱ء	۰	۰	[illegible]	۳۰ر اگست ۱۸۷۳ء
بابنگلی	فیروزپور	۹ر مئی ۱۸۷۹ء	۰	۰	[illegible]	۹ر مئی ۱۸۷۳ء
بہت	لاہور	۵ر ستمبر ۱۸۷۹ء	۰	۰	[illegible]	۵ر ستمبر ۱۸۷۳ء
حاما	گوجرانوالہ	۷ر نومبر ۱۸۷۸ء	۰	۰	[illegible]	۷ر نومبر ۱۸۷۳ء
سیالکوٹ کھنگر	لاہور	۹ر جنوری ۱۸۷۹ء	۰	۰	[illegible]	۹ر جنوری ۱۸۷۴ء
جلالانہ	گوجرانوالہ	۳ر نومبر ۱۸۸۰ء	۰	۰	[illegible]	۳ر نومبر ۱۸۷۳ء
نادروالی	لاہور	۵ر اپریل ۱۸۸۱ء	۰	۰	[illegible]	۵ر اپریل ۱۸۷۵ء
خیالی والا	گوجرانوالہ	۱۵ر جون ۱۸۸۱ء	۰	۶	[illegible]	۱۵ر دسمبر ۱۸۷۴ء
[illegible]	ایضاً	۱۵ر جنوری ۱۸۸۰ء	۰	۰	[illegible]	۱۵ر جنوری ۱۸۷۵ء
ایضاً	ایضاً	۱۳ر جولائی ۱۸۸۰ء	۰	۰	[illegible]	۱۳ر جولائی ۱۸۷۵ء
اکبروالا	ایضاً	۳۰ر جولائی ۱۸۸۰ء	۰	۰	[illegible]	۳۰ر جولائی ۱۸۷۵ء
لاہور	لاہور	۲۷ر اپریل ۱۸۸۱ء	۰	۰	[illegible]	۲۷ر اپریل ۱۸۷۵ء
فیروزپور	فیروزپور	۱۷ر فروری ۱۸۷۹ء	۰	۰	[illegible]	۱۷ر فروری ۱۸۷۵ء
ندی	ایضاً	۳۰ر جون ۱۸۷۹ء	۰	۰	[illegible]	۳۰ر جون ۱۸۷۴ء
گوجرانوالہ	گوجرانوالہ	۱۳ر جولائی ۱۸۷۹ء	۰	۰	[illegible]	۱۳ر جولائی ۱۸۷۵ء
ایضاً	ایضاً	۹ر ستمبر ۱۸۸۲ء	۰	۰	[illegible]	۹ر ستمبر ۱۸۷۵ء
حافظ آباد	ایضاً	۱۷ر اگست ۱۸۸۰ء	۰	۰	[illegible]	۱۷ر اگست ۱۸۷۵ء
بانکی	ایضاً		۰	۰	[illegible]	
فیروزپور	فیروزپور	۳ر ستمبر ۱۸۸۲ء	۰	۰	[illegible]	۳ر ستمبر ۱۸
[illegible]	ایضاً	۱۰ر جون ۱۸۸۱ء	۰	۰	[illegible]	۱۰ر جون ۱۸۷۵ء
لاہور	لاہور	۶ر مارچ ۱۸۸۱ء	۰	۰	[illegible]	۶ر مارچ ۱۸۷۶ء
[illegible]	ایضاً	۵ر مارچ ۱۸۸۱ء	۰	۱	[illegible]	۵ر فروری ۱۸۷۶ء
[illegible]	ایضاً	۲ر اکتوبر ۱۸۸۲ء	۰	۹	[illegible]	۲ر مئی ۱۸۷۵ء
[illegible]	ایضاً	۵ر فروری ۱۸۸۰ء	۰	۰	[illegible]	۲۵ر فروری ۱۸۷۶ء
بانگلا	ایضاً	۳ر مئی ۱۸۸۱ء	۰	۰	[illegible]	۳ر مئی ۱۸۷۶ء
[illegible]	ایضاً	۲۴ر جون ۱۸۸۲ء	۰	۰	[illegible]	۲۴ر جون ۱۸۷۶ء

Number.	Register Number.	Name.	Father's Name.	Caste.	Crime.
				ROBBERS OF	
377	24	Ameer Baksh ...	Nának ...	Máhtam ...	379 I.P.C.
378	177	Sookhu ...	Kishan ...	Sonár ...	457 „
379	454	Kásam ...	Hakam ...	Musulman ...	379 „
380	1180	Lukhu ...	Mamon ...	Zamíndár ...	379 „
381	1181	Jawáher ...	Ganga ...	Máchee ...	457 „
382	1197	Mukhan Singh ...	Bhagela ...	Ját ...	457 „
383	1198	Boota ...	Shádee ...	Tailee ...	379 „
384	1303	Amíra ...	Rehmán ...	Cashmíri ...	454 „
385	1304	Dád ...	Náder Khan ...	do.	454 „
386	1443	Khoda Baksh ...	Ameer Singh ...	Now Mooslum ..	379 „
387	1444	Oottam Singh ...	Ameer Singh ...	Ját ...	379 „
388	1570	Hajoon ...	Sooma ..	Musulman ...	380 „
389	1571	Amíra ...	Fázil ...	Cashmíri ...	379 „
390	1572	Perànditta ...	Jungee Khan ...	do.	379 „
391	1575	Iláhia ...	Bunna ...	Carpenter ...	457 „
392	1576	Deena ...	Javinda ...	Chhoora ...	458 „
393	1577	Moolláini ...	Utra ...	do.	379 „
394	1595	Kádoo ...	Hyát ...	Cashmíri ...	457 „
395	1596	Ditta ...	Sháma ...	Chhoora ...	457 „
396	1616	Kummoon ...	Kála ...	Khatrí ...	457 „
397	1617	Boogáh ...	Khazána ...	Chhoora ...	457 „
398	1618	Hokam Singh ...	Rám Singh ...	Ját ...	379 „
399	1619	Láloo ...	Baisákha Sing ...	do.	379 „
400	1620	Boota ...	Eashur Singh ...	do.	379 „
401	1621	Foujoo ...	Eashu Singh ...	do.	379 „

and Robbers—continued.

Date of Imprisonment.	Term. Years.	Months.	Days.	Date of release.	Residence of District.	Village.
LAHORE.—concluded.						
11th August '76	5	9	0	11th May '81	Lahore. ...	Balerkee
6th October '76	6	0	0	6th Oct. '82	do. ...	Lahore.
28th August '76	6	0	0	28th August '82	do. ...	Jhang.
21st September '77	4	0	0	21st Sept. '81	Gujránwála.	Noora.
19th September '77	6	0	0	19th Septr. '83	Gujránwála ...	Gujránwála.
30th August '77	4	0	0	30th August '81	Lahore ...	Bukka.
6th ditto '77	4	0	0	6th ditto '81	ditto ...	Bukka
18th June '77	6	0	0	18th June '83	ditto ...	Lahore.
18th ditto 77	6	0	0	18th ditto '83	ditto ...	ditto.
10th May '77	5	0	0	10th May ,82	ditto ...	Wanderer.
23rd January '77	7	0	0	23rd Jany. '84	ditto ...	Manara.
16th July '77	5	0	0	16th July '82	Lahore ...	Lahore.
6th August '77	5	0	0	6th August '82	ditto ...	ditto.
30th ditto '77	6	0	0	30th ditto '83	ditto ...	ditto.
19th September '77	5	0	0	19th Septr. '82	ditto. ...	ditto.
25th ditto '77	5	6	0	25th March '83	ditto. ...	ditto.
8th October '77	5	0	0	8th Octr. '82	ditto. ...	ditto.
21st January '78	6	0	0	21st Jany. '84	Gujránwála. ...	Gujránwála.
22nd ditto '72	6	0	0	22nd ditto '78	ditto. ...	Futtoo Nuttoo.
12th March '83	5	0	0	12th March '83	Lahore ...	Lahore.
21st November '77	5	0	0	21st Novr. '82	ditto ...	ditto.
7th January '78	4	0	0	7th Jany. '82	ditto. ...	ditto.
7th ditto '78	4	0	0	7th ditto '82	ditto.	Bhágowála.
7th dito '78	4	0	0	7th ditto '82	ditto.	Melah.
7th ditto '78	4	0	0	7th ditto '82	ditto.	ditto.

جرم	قومیت	ولدیت	نام	نمبر رجسٹر	نمبر شمار
۳۷۹	چوہڑا	نانک	امیر بخش	۲۴	۳۷۷
۴۵۷	سونار	کشن	سنگھو	۱۹۰	۳۷۸
۳۷۹	مسلمان	حاکم	قاسم	۳۵۴	۳۷۹
۳۷۹	زمیندار	ناموں	نکھو	۱۱۹۰	۳۸۰
۴۵۷	ماچھی	گنگا	جواہر	۱۱۹۱	۳۸۱
۴۵۷	جاٹ	بہگیلا	لچھمن سنگھ	۱۱۹۷	۳۸۲
۳۷۹	تیلی	شادی	بوٹا	۱۱۹۹	۳۸۳
۴۵۷	کشمیری	رحما	امیرا	۱۳۰۳	۳۸۴
۴۵۲	ارائیں	نادر خان	داؤد	۱۳۰۴	۳۸۵
۳۷۹	نو مسلم	امیر سنگھ	خدا بخش	۱۲۰۳	۳۸۶
۳۷۹	جٹ	زمیر سنگھ	اوتم سنگھ	۱۲۴۴	۳۸۷
۳۸۰	مسلمان	[illegible]	ناتھون	۱۰۶۰	۳۸۸
۳۷۹	کشمیری	فضل	امیرا	۱۰۶۱	۳۸۹
۳۷۹	الفتہ	جنگی خان	پیر اندتا	۱۰۶۲	۳۹۰
۴۵۷	ترکھان	بتا	الہیا	۱۰۶۵	۳۹۱
۴۵۸	چوہڑا	جوندا	دیتا	۱۰۶۶	۳۹۲
۳۷۹	الفتہ	عطرا	غلام	۱۰۶۷	۳۹۳
۴۵۷	کشمیری	حیات	قادو	۱۰۹۵	۳۹۴
۴۵۷	چوہڑا	شاہان	دتا	۱۰۹۶	۳۹۵
۴۵۷	کھتری	کالا	کموں	۱۲۱۶	۳۹۶
۴۵۷	سوہڑا	خزانا	بگا	۱۲۱۷	۳۹۷
۳۷۹	جاٹ	بیر سنگھ	حاکم سنگھ	۱۲۱۸	۳۹۸
۳۷۹	الفتہ	بساکھا سنگھ	لالا	۱۲۱۹	۳۹۹
۳۷۹	الفتہ	ایشر سنگھ	بوٹا	۱۲۲۰	۴۰۰
۳۷۹	الفتہ	الفتہ	نوجو	۱۲۰۱	۴۰۱

سکونت — دیہہ	سکونت — ضلع	تاریخ رہائی	میعاد — یوم	میعاد — ماہ	میعاد — سال	تاریخ قید
بھوکرکا	لاہور	۱۱ر مئی ۱۸۸۱ء	۰	۹	ص	۱۱ر اگست ۱۸۷۵ء
لاہور	ایضاً	۶ر اکتوبر ۱۸۸۲ء	۰	۰	[illegible]	۶ر اکتوبر ۱۸۷۶ء
جھنگ	ایضاً	۲۸ر اگست ۱۸۸۲ء	۰	۰	[illegible]	۲۸ر اگست ۱۸۷۶ء
نوشہرہ	گوجرانوالہ	۲۱ر ستمبر ۱۸۸۱ء	۰	۰	[illegible]	۲۱ر ستمبر ۱۸۷۷ء
گوجرانوالہ	ایضاً	۱۹ر ستمبر ۱۸۸۱ء	۰	۰	ے	۱۹ر ستمبر ۱۸۷۷ء
گنگا	لاہور	۳۰ر اگست ۱۸۸۱ء	۰	۰	[illegible]	۳۰ر اگست ۱۸۷۷ء
بھیکا	ایضاً	۶ر اگست ۱۸۸۱ء	۰	۰	[illegible]	۶ر اگست ۱۸۷۷ء
لاہور	ایضاً	۱۸ر جولائی ۱۸۸۱ء	۰	۰	ے	۱۸ر جولائی ۱۸۷۷ء
ایضاً	ایضاً	۱۸ر جون ۱۸۸۱ء	۰	۰	ے	۱۸ر جون ۱۸۷۷ء
[illegible]	ایضاً	۱۰ر مئی ۱۸۸۲ء	۰	۰	ص	۱۰ر مئی ۱۸۷۷ء
[illegible]	ایضاً	۲۴ر جنوری ۱۸۸۱ء	۰	۰	[illegible]	۲۴ر جنوری ۱۸۷۷ء
لاہور	لاہور	۱۲ر جولائی ۱۸۸۲ء	۰	۰	ص	۱۲ر جولائی ۱۸۷۷ء
ایضاً	ایضاً	۶ر اگست ۱۸۸۲ء	۰	۰	ص	۶ر اگست ۱۸۷۷ء
ایضاً	ایضاً	۳۰ر اگست ۱۸۸۱ء	۰	۰	ے	۳۰ر اگست ۱۸۷۷ء
ایضاً	ایضاً	۱۹ر ستمبر ۱۸۸۲ء	۰	۰	ص	۱۹ر ستمبر ۱۸۷۷ء
ایضاً	ایضاً	۲۵ر مارچ ۱۸۸۳ء	۰	۶	ص	۲۵ر ایضاً
ایضاً	ایضاً	۸ر اکتوبر ۱۸۸۲ء	۰	۰	ص	۸ر اکتوبر ۱۸۷۷ء
گوجرانوالہ	گوجرانوالہ	۱۲ر جنوری ۱۸۸۱ء	۰	۰	ے	۱۲ر جنوری ۱۸۷۸ء
[illegible]	ایضاً	۲۳ر اگست ۱۸۸۱ء	۰	۶	ے	۲۳ر ایضاً
لاہور	لاہور	۱۲ر مارچ ۱۸۸۳ء	۰	۰	ص	۱۲ر مارچ ۱۸۷۸ء
لاہور	ایضاً	۱۲ر نومبر ۱۸۸۲ء	۰	۰	ص	۱۲ر نومبر ۱۸۷۷ء
ایضاً	ایضاً	۷ر جنوری ۱۸۸۲ء	۰	۰	[illegible]	۷ر جنوری ۱۸۷۸ء
سیالکوٹ	ایضاً	ایضاً	۰	۰	[illegible]	ایضاً
سیالا	ایضاً	ایضاً	۰	۰	[illegible]	ایضاً
ایضاً	ایضاً	ایضاً	۰	۰	[illegible]	ایضاً

List of Dacoits

Number.	Register Number.	Name.	Father's Name.	Caste.	Crime.
				RAWAL	PINDI
402	1554	Jalal Deen ...	Deena ...	Musulman ...	395 I. P.C.
403	1555	Paiyain ...	Umir Khan ...	ditto	392 „
				RO	BBERS
404	217	Karm Deen ...	Fazla ...	Mosullee ...	457 „
405	3113	Wullee ...	Baksh ...	Merásee ...	457,459
406	4705	Hussan ...	Shair ...	Zamíndár ...	380 „
407	4706	Násree ...	Lotuff ...	do. ...	380 „
408	4724	Dádoo ...	Gouher ...	Gondul ...	457 „
409	5276	Nawab ...	Shair Singh ...	Zamíndár ...	379 „
410	5342	Kermoó ...	Mehram ...	Goldsmith ...	379 „
411	5926	Narain Dass ...	Baisákhee ...	Brahmin ...	384 „
412	6400	Joomla Shah ...	Hossain Shah ...	Syad ...	457 „
413	6401	Jooma ...	Alláh yár ...	Cashmiri ...	457 „
414	6624	Julloo ...	Boota ...	Gondal ...	379 „
415	6625	Nánoo ...	Mosum ...	ditto ...	379 „
416	6626	Oomree ...	Bakhta ...	Ját ...	411 „
417	6631	Peera ...	Jawáya ...	Mochee ...	457 „
418	6632	Saida ...	Sahib Khan ...	Goojer ...	411 „
419	6633	Lukhoo ...	Faiza ...	Mosullee ...	411 „
420	6634	Kootba ...	Karm Baksh ...	Zamíndár ...	379 „
421	6635	Futta ...	Fazal Shah ...	Fakeer ...	457 „
422	6636	Jhunda ...	Máhia ...	Chhoora ...	457 „
423	6637	Morádee ...	Ahmoon ...	do. ...	458 „
424	6638	Chanda ...	Tára ...	do. ...	458 „

and Robbers—continued.

Date of Imprisonment.	Term. Years.	Months.	Days.	Date of release.	Residence of District.	Village.
DISTRICT						
...	For life			...	Rawalpindi.	Foreign Territory
...	7	0	0	...	ditto.	ditto.
29th October '70	12	0	0	29th Oct. '82	Jhelum,	Kála.
24th November '71	9	6	0	24th May '80	ditto.	Chakwál,
4th January '73	6	6	0	4th July '79	Shahpur.	Chader.
6th January '73	6	6	0	6th July '80	Shahpur ...	Jehona.
11th February '74	7	6	0	11th August '80	Gujrat ...	Jammoon.
3rd January '73	5	0	0	3rd Jany. '78	Do. ...	Gujrat.
11th March '73	5	6	0	11th Septr. 78	Shahpur ...	Oodmon'
3rd do. '73	10	0	0	3rd March '13	Jhelum ...	Pind D. Khan.
28th July '75	3	0	0	28th July '78	Gujrat ...	Nekhalee.
2nd August '73	5	0	0	2nd August '78	do. ...	Jalálpur.
1st November '73	6	0	0	1st Novr. '79	do. ...	Hondowal.
1st ditto '73	6	0	0	1st do. '79	do. ...	ditto.
28th October '73	6	0	0	28th Octr. '79	do. ...	Chuk Deena.
30th August '73	5	6	0	29th Feby. '79	do. ...	Roggal.
25th October '73	6	3	0	25th Jany. '80	do. ...	Topah.
17th November '73	6	6	0	17th May '80	do. ...	Meloo.
17th ditto '73	6	6	0	17th do. '80	do. ...	do.
12th ditto '74	6	[illegible]	0	12th Novr. '80	do. ...	Mutton Wallee.
...	4	[illegible]	0	...	do. ...	Nahera.
16th January '74	5	0	0	16th Jany. '79	do. ...	Chuk Futta.
16th do. '74	5	0	0	16th do. '79	do. ...	Dublee.

جرم	قومیت	ولدیت	نام	نمبر رجسٹر	نمبر شمار
راولپنڈی					
۳۹۵	مسلمان	دینا	جلال الدین	۱۵۵۴	۴۰۲
۳۹۲	ایضاً	امیر خان	پایان	۱۵۵۵	۴۰۳
جہلم					
۴۵۷	سعدن	فضلا	کرم دین	۲۱۷	۴۰۴
۴۵۷-۴۵۸-۳۸۰	میراسی	بخش	ولی	۳۱۱۳	۴۰۵
۳۸۰	زمیندار	شاعر	حسن	۴۶۰۵	۴۰۶
۳۸۰	ایضاً	لطف	ناصری	۴۷۰۶	۴۰۷
۴۵۷	گوندل	گوہر	دادو	۴۷۲۴	۴۰۸
۳۷۹	زمیندار	ستیر سنگھ	نواب	۵۲۷۰	۴۰۹
۳۷۹	سنار	منی رام	کرمون	۵۳۴۲	۴۱۰
۳۸۴	برہمن	بساکھی	نرائن داس	۵۹۴۶	۴۱۱
۴۵۷	سید	حسین شاہ	جملہ شاہ	۶۶۰۰	۴۱۲
۴۵۷	کشمیری	الہ دیار	جمعہ	۶۶۰۱	۴۱۳
۳۷۹	گوندل	بوٹا	جلو	۶۶۲۴	۴۱۴
۳۷۹	ایضاً	موسم	تانو	۶۶۲۵	۴۱۵
۴۱۱	جنسی	بختا	عمری	۶۶۲۶	۴۱۶
۴۵۷	موچی	جواثا	میرا	۶۶۳۱	۴۱۷
۴۱۱	گوجر	صاحب خان	سیدا	۶۶۳۲	۴۱۸
۴۱۱	مصلی	فیضا	کمو	۶۶۳۳	۴۱۹
۳۷۹	زمیندار	کرم بخش	قطبا	۶۶۳۴	۴۲۰
۴۵۷	فقیر	فضل شاہ	فتا	۶۶۳۵	۴۲۱
۴۵۷	جہنڈا	ابیا	جہنڈا	۶۶۳۶	۴۲۲
۴۵۸	ایضاً	اخمون	مرادی	۶۶۳۷	۴۲۳
۴۵۸	ایضاً	تارا	جہنڈا	۶۶۳۸	۴۲۴

قسمت

سکونت		تاریخ رہائی	میعاد			تاریخ
دیہہ	ضلع		یوم	ماہ	سال	
علاقہ غیر	راولپنڈی		۰	۰	عمر قید	
ایضاً	ایضاً		۰	۰	عہ	
کالا	جہلم	۲۹ر اگست سنہ ۱۸۸۲ء	۰	۰	ــعہ	۲۹ر اگست سنہ ۱۸۷۰ء
چکوال	ایضاً	۲۴ر مئی سنہ ۱۸۸۱ء	۰	۶	لعہ	۲۴ر نومبر سنہ ۱۸۷۱ء
چاود	شاہپور	۴ر جولائی سنہ ۱۸۷۹ء	۰	۶	ے	۴ر جنوری سنہ ۱۸۷۳ء
جھونا	ایضاً	۶ر جولائی سنہ ۱۸۷۹ء	۰	۶	ے	۶ر جنوری سنہ ۱۸۷۳ء
گجرات	گجرات	۱۱ر اگست سنہ ۱۸۸۱ء	۰	۶	بعہ	۱۱ر فروری سنہ ۱۸۷۳ء
گجرات	ایضاً	۳۰ر جنوری سنہ ۱۸۷۸ء	۰	۰	صہ	۳۰ر جنوری سنہ ۱۸۷۳ء
اودمان	شاہپور	۱۱ر ستمبر سنہ ۱۸۷۸ء	۰	۶	صہ	۱۱ر مارچ سنہ ۱۸۷۳ء
پنڈ دادنخان	جہلم	۳۰ر مارچ سنہ ۱۸۸۳ء	۰	۰	ــعہ	۳۰ر مارچ سنہ ۱۸۷۳ء
کنہالی	گجرات	۲۹ر جولائی سنہ ۱۸۸۰ء	۰	۰	صہ	۲۹ر جولائی سنہ ۱۸۷۵ء
جلال پور	ایضاً	۲ر اگست سنہ ۱۸۷۸ء	۰	۰	صہ	۲ر اگست سنہ ۱۸۷۳ء
پنڈووال	ایضاً	یکم نومبر سنہ ۱۸۷۹ء	۰	۰	ے	یکم نومبر سنہ ۱۸۷۳ء
ایضاً	ایضاً	ایضاً	۰	۰	ے	ایضاً
جگدینا	ایضاً	۲۸ر اکتوبر سنہ ۱۸۷۹ء	۰	۰	ے	۲۸ر اکتوبر سنہ ۱۸۷۳ء
بگووال	ایضاً	۳۰ر فروری سنہ ۱۸۷۹ء	۰	۶	صہ	۳۰ر اگست سنہ ۱۸۷۳ء
بوتہ	ایضاً	۲۵ر جنوری سنہ ۱۸۸۰ء	۰	۳	ے	۲۵ر اکتوبر سنہ ۱۸۷۳ء
ملو	ایضاً	۱۷ر مئی سنہ ۱۸۸۰ء	۰	۶	ے	۱۷ر نومبر سنہ ۱۸۷۳ء
ایضاً	ایضاً	ایضاً	۰	۶	ســلے	ایضاً
سن والی	ایضاً	۱۳ر نومبر سنہ ۱۸۸۰ء	۰	۰	ے	۱۳ر نومبر سنہ ۱۸۷۳ء
نندسرا	ایضاً		۰	۰	للعہ	
ملکنت فتا	ایضاً	۱۶ر جنوری سنہ ۱۸۸۴ء	۰	۰	صہ	۱۶ر جنوری سنہ ۱۸۷۴ء
ڈنڈہ	ایضاً	ایضاً	۰	۰	صہ	ایضاً

Number.	Register Number.	Name.	Father's Name.	Caste.	Crime.
				ROBBERS OF	RAWAL
425	7037	Keema ...	Ghaina ...	Chhoora ...	457 I.P.C.
426	7477	Hamidulla ...	Meer Ahmed ...	Weaver ...	459 „
427	7498	Dhanna ...	Wadháva ...	Khatree ...	457 „
428	7499	Sahbu ...	Mámu ...	Kori ...	379 „
429	7500	Mahandu ...	Fazal ...	Cashmiri ...	457 „
430	7501	Moulu ...	Bolanda ...	Ját ...	457 „
431	7502	Sher Shah ...	Hákam Shah ...	Syad ...	457 „
432	7504	Dittu ...	Jumma ...	Barber ...	457 „
433	7505	Wazír singh ...	Sant Singh ...	Arora ...	380 „
434	7506	Boota ...	Shahzáda ...	Bhuttee ...	460 „
435	7511	Semáilee ...	Sáhibzáda ...	Ját ...	411 „
436	7514	Sahboo ...	Roda ...	Gondal ...	379 „
437	7515	Shahaboo ...	Sahi ...	Awán ...	411 „
438	7519	Jawáya ...	Sálleh ...	Zamíndár ...	380 „
439	7601	Bagga ...	Alladád ...	Ját ...	379 „
440	7627	Niáz Ali ...	Jawáya ...	ditto ...	382 „
441	7805	Fattu ...	Banna ...	Mosullee ...	411 „
442	7806	Beraham ...	Jíwa ...	Raja ...	379 „
443	7810	Lachman ...	Kanhia ...	Brahmin ...	457 „
444	7812	Kottub ...	Faiz ...	Gondal ...	379 „
445	7813	Jamáloo ...	Chogatta ...	Awán ...	379 „
446	7814	Kanhia ...	Budha ...	Chidder ...	379 „
447	7815	Langar ...	Fattoo ...	Gondal ...	411 „
448	7816	Mawáz ...	Imám Baksh ...	ditto ...	411 „
449	8117	Ahmán ...	Jawáya ...	Aráin ...	379 „
450	8118	Shána ...	Karam Baksh ...	Zamíndár ...	379 „

and Robbers—continued.

Date of Imprisonment.	Term. Years.	Months.	Days.	Date of release.	Residence of District.	Village.
PINDI.—continued.						
16th November '73	8	0	0	16th Novr. '81	Shahpur ...	Meana Hazara.
26th July '73	For Life.			On death.	Rawalpindi ...	Attock.
3rd January '74	6	6	0	3rd July '80	Gujrat ...	Mahrájján.
6th do. '74	6	0	0	6th Jany. '80	do. ...	Gujrat.
26th do. '74	5	0	0	26th do. '79	do. ...	Rasúl.
...	4	0	0	...	do. ...	ditto.
6th February '74	6	0	0	6th Feby. '80	do. ...	Gaghera.
9th do. '74	6	0	0	9th do. '80	do. ...	Mohson.
27th do. '74	10	0	0	27th do. '84	do. ...	Kádirabad.
4th March '74	7	0	0	4th March '81	do. ...	Chuk Buga.
4th April '74	6	0	0	4th April '80	do. ...	Bokun.
6th January '74	6	0	0	6th Jany. '80	do. ...	Gohree.
6th do. '74	6	0	0	6th do. '80	do. ...	Jalálpur.
6th May '74	5	0	0	6th May '79	do. ...	Tabanwála.
7th January '74	6	6	0	7th March '81	Jhelum ...	Jummoo.
24th July '74	5	0	0	24th July '79	ditto ...	Pundoree.
27th February '74	6	0	0	27th Feby. '80	Shahpur ...	Shahpur.
18th April '74	5	0	0	18th April '79	ditto ...	Jhanda.
8th July '74	6	0	0	8th July '80	ditto ...	Ghevor.
27th August '74	4	9	0	27th June '79	ditto ...	Samoon.
16th September '74	5	6	0	16th March '80	ditto ...	Shahpur.
15th do. '74	5	9	0	15th May '80	ditto ...	ditto.
23rd do. '74	5	0	0	23rd Sept. '79	ditto ...	ditto.
26th do. '74	5	0	0	26th do. '79	ditto ...	ditto.
23rd March '74	6	0	0	23rd March '80	Gujrat ...	Manyára.
...	4	0	0	...	ditto ...	Shaheedánwáli.

جرم	قومیت	ولدیت	نام	نمبر رجسٹر	نمبر شمار
۴۵۷	چوہڑا	گگنا	کیما	۷۰۳۷	۴۲۵
۴۵۹	جولاہا	میر احمد	حمید اللہ	۷۴۷۷	۴۲۶
۴۵۷	کھتری	دوہلدا	دیانا	۷۴۹۸	۴۲۷
۳۷۹	گوڑی	ماہو	صاحبو	۷۴۹۹	۴۲۸
۴۵۷	کشمیری	فضل	ہنڈو	۷۵۰۰	۴۲۹
۴۵۷	جٹ	بلندا	مولو	۷۵۰۱	۴۳۰
۴۵۷	سید	حاکم شاہ	شیر شاہ	۷۵۰۲	۴۳۱
۴۵۷	نائی	بمو	دلو	۷۵۰۴	۴۳۲
۳۸۰	اروڑہ	سنت سنگھ	وزیر سنگھ	۷۵۰۵	۴۳۳
۴۶۰	بھٹی	شہزادہ	بوٹا	۷۵۰۶	۴۳۴
۱۱۴	جٹ	صاحبزادہ	سمائلی	۷۵۱۱	۴۳۵
۳۷۹	گوندل	روڈا	صاحبو	۷۵۱۴	۴۳۶
۱۱۴	آوان	شاہی	شہابو	۷۵۱۵	۴۳۷
۳۸۰	زمیندار	صالح	جوایا	۷۵۱۹	۴۳۸
۳۷۹	جٹ	اللہ داد	بگا	۷۶۰۱	۴۳۹
۳۸۲	زمیندار	جوایا	نیاز علی	۷۴۲۷	۴۴۰
۱۱۴	مصلی	بگا	فتو	۷۸۰۵	۴۴۱
۳۷۹	راجا	جیوا	براہیم	۷۸۰۶	۴۴۲
۴۵۷	برہمن	کنہیا	لچھمن	۷۸۱۰	۴۴۳
۳۷۹	گوندل	فیض	قطب	۷۸۱۲	۴۴۴
۳۷۹	آوان	حفیظ	جالو	۷۸۱۳	۴۴۵
۳۷۹	چیمہ	بڈھا	سنتھیا	۷۸۱۴	۴۴۶
۱۱۴	گوندل	فتو	لنگر	۷۸۱۵	۴۴۷
۱۱۴	الفت	امام بخش	سوارو	۷۸۱۶	۴۴۸
۳۷۹	آرائیں	جوالا	احسان	۷۸۱۷	۴۴۹
۳۷۹	زمیندار	کرم بخش	شاہنا	۷۸۱۸	۴۵۰

سکونت		تاریخ رہائی	میعاد			تاریخ قید
دیہہ	ضلع		یوم	ماہ	سال	
میانہ ہزارہ	شاہپور	۲۷ نومبر ۱۸۸۱ء	۰	۰	۸	۲۷ نومبر ۱۸۷۳ء
اٹک	راولپنڈی	۰	۰	۰	عمر قید	۲۷ جولائی ۱۸۷۳ء
مہاراجہ	گجرات	۳۰ جولائی ۱۸۸۰ء	۰	۶	۷	۳۰ جنوری ۱۸۷۳ء
گگوئت	ایضاً	۲۰ جنوری ۱۸۸۰ء	۰	۰	۷	۲۰ جنوری ۱۸۷۳ء
رسول	ایضاً	۲۲ جنوری ۱۸۷۹ء	۰	۰	۶	۲۲ جنوری ۱۸۷۳ء
ایضاً	ایضاً		۰	۰	۱۰	
گوگیرا	ایضاً	۲۰ فروری ۱۸۸۰ء	۰	۰	۷	۲۰ فروری ۱۸۷۳ء
مہمن	ایضاً	۹ فروری ۱۸۸۰ء	۰	۰	۷	۹ فروری ۱۸۷۳ء
قادرآباد	ایضاً	۲۰ فروری ۱۸۸۳ء	۰	۰	۱۰	۲۰ فروری ۱۸۷۳ء
ملک بوگا	ایضاً	۳۰ مارچ ۱۸۸۱ء	۰	۰	۸	۳۰ مارچ ۱۸۷۳ء
کوٹگھن	ایضاً	۳۰ اپریل ۱۸۸۰ء	۰	۰	۷	۳۰ اپریل ۱۸۷۳ء
گوہری	ایضاً	۲۰ جنوری ۱۸۸۰ء	۰	۰	۷	۲۰ جنوری ۱۸۷۳ء
جلال پور	ایضاً	ایضاً	۰	۰	۷	ایضاً
نایان والہ	ایضاً	۲ مئی ۱۸۷۹ء	۰	۰	۶	۲ مئی ۱۸۷۳ء
جہمون	جہلم	۷ مارچ ۱۸۸۱ء	۰	۲	۷	۷ جنوری ۱۸۷۳ء
پنڈوری	ایضاً	۳۰ جولائی ۱۸۷۹ء	۰	۰	۶	۳۰ جولائی ۱۸۷۳ء
نقابود	شاہپور	۲۰ فروری ۱۸۸۰ء	۰	۰	۷	۲۰ فروری ۱۸۷۳ء
جھنڈا	ایضاً	۱۸ اپریل ۱۸۷۹ء	۰	۰	۶	۱۸ اپریل ۱۸۷۳ء
سگنور	ایضاً	۸ جولائی ۱۸۸۰ء	۰	۰	۷	۸ جولائی ۱۸۷۳ء
ستمون	ایضاً	۲۰ جون ۱۸۷۹ء	۰	۹	۱۰	۲۰ اگست ۱۸۷۳ء
شاہپور	ایضاً	۱۶ مارچ ۱۸۸۰ء	۰	۶	۶	۱۶ ستمبر ۱۸۷۳ء
شاہپور	ایضاً	۱۵ مئی ۱۸۸۰ء	۰	۹	۶	۱۵ ستمبر ۱۸۷۳ء
ایضاً	ایضاً	۳۰ ستمبر ۱۸۷۹ء	۰	۰	۶	۳۰ ستمبر ۱۸۷۳ء
ایضاً	ایضاً	۲۲ ستمبر ۱۸۷۹ء	۰	۰	۶	۲۲ ستمبر ۱۸۷۳ء
متارا	گجرات	۳۰ مارچ ۱۸۸۰ء	۰	۰	۷	۳۰ مارچ ۱۸۷۳ء
سید بلوالی	ایضاً		۰	۰	۱۰	

List of Dacoos

Number.	Register Number.	Name.	Father's Name.	Caste.	Crime.
				ROBBERS OF	RAWAL.
451	8119	Mouloo ...	Khasa ...	Zamíndár ...	379 I. P. C.
452	8125	Samanda ...	Mohomed Yár ...	Awán ...	411 "
453	8134	Fakeeria ...	Ditta ...	ditto ...	457 "
454	8232	Ramzanee	Rehmán ...	Cashmiri ...	457 "
455	8233	Wulleah ...	Sookh Deyál ...	Ráj ...	457 "
456	8948	Lekhoo ...	Káushi ...	Khutree ...	380 "
457	8234	Wazeera ...	Ilàbi Baksh ...	Butcher ...	457 "
458	9095	Sháda ...	Wárus ...	Ját ...	411 "
459	9096	Zeáda ...	Jevan ...	Mochee ...	457 "
460	9097	Mehra ...	Mahmood ...	Gondal ...	411 "
461	9098	Sobha ...	Sárung ...	Zamíndár ...	411 "
462	9099	Bolee ...	Khevan ...	Chhoora ...	457 "
463	9100	Dáem ...	Futteh Mahomed.	Ját ...	457 "
464	9564	Boodha ...	Baháder ...	Sansi ...	379 "
465	9676	Boota ...	Nezám Deen ...	Zamíndár ...	458 "
466	9829	Roda ...	Chogutta ...	Gondal ...	411 "
467	9820	Shahoo ...	Hassoo ...	ditto ...	379 "
468	6831	Kurm Deen ...	Shurf Deen	Ját ...	411 "
469	9832	Rounda ...	Mutwála ...	Sansi ...	457 "
470	9833	Chándee ...	Jawáher ...	Chhoora ...	457 "
471	9834	Jevan ...	Samda ...	ditto ...	457 "
472	9891	Rája ...	Makhnee ...	Gorhál ...	411 "
473	9692	Náser ...	Boorhán ...	Gondal ...	457 "
474	9994	Bhola ...	Hashmat ...	Chhoora ...	457 "
475	9995	Shera ...	Bhola ...	Ját ...	411 "
476	9999	Suzzáwár ...	Sande Khan ...	Pathan ...	379 "

and Robbers—continued.

Date of Imprisonment.	Term.			Date of release.	Residence of	
	Years.	Months.	Days.		District.	Village.
PINDI—continued						
9th July '74	6	0	0	9th July '80	Gujrat ...	Shaheedánwáli.
11th February '74	8	0	0	11th Feby. '82	ditto ...	ditto.
30th December '74	7	9	0	30th Sept. '82	ditto ...	Wanderer.
31st October '74	5	0	0	31st Oct. '79	Jhelum ...	Khiree.
31st ditto '74	5	0	0	31st do. '79	ditto ...	Wuttala.
10th February '74	4	0	0	10th Feby. 78	ditto ...	Jhelum.
31st October '74	5	0	0	31st Oct. '79	ditto ...	ditto.
18th September '74	4	9	0	18th June '79	Shahpur ...	Shahpur.
9th November '74	4	9	0	9th August '79	ditto ...	Bhera.
7th December '74	5	0	0	7th Decr. '79	ditto ...	Koura.
14th January '75	5	0	0	14th Jany. '80	ditto ...	Kali Ber.
1st February '75	4	3	0	1st May '79	ditto ...	Bharut.
18th May '75	6	0	0	18th May '81	ditto ...	Khoosháb.
2nd February '75	5	0	0	2nd Feby. '80	Gujrat ...	Gujrat.
30th September '75	5	0	0	30th Sept. '80	Jhelum ...	Kote Jhang.
12th February '75	4	6	0	12th August '79	Gujrat ...	Kalu.
12th October '75	5	0	0	12th Oct. '80	ditto ...	Tungee.
6th January '75	5	0	0	6th Jany. '81	ditto ...	Bámoo.
12th February '76	3	3	0	12th May '79	ditto ...	Pearokee.
22nd ditto '76	5	0	0	22nd Feby. '81	ditto ...	Marokee.
22nd ditto '76	6	0	0	22nd do. '82	ditto ...	ditto.
16th February '76	6	0	0	12th do. '82	ditto ...	Jhubba.
17th March '76	8	0	0	17th March '84	ditto ...	Amud Won.
21st April '76	6	0	0	21st April '82	ditto ...	Kuthián.
12th May '76	6	4	0	12th August '79	ditto ...	Ghorall.
16th June '79	6	6	0	16th Decr. '82	ditto ...	Dosur Wallee.

جرم	قومیت	ولدیت	نام	نمبر رجسٹر	نمبر شمار
۳۷۹	زمیندار	خاصا	مولو	۸۱۱۹	۴۵۱
۴۱۱	آوان	محمدیار	مسمندا	۸۱۲۵	۴۵۲
۴۵۷	الفتہ	دتا	فقریا	۸۱۳۳	۴۵۳
۴۵۷	کشمیری	رحمان	رمضانی	۸۲۳۲	۴۵۴
۴۵۷	راج	سکھندیال	دینا	۸۲۳۳	۴۵۵
۳۸۰	کشمیری	کالنقی	ٹیکھو	۸۹۴۸	۴۵۶
۴۵۷	بوچرہ	الٰہی بخش	وزیرا	۸۲۳۳	۴۵۷
۴۱۱	جٹ	وارث	شادا	۹۰۹۵	۴۵۸
۴۵۷	موچی	بڈھن	زیادہ	۹۰۹۶	۴۵۹
۴۱۱	گوندل	محمود	مہرا	۹۰۹۷	۴۶۰
۴۱۱	زمیندار	سارنگ	سوہیا	۹۰۹۸	۴۶۱
۴۵۷	چوہڑا	سکھون	بوعلی	۹۰۹۹	۴۶۲
۴۵۷	جٹ	فتح محمد	دائم	۹۱۰۰	۴۶۳
۳۷۹	سانسی	بہادر	بوڈا	۹۵۴۳	۴۶۴
۴۵۷	زمیندار	نظام الدین	بوٹا	۹۶۷۶	۴۶۵
۴۱۱	گوندل	بوغطہ	رودا	۹۸۲۹	۴۶۶
۳۷۹	الفتہ	خسو	شاہو	۹۸۲	۴۶۷
۴۱۱	جٹ	شرف الدین	کرم دین	۹۸۳۱	۴۶۸
۴۵۷	سانسی	متوالا	روندا	۹۸۳۲	۴۶۹
۴۵۷	چوہڑا	جواہر	جندی	۹۸۳۳	۴۷۰
۴۵۷	الفتہ	سندا	جیون	۹۸۳۴	۴۷۱
۴۱۱	گوریال	سکھنی	رنجا	۹۸[illegible]	۴۷۲
۴۵۷	گوندل	برہان	ناصر	۹۶۹۳	۴۷۳
۴۵۷	چوہڑا	حشمت	بھولا	۹۹۹۴	۴۷۴
۴۱۱	جٹ	بھولا	شیرا	۹۹۹۵	۴۷۵
۳۷۹	پٹھان	مستری خان	مستر اوار	۹۹۹۹	۴۷۶

سکونت		تاریخ رہائی	میعاد			تاریخ قید
دیہہ	ضلع			ماہ	سال	
شہید النوالی	گجرات	۹ رجولائی ۱۸۸۰ء	۰	۰	ے	۹ رجولائی ۱۸۷۳ء
الیضاً	الیضاً	۱۱ رفروری ۱۸۸۰ء	۰	۰	ے	۱۱ رفروری ۱۸۷۳ء
خانہ بدوش	الیضاً	۳۰ رستمبر ۱۸۸۲ء	۰	۹	عه	۳۰ ردسمبر ۱۸۷۳ء
سکرڈی	جہلم	۲۴ راکتوبر ۱۸۷۹ء	۰	۰	ھ	۲۴ راکتوبر ۱۸۷۳ء
بٹالہ	الیضاً	الیضاً	۰	۰	ھ	الیضاً
خصلم	الیضاً	۱۰ رفروری ۱۸۷۸ء	۰	۰	للعه	۱۰ رفروری ۱۸۷۳ء
الیضاً	الیضاً	۳۱ راکتوبر ۱۸۷۹ء	۰	۰	ھ	۳۱ راکتوبر ۱۸۷۳ء
شاہپور	شاہپور	۱۸ رجون ۱۸۷۹ء	۰	۹	للعه	۱۸ رستمبر ۱۸۷۳ء
بھیرہ	الیضاً	۹ راگست ۱۸۷۹ء	۰	۹	للعه	۹ رنومبر ۱۸۷۳ء
مسکونہ	الیضاً	۷ ردسمبر ۱۸۷۹ء	۰	[illegible]	ھ	۷ ردسمبر ۱۸۷۴ء
کالی بہیر	الیضاً	۱۴ رجنوری ۱۸۸۰ء	۰	۰	ھ	۱۴ رجنوری ۱۸۷۵ء
الیضاً	الیضاً	یکم مئی ۱۸۷۹ء	۰	۳	للعه	یکم فروری ۱۸۷۵ء
خوشاب	الیضاً	۱۸ رمئی ۱۸۸۱ء	۰	۰	ے	۱۸ رمئی ۱۸۷۵ء
گجرات	گجرات	۲ رفروری ۱۸۸۰ء	۰	۰	ھ	۲ رفروری ۱۸۷۵ء
کوٹ جہنگ	جہلم	۳۰ رستمبر ۱۸۸۰ء	۰	۰	ھ	۳۰ رستمبر ۱۸۷۵ء
کالو	گجرات	۱۲ راگست ۱۸۷۹ء	۰	۶	للعه	۱۲ رفروری ۱۸۷۵ء
گنگی	الیضاً	۱۲ راکتوبر ۱۸۸۶ء	۰	۰	ھ	۱۲ راکتوبر ۱۸۷۵ء
باموال	الیضاً	۲ رجنوری ۱۸۸۱ء	۰	۰	ھ	۲ رجنوری ۱۸۷۶ء
بٹارودکی	الیضاً	۱۳ رمئی ۱۸۷۶ء	۰	۳	ے	۱۳ رفروری ۱۸۷۵ء
اردکی	الیضاً	۲۲ رفروری ۱۸۸۱ء	۰	۰	ھ	۲۲ رفروری ۱۸۷۶ء
الیضاً	الیضاً	۲۴ رفروری ۱۸۸۲ء	۰	۰	ے	الیضاً
جہنا	الیضاً	۱۲ ر الیضاً	۰	۰	ے	۱۲ ر الیضاً
اکھووان	الیضاً	۱۷ رمارچ ۱۸۸۲ء	۰	۰	ے	۱۷ رمارچ ۱۸۷۶ء
گنتیان	الیضاً	۱۰ راپریل ۱۸۸۲ء	۰	۰	ے	۱۰ راپریل ۱۸۷۶ء
گوپال	الیضاً	۱۲ راگست ۱۸۸۲ء	۳	۳	ے	۱۲ رمئی ۱۸۷۶ء
دوسرو الی	الیضاً	۲۶ ردسمبر ۱۸۸۲ء	۰	۶	ے	۲۶ رجون ۱۸۷۶ء

List of Dacoos

Number.	Register number.	Name.	Father's Name.	Caste.	Crime.
				ROBBERS OF	RAWAL
477	9997	Ghouse ...	Wullee Mohomed	Gondal ...	458 I. P. C
478	9998	Amir Shah ...	Madut Ali Shàh ...	Syad ...	397 „
479	243	Koora ...	Hákam ...	Khutree ...	457 „
480	244	Amira ...	Hossain ...	Beloch ...	457 „
481	237	Zeáda ...	Ahmed ...	Gondal ...	457 „
482	239	Amira ...	Yára ...	Ját ...	379 „
483	430	Kaloo ...	Neáz Mahomed ...	Awán ...	457 „
484	468	Sooltán ...	Futta ...	do. ...	457 „
485	469	Mattoo ...	Gohra ...	Goldsmith ...	380 „
486	471	Ditta ...	Deena ...	Mosullee ...	457 „
487	472	Abdoolla ...	Wárus ...	Chhoora ...	457 „
488	986	Mahomdoo ...	Allah Deen ...	Mosullee ...	457 „
489	988	Gohra ...	Kukkoo ...	Gujar ...	457 „
490	1032	Said Ahmed ...	Peera ...	Fakeer ...	457 „
491	1033	Tillook ...	Mahomed Baksh ...	ditto ...	457 „
492	1034	Mahomdee ...	Futteh Sher ...	ditto ...	457 „
493	1199	Channoo ...	Oomree ...	ditto ...	379 „
494	1200	Goláb ...	Ránjah ...	ditto ...	379 „
495	1502	Tába ...	Ghoolla ...	Chhoora ...	380 „
496	1503	Thákar ...	A'lla ...	Sansi ...	457 „
497	1505	Mutwálla ...	Dessa ...	do. ...	457 „
498	1558	Fazul ...	Saida Shah ...	Musalmán ...	457 „
				PESHA High	WAR way
499	4740	Yáseen ...	Jahán Khan ...	Pathan ...	460 „
500	8424	Rasheed ...	Wáras ...	Zamíndár ...	395 „
501	8425	Mavallee ...	Jevan ...	ditto ...	395 „

and Robbers—continued.

Date of Imprisonment.	Term. Years.	Months.	Days.	Date of release.	Residence of District.	Village.
PINDI.—contd.						
17th June '76	4	0	0	17th June '80	Gujrat ...	Daswah.
17th do. '76	6	0	0	17th do. '82	ditto ...	Kote Meáne
25th February '76	5	0	0	25th Feby. '81	Shahpur ...	Bádshapur.
16th May '76	5	0	0	16th May '81	ditto ...	ditto.
13th September '76	6	6	0	13th March '83	ditto ...	Kalowál.
10th June '76	5	6	0	10th June '81	ditto ...	Sookha.
30th do. '76	14	0	0	30th do. '90	Rawalpindi ...	Ilaka Jummoo.
2nd August '74	8	0	0	2nd August '82	Jhelum ...	Jhamra.
3rd June '76	5	0	0	3rd June '81	ditto ...	Chakwál.
6th April '76	6	0	0	6th April '82	ditto ...	Keryála.
6th do. ,76	5	0	0	6th do. ,81	ditto ...	Pindi Gheb.
7th May '77	5	0	0	7th May '82	Gujrat ...	Noorewalee.
7th do. ,77	6	0	0	7th do. '83	ditto ...	Giggah.
21st July '77	5	0	0	21st July '82	Jhelum ...	Wanderer.
21st do. '77	5	0	0	21st do. '82	ditto ...	ditto.
21st do. '77	5	0	0	21st do. '82	ditto ...	ditto.
23rd January '77	4	0	0	23rd Jany. '81	Shahpur ...	ditto.
23rd ditto '77	4	0	0	23rd do. '81	ditto ...	ditto.
25th May '77	6	0	0	25th May '83	Gujrat ...	ditto.
14th August '77	5	6	0	14th Feby. '83	ditto ...	ditto.
11th October '77	5	0	0	11th Octr. '82	ditto ...	ditto.
22th September '77	5	0	0	22th Septr. '82	Rawalpindi ...	Foreign Territory.
DIVISION. Robbers.						
22nd March '67	15	0	0	22nd March '82	Peshâwar ...	Foreign Territory.
4th June '69	14	0	0	4th June '83	Hazára ...	Balakot.
4th do. '69	15	3	0	4th Septr. '84	ditto ...	ditto.

جرم	قومیت	ولدیت	نام	نمبر رجسٹر	نمبر شمار
۴۵۸	گہنڈال	ولی محمد	گہونسی	۹۹۴۷	۴۷۷
۳۷۹	سید	مرد علی شاہ	امیر شاہ	۹۹۹۸	۴۷۸
۴۵۷	کہتری	حاکم	گوہڑا	۲۴۳	۴۷۹
۴۵۷	بلوچ	حسین	امیرا	۲۴۴	۴۸۰
۴۵۷	گوندل	احمد	زیادہ	۲۴۸	۴۸۱
۳۷۹	جٹ	یارا	اچپرا	۲۳۶	۴۸۲
۴۵۷	آوان	نیاز محمد	کالو	۴۳۰	۴۸۳
۴۵۷	ایضاً	فتا	سلطان	۴۶۸	۴۸۴
۳۸۰	سونار	گوہرا	مستو	۴۶۹	۴۸۵
۴۵۷	مصلی	دینا	دتا	۴۷۱	۴۸۶
۴۵۷	چوہڑا	وارث	عبداللہ	۴۷۳	۴۸۷
۴۵۷	مصلی	الہدیتہ	محمدو	۹۸۶	۴۸۸
۴۵۷	گوجر	گگو	گوہرا	۹۸۸	۴۸۹
۴۵۷	فقیر	پیرا	سید احمد	۱۰۳۲	۴۹۰
۴۵۷	ایضاً	محمد بخش	ملوک	۱۰۳۳	۴۹۱
۴۵۷	ایضاً	فتح شیر	محمدی	۱۰۳۴	۴۹۲
۳۷۹	ایضاً	عمری	جنو	۱۱۹۹	۴۹۳
۳۷۹	ایضاً	رانجھو	گلاب	۱۲۰۰	۴۹۴
۳۸۰	چوہڑا	گہولا	تابا	۱۵۰۲	۴۹۵
۴۵۷	سانسی	آلا	شاکر	۱۵۰۳	۴۹۶
۴۵۷	ایضاً	دلیا	مٹھوالا	۱۵۰۵	۴۹۷
۴۵۷	مسلاق	سیدی شاہ	فضل	۱۵۰۸	۴۹۸
پشاور					
۳۰۲	پٹھان	جہان خان	یاسین	۴۰۷۴	۴۹۹
۳۹۵	زمیندار	وارث	رشید	۴۴۳۴	۵۰۰
۵۹۳	ایضاً	جیون	مولی	۸۴۲۵	۵۰۱

سکونت: دیہہ	سکونت: ضلع	تاریخ رہائی	میعاد: یوم	میعاد: ماہ	میعاد: سال	تاریخ قید
کوٹ شاہ یانی (دسوہ)	گوجرات	۱۷ جون ۱۸۸۰ء	۰	۰	للعہ	۱۷ جون ۱۸۶۲ء
بت شاہپور	ایضاً	۱۷ جون ۱۸۸۲ء	۰	۰	ـے	ایضاً
ایضاً	شاہپور	۲۵ فروری ۱۸۸۱ء	۰	۰	ـہ	۲۵ فروری ۱۸۶۷ء
کالو وال	ایضاً	۱۷ مئی ۱۸۸۱ء	۰	۰	ـہ	۱۷ مئی ۱۸۶۷ء
تلوکہا	ایضاً	۲۳ مارچ ۱۸۸۲ء	۰	۶	ـے	۲۳ ستمبر ۱۸۶۷ء
ایضاً	ایضاً	۱۰ دسمبر ۱۸۸۲ء	۰	۶	صہ	۱۰ جون ۱۸۶۷ء
علاقہ جہون	راولپنڈی	۲۰ جون ۱۸۹۰ء	۰	۰	للعہ	۲۰ جون ۱۸۶۷ء
جمرا	جہلم	۲ اگست ۱۸۸۲ء	۰	۰	۱۵	۲ اگست ۱۸۶۷ء
ہکوال	ایضاً	۲۰ جون ۱۸۸۱ء	۰	۰	صہ	۲۰ جون ۱۸۶۷ء
کریالہ	ایضاً	۷ اپریل ۱۸۸۲ء	۰	۰	ـہ	۷ اپریل ۱۸۶۷ء
ٹنڈی سیمب	ایضاً	ایضاً ۱۸۸۱ء	۰	۰	صہ	ایضاً
نور والی	گجرات	۷ مئی ۱۸۸۲ء	۰	۰	صہ	۷ مئی ۱۸۶۷ء
سنگا	ایضاً	ایضاً ۱۸۸۲ء	۰	۰	ـے	ایضاً
خانہ بدوش	جہلم	۱۲ جولائی ۱۸۸۲ء	۰	۰	صہ	۱۲ جولائی ۱۸۶۷ء
ایضاً	ایضاً	ایضاً	۰	۰	صہ	ایضاً
ایضاً	ایضاً	ایضاً	۰	۰	صہ	ایضاً
ایضاً	شاہپور	۲۳ جنوری ۱۸۸۱ء	۰	۰	للعہ	۲۳ جنوری ۱۸۶۷ء
ایضاً	ایضاً	ایضاً	۰	۰	للعہ	ایضاً
ایضاً	گجرات	۵ نومبر ۱۸۸۳ء	۰	۰	ـے	۵ مئی ۱۸۶۷ء
ایضاً	ایضاً	۱۳ فروری ۱۸۸۳ء	۰	۶	صہ	۱۳ اگست ۱۸۶۷ء
ایضاً	ایضاً	۱ اکتوبر ۱۸۸۲ء	۰	۰	صہ	۱ اکتوبر ۱۸۶۷ء
ڈنگون شیزیری	بتنڈی	۲۲ ستمبر ۱۸۸۲ء	۰	۰	صہ	۲۲ ستمبر ۱۸۶۷ء

قسمت

سکونت: دیہہ	سکونت: ضلع	تاریخ رہائی	میعاد: یوم	میعاد: ماہ	میعاد: سال	تاریخ قید
علاقہ پشاور	پشاور	۲۲ مارچ ۱۸۸۲ء	۰	۰	ـہـ	۲۲ مارچ ۱۸۶۷ء
بالائی کوٹ	ہزارہ	۲ جون ۱۸۸۳ء	۰	۰	للعہ	۲ جون ۱۸۶۹ء
ایضاً	ہزارہ	ایضاً ۱۸۸۱ء	۰	۳	ـہـ	ایضاً

List of Dacoos

Number.	Register Number.	Name.	Father's Name.	Caste.	Crime.
			HIGWAY ROBBERS OF PESHA		
502	489	Ullaood-deen ...	Sarfraz ...	Pathan ...	395 I. P. C
503	490	Pasand ...	Najoo Khan ...	Bágbán ...	394 „
504	505	Wahàb ...	Sàhibdàd ...	Zamíndar ..	392 „
505	506	Shukker Noor, *Alias* Shukker.	Haríf ...	ditto ...	394 „
506	514	Ahmed Khan ...	Futteh Khan ...	Pathan ...	400 „
507	517	Shamush Deen ...	Shabood-deen ...	do. ...	457 „
508	2108	Hájee Sooltan Shah	Oomrao Shah ...	Syad ...	392 „
509	3284	Lall Meer ...	Haitam ...	Pathan ...	397-395
510	3205	Nooroo ...	Azeem-deen ...	do. ...	395 „
511	3206	Kamer Deen ...	Allaud-Deen ...	do. ...	395 „
512	3207	Nawáb ...	Zurdad ...	do. ...	395-397
513	3208	Ahmed Gool ...	Sharf Deen ...	do. ...	397 „
514	3209	Totee ...	Sharf deen ...	do. ...	397 „
515	3210	Ahmed Khan ...	Ali Mahomed ...	do. ...	397 „
516	3211	Shakoor ...	Sharf Deen ...	do. ...	397 „
517	9378	Said Rasool ...	Dewán ...	do. ...	392 „
518	9379	Sardar ...	Mahomed ...	do. ...	392 „
519	9383	Meer Afzal ...	Zamroot ...	do. ...	392 „
520	434	Ganga ...	Ganda ...	Arora ...	394 „
521	435	Jooma ...	Hameed ...	Pathan ...	394 „
					ROB
522	9722	Noor Ahmed, *Alias* Ahmed Noor.	Gholam Rasool ...	Awán ...	458 „
523	2121	Boodhoo ...	Hyder ...	Jhevar ...	457 „
524	4389	Rutta ...	Jea ...	Ját ...	379 „
525	6117	Meer Ahmed.	Ján Mahomed ...	Lohár ...	459 „

and Robbers—continued.

Date of Imprisonment.		Term. Years.	Months.	Days.	Date of release.		Residence of District.		Village.
WAR.—concluded.									
27th March	'68	11	6	0	27th Septr.	'79	Peshâwar	...	Oosmari
7th do.	'68	11	6	0	27th do.	'79	ditto	...	ditto.
6th May	'69	12	6	0	6th Novr.	'81	ditto	...	Taikal.
21st June	'78	10	0	0	21st June	'80	ditto	...	do.
21st May	'70	10	0	0	21st May	'80	ditto	...	Khutree.
21st do.	'70	10	0	0	21st do.	'80	ditto	...	Balemah.
29th April	'71	10	0	0	29th April	'81	ditto	...	Balukh.
15th do.	'72	10	0	0	15th do.	'82	do.	...	Foreign Territory
15th do.	'72	7	0	0	15th do.	'82	do.	...	ditto.
15th do.	'72	7	0	0	15th do.	'79	do.	...	ditto.
15th do.	'72	8	0	0	15th do.	'80	do.	...	ditto.
15th do.	'72	7	0	0	15th do.	'79	do.	...	ditto.
15th do.	'72	7	0	0	15th do.	'79	do	...	ditto.
15th do.	'72	7	0	0	15th do.	'79	do.	...	ditto.
15th do.	'72	7	0	0	15th do.	'79	ditto	...	ditto.
26th October	'75	5	0	0	26th Octr.	'80	ditto	...	ditto.
26th ditto	'77	5	0	0	26th do.	'82	ditto	...	Peshâwar.
31st July	'75	6	0	0	31st July	'81	ditto	...	Charsadda.
7th March	'76	For Life.			On death.		ditto	...	Peshâwar.
19th August	'76	ditto			ditto		ditto	...	Kutra Metan.
BERS.									
10th June	'70	12	0	0	10th June	'82	Peshâwar	...	Said Naggar.
29th September	'77	5	0	0	29th Sept.	'82	ditto	...	Mahomedke.
2nd January	'73	5	9	0	2nd July.	'78	ditto	...	Shahpur.
27th November	'69	8	9	0	27th Agst.	'78	ditto	...	Kochean.

جرم	قومیت	ولدیت	نام	نمبر رجسٹر	نمبر شمار
۳۹۵	پٹھان	سرافراز	علاءالدین	۲۸۹	۵۰۲
۳۹۳	افغان	بنوخان	پسند	۲۹۰	۵۰۳
۳۹۲	زمیندار	صاحب داد	دکاب	۵۰۵	۵۰۴
۳۹۴	ایضاً	حریف	شکر نور عرف شکری	۵۰۶	۵۰۵
۴۰۰	پٹھان	فتح خان	احمد خان	۵۱۴	۵۰۶
۴۵۷	ایضاً	شہاب الدین	شمس الدین	۵۱۶	۵۰۷
۳۹۲	مسعود	امیر شاہ	حاجی سلطان	۲۱۰۸	۵۰۸
۳۹۷-۳۹۵-۴۳۰	پٹھان	ہاشم	لعل میر	۳۲۰۴	۵۰۹
۳۹۵	ایضاً	عظیم الدین	نوردو	۳۲۰۵	۵۱۰
۳۹۵	ایضاً	علاءالدین	قمرالدین	۳۲۰۶	۵۱۱
۳۹۵-۳۹۶	ایضاً	زرداد	نواب	۳۲۰۷	۵۱۲
۳۹۷	ایضاً	شرف الدین	احمد گل	۳۲۰۸	۵۱۳
۳۹۷	ایضاً	ایضاً	ثولی	۳۲۰۹	۵۱۴
۳۹۷	ایضاً	علی محمد	احمد خان	۳۲۱۰	۵۱۵
۳۹۷	ایضاً	شرف الدین	شکور	۳۲۱۱	۵۱۶
۳۹۲	ایضاً	دیوان	سید رسول	۹۳۷۸	۵۱۷
۳۹۲	ایضاً	محمد	سردار	۹۳۷۹	۵۱۸
۳۹۲	ایضاً	زبردست	میر افضل	۹۳۸۳	۵۱۹
۳۹۳	زمیندار	[illegible]	گنگا	۴۳۴	۵۲۰
۳۹۲	پٹھان	حمید	جمعہ	۴۳۵	۵۲۱
جیجو [illegible] ۳۵۸	آزاد	غلام رسول	نور احمد عرف احمد نور	۹۷۲۲	۵۲۲
۳۰۷	جیور	[illegible]	بدھو	۲۱۲۱	۵۲۳
۲۷۹	[illegible]	[illegible]	رتنا		۵۲۴
۲۵۶	[illegible]	جیان محمد	میر احمد	۲۱۱۶	۵۲۵

مسکونت — دیہہ	مسکونت — ضلع	تاریخ رہائی	میعاد — یوم	میعاد — ماہ	میعاد — سال	تاریخ قید
نوسہاری	پشاور	۲۷ ستمبر ۱۸۶۹ء	۰	۶	[illegible]	۲۷ مارچ ۱۸۶۳ء
ایضاً	ایضاً	ایضاً	۰	۶	[illegible]	ایضاً
[illegible]	ایضاً	۶ نومبر ۱۸۸۱ء	۰	۶	[illegible]	۶ مئی ۱۸۶۹ء
ایضاً	ایضاً	۱۳ جون ۱۸۸۸ء	۰	۰	[illegible]	۱۳ جون ۱۸۷۴ء
کھتری	ایضاً	۱۲ مئی ۱۸۸۸ء	۰	۰	[illegible]	۱۲ مئی ۱۸۷۰ء
[illegible]	ایضاً	ایضاً	۰	۰	[illegible]	ایضاً
نخ	ایضاً	۹ اپریل ۱۸۸۱ء	۰	۰	[illegible]	۹ اپریل ۱۸۷۱ء
محلہ ... پشاور	ایضاً	۵ اپریل ۱۸۸۲ء	۰	۰	[illegible]	۵ اپریل ۱۸۷۲ء
ایضاً	ایضاً	ایضاً ۱۸۷۹ء	۰	۰	[illegible]	ایضاً
ایضاً	ایضاً	ایضاً	۰	۰	[illegible]	ایضاً
ایضاً	ایضاً	ایضاً ۱۸۸۰ء	۰	۰	[illegible]	ایضاً
ایضاً	ایضاً	ایضاً ۱۸۷۹ء	۰	۰	[illegible]	ایضاً
ایضاً	ایضاً	ایضاً	۰	۰	[illegible]	ایضاً
ایضاً	ایضاً	ایضاً	۰	۰	[illegible]	ایضاً
ایضاً	ایضاً	ایضاً	۰	۰	[illegible]	ایضاً
ایضاً	ایضاً	۲۶ اکتوبر ۱۸۸۰ء	۰	۰	[illegible]	۲۶ اکتوبر ۱۸۷۵ء
پشاور	ایضاً	ایضاً ۱۸۸۲ء	۰	۰	[illegible]	ایضاً ۱۸۷۷ء
... سدا	ایضاً	۲۶ جولائی ۱۸۸۱ء	۰	۰	[illegible]	۲۶ جولائی ۱۸۷۵ء
پشاور	ایضاً	+	۰	۰	عمر قید	۲۷ مارچ ۱۸۷۶ء
کمشنر ایشن	ایضاً	+	۰	۰	عمر قید	۹ اگست ۱۸۷۶ء
سید نگر	ایضاً	۱۰ جون ۱۸۸۳ء	۰	۰	[illegible]	۱۰ جون ۱۸۷۸ء
محمدی	ایضاً	۲۹ ستمبر ۱۸۸۲ء	۰	۰	[illegible]	۲۹ ستمبر ۱۸۷۷ء
شاہ معود	ایضاً	۳ جولائی ۱۸۸۳ء	۰	۶	[illegible]	۳ جنوری ۱۸۷۸ء
کوچہ ...	ایضاً	۲۷ اگست ۱۸۷۶ء		۹	[illegible]	۲۷ نومبر ۱۸۶۹ء

Number.	Register Number.	Name.	Father's Nam.	Caste.	Crime.
				ROBBERS OF	PESHA
526	7677	Salábit Deen ...	Dáim ...	Afghan ...	382 I. P.C.
527	9376	Ahmed, *Alias* Ahed	Hossain ...	Pathan ...	379 „
528	9665	Ubbass ...	Serfraz ...	Afghan ...	458 „
529	9666	Hakeem ...	Bahádar khan ...	Afghan ...	458 „
530	9667	Momin ...	Sardár ...	Zamíndár ...	458 „
531	9668	Sooltan Ali ...	Mahomed Baksh	ditto ...	457 „
532	9883	Sher Baz ...	Kásam ...	ditto ...	457 „
533	9885	Ali Ján ...	Ahmed Khan ...	Afghan ...	460 „
534	9887	Ahmed Khan ...	Mohree ...	Zamíndár ...	459 „
535	426	Abdool Majeed ...	Ali Mahomed ...	Mosulman ...	459 „
536	438	Khaleel ...	Hosain ...	Shawl Báff ...	458 „
537	602	Násir ...	Ultáf ...	Pathan ...	457 „
538	604	Fyáz-ood Deen ...	Aid-ood-Deen ..	ditto ...	457 „
539	605	Nádar ...	Said ...	ditto ...	458 „
540	855	Fazal ...	Karm ...	Gujar ...	458 „
541	1860	Káim ...	Páen ...	Awán ...	457 „
					MOOL
					High
542	9174	Kishan ...	Jevan ...	Joáh ...	395 I. P. C.
543	9175	Samanda ...	Bolunda ...	ditto ...	395 „
544	9176	Sardára ...	Mittáh ...	ditto ...	395 „
545	201	Jhanda ...	Bhága ...	Rawal ...	395 „
546	9177	Pathána ...	Nánoo ...	Zamíndár ...	395 „
547	1047	Heera Nath ...	Disciple of Gokla Nath.	Fakeer ...	395 „
548	1048	Jamna Nath ...	Do. of Gokla Nath	ditto ...	395 „

and Robbers—continued.

Date of Imprisonment.	Term.			Date of release.	Residence of	
	Years.	Months.	Days.		District.	Village.
WAR—concluded.						
8th July '73	13	6	0	8th Jany. '87	Pesháwar ...	Taroopa.
30th April '75	7	6	0	30th Octr. '82	ditto ...	Pesháwar.
29th January '75	10	0	0	29th Jany. ''85	ditto ...	Chársadda.
6th May '75	10	0	0	6th May '85	Pesháwar ...	Dhokee.
6th January '76	10	0	0	6th Jany. '86	ditto ...	Boorhana.
6th ditto '76	7	0	0	6th ditto '83	ditto ...	ditto.
16th December '75	5	0	0	16th Decr. '80	ditto ...	Hoti.
17th February '76	10	0	0	17th Feby. '86	ditto ...	Foreign Territory
3rd September '77	For life			On death	ditto ...	Ring Sarai.
...				...	ditto ...	Negal Ban.
9th August '76	14	0	0	9th August '90	ditto ...	Pesháwar.
26th September '76	8	0	0	26th Sept. '84	ditto ...	Kale Khail.
26th ditto '76	6	0	0	26th ditto '82	ditto ...	ditto.
14th ditto '76	6	4	0	14th Decr. '82	ditto ...	Pesur.
16th December '76	8	0	0	16th ditto '84	ditto ...	Nama Khail.
21st ditto '77	10	0	0	21st ditto '87	ditto ...	Peer Paái.
TAN DIVISION.						
way Robbers.						
2nd February '75	15	0	0	2nd Feby. '90	Montgomery ...	Chamon Shah.
2nd ditto '75	15	0	0	2nd ditto '90	ditto ...	ditto.
2nd ditto '75	16	0	0	2nd ditto '91	ditto ...	ditto.
26th ditto '76	8	0	0	26th ditto '84	Mooltan ...	Gholámewálla.
2nd ditto '75	15	0	0	2nd ditto '90	Montgomery ...	Billowanwalla.
29th May '77	7	0	0	29th May '84	Mooltan ...	Wanderer.
29th do. '77	7	0	0	29th ditto '84	ditto ...	ditto.

جرم	قومیت	ولدیت	نام	نمبر رجسٹر	نمبر شمار
۳۰۲	پٹھان	دایم	سلامت الدین	۷۶۷۷	۵۲۶
۱۲۹	ایضاً	حسین	احمد عرف محمد	۹۳۷۶	۵۲۷
۴۵۸	ایضاً	سرفراز	عباس	۹۶۷۵	۵۲۸
۴۵۸	ایضاً	بہادر خان	حکیم	۹۶۶۶	۵۲۹
۴۵۸	زمیندار	شیرداد	مومن	۹۶۶۷	۵۳۰
۴۵۷	ایضاً	محمد بخش	سلطان علی	۹۶۶۸	۵۳۱
۴۵۷	ایضاً	قاسم	شیرباز	۹۸۸۴	۵۳۲
۴۶۰	پٹھان	احمد خان	علی خان	۹۸۸۵	۵۳۳
۴۵۹	زمیندار	موہری	احمد خان	۹۸۸۶	۵۳۴
۴۵۹	مسلمان	علی محمد	عبدالمجید	۳۳۶	۵۳۵
۴۵۸	شال باف	حسین	خلیل	۳۹۸	۵۳۶
۴۵۷	پٹھان	لطف	نصر	۴۰۲	۵۳۷
۴۵۷	ایضاً	عقیدہ الدین	فیاض الدین	۴۰۳	۵۳۸
۴۵۸	ایضاً	سعید	نادر	۴۰۵	۵۳۹
۴۵۸	گوجر	کریم	فضل	۸۵۵	۵۴۰
۴۵۷	آوان	پائیں	قائم	۱۸۶۰	۵۴۱
ملتان					
۳۹۵	جولاہا	جیون	کشن	۹۱۷۴	۵۴۲
۳۹۵	ایضاً	بلندا	سمندا	۹۱۷۵	۵۴۳
۳۹۵	ایضاً	مشا	سردارا	۹۱۷۶	۵۴۴
۳۹۵	دراول	جلا	جھنڈا	۱۰۱	۵۴۵
۳۹۵	زمیندار	نانون	بھگوانا	۹۱۷۷	۵۴۶
۳۹۵	فقیر	گوکلا ناتھ	ہیرا ناتھ	۱۰۲۷	۵۴۷
۳۹۵	ایضاً	ایضاً	جھنڈا ناتھ	۱۰۲۸	۵۴۸

مسکونت: دیہہ	مسکونت: ضلع	تاریخ رہائی	میعاد: یوم	میعاد: ماہ	میعاد: سال	تاریخ قید
تردیا	پشاور	۱۰ر جنوری ۱۸۸۷ء	۰	۶	[illegible]	۲۰ر جولائی ۱۸۷۲ء
پشاور	ایضاً	۳۰ر اکتوبر ۱۸۸۲ء	۰	۶	[illegible]	۳۰ر اپریل ۱۸۷۵ء
چارسدا	ایضاً	۲۹ر جنوری ۱۸۸۹ء	۰	۰	[illegible]	۲۹ر جنوری ۱۸۷۹ء
ڈھیوکی	ایضاً	۲ر مئی ۱۸۸۵ء	۰	۰	[illegible]	۲ر مئی ۱۸۷۵ء
برانہ	ایضاً	۶ر جنوری ۱۸۸۶ء	۰	۰	[illegible]	۶ر جنوری ۱۸۷۶ء
ایضاً	ایضاً	۶ر جنوری ۱۸۸۳ء	۰	۰	[illegible]	ایضاً
ہوتی	ایضاً	۱۶ر دسمبر ۱۸۸۰ء	۰	۰	[illegible]	۱۶ر دسمبر ۱۸۷۵ء
باغستان	ایضاً	۱۰ر فروری ۱۸۸۲ء	۰	۰	[illegible]	۱۰ر فروری ۱۸۷۲ء
رنگ سرا	ایضاً	+	۰	۰	عمر قید	۳۰ر ستمبر ۱۸۷۸ء
گنگیسان	ایضاً					
پشاور	ایضاً	۹ر اگست ۱۸۹۰ء	۰	۰	[illegible]	۹ر اگست ۱۸۷۶ء
کالاخیل	ایضاً	۲۶ر ستمبر ۱۸۸۲ء	۰	۰	[illegible]	۲۶ر ستمبر ۱۸۷۶ء
ایضاً	ایضاً	ایضاً ۱۸۸۲ء	۰	۰	[illegible]	ایضاً
بسیو	ایضاً	۲۳ر دسمبر ۱۸۸۲ء	۰	۳	[illegible]	۲۳ر ستمبر ۱۸۷۶ء
ناناخیل	ایضاً	۱۶ر دسمبر ۱۸۹۲ء	۰	۰	[illegible]	۱۶ر دسمبر ۱۸۷۶ء
پیرپائی	ایضاً	۲۱ر دسمبر ۱۸۸۷ء	۰	۰	[illegible]	۲۱ر دسمبر ۱۸۷۷ء
						قسمت
جمن شاہ	منٹگمری	۲ر فروری ۱۸۹۰ء	۰	۰	[illegible]	۲ر فروری ۱۸۷۵ء
ایضاً	ایضاً	ایضاً	۰	۰	[illegible]	ایضاً
ایضاً	ایضاً	ایضاً ۱۸۹۱ء	۰	۰	[illegible]	ایضاً
غلامی والہ	ملتان	۲۶ر فروری ۱۸۸۶ء	۰	۰	[illegible]	۲۶ر فروری ۱۸۷۶ء
بوہان والہ	منٹگمری	۲ر فروری ۱۸۹۰ء	۰	۰	[illegible]	۲ر فروری ۱۸۷۵ء
قاضی بدومستی	ملتان	۲۹ر مئی ۱۸۸۴ء	۰	۰	[illegible]	۹ر مئی ۱۸۷۴ء
ایضاً	ایضاً	ایضاً	۰	۰	[illegible]	ایضاً

List of Dacoos

Number.	Register Number.	Name.	Father's Name.	Caste.	Crime.
				MOOLTAN DI	
					Rob
549	937	Masnee ...	Azmut ...	Ját ...	382 I. P. C.
550	4331	Phuggoo ...	Semáilee ...	Aráín ...	457 „
551	579	Shabbee ...	Bukhoo ...	Kokára ...	379 „
552	5796	Mouloo ...	Kahua ...	Sansi ...	379 „
553	5797	Dádoo ...	Misree ...	ditto ...	379 „
554	5798	Laloo ...	Bhupa ...	ditto ...	379 „
555	5821	Sooltán ...	Mutta ...	Weaver ...	457 „
556	6092	Lukha ...	Zamíndár ...	Kumboh ...	379 „
557	6816	Futteh Shah ...	Kalander Shah ...	Fakeer ...	379 „
558	6817	Rangeela ...	Háree ...	Khutree ...	357 „
559	6859	Dàd ...	Ghaina ...	Chhoora ...	379 „
560	6862	Hedàyat ...	Mirza ...	Weaver ...	379 „
561	6870	Nehála ...	Gama ...	Báveria ...	379 „
562	6874	Sherusta ...	Beláwal ...	Zamíndár ...	457 „
563	6878	Moraddee ...	Buksha ...	ditto ...	457 „
564	6879	Chava ...	Misri ...	Weaver ...	457 „
565	7267	Shahra ...	Ghaina ...	Ját ...	458 „
566	7457	Gopál Singh ...	Karm Singh ...	Arora ...	457 „
567	7718	Ahmed ...	Nawáb ...	Beloch ...	379 „
568	7723	Golámi ...	Oomra ...	Mosulman ...	379 „
569	7724	Ghainu ...	Sujjáda ...	Mosullee ...	379 „
570	7725	Sárung ...	Zamíndár ...	Ját ...	379 „
571	7915	Atta, *Alias* Keera	Raja ...	Chángar ...	457 „
572	7916	Hussan ...	Suttár ...	Zamíndár ...	379 „

and Robbers—continued.

Date of Imprisonment.		Term. Years.	Months.	Days.	Date of release		Residence of District.	Village.
VISION—continued.								
bers.								
...		8	0	0	...		Jhang ...	Havailee Bahádar Shah.
...		7	0	0	...		Montgomery ...	Bukker Mál.
15th July	'73	6	0	0	15th July	'79	Jhang ...	Wanderer.
9th ditto	'73	5	0	0	9th ditto	'78	ditto ...	ditto.
9th ditto	'73	6	0	0	9th ditto	'79	ditto ...	ditto.
9th ditto	'73	6	0	0	9th ditto	'79	ditto ...	ditto.
29th October	'72	6	0	0	29th Octr.	'78	ditto ...	Kálowala.
11th April	'73	8	0	0	11th April	'81	Montgomery ...	Bhai Bhaval.
22nd August	'73	7	3	0	22nd Novr.	'80	Jhang ...	Noorekote.
10th February	'74	10	0	0	10th Feby.	'84	ditto ...	ditto
7th January	'74	6	0	0	7th Jany.	'80	Montgomery ...	Montgomary.
17th September	'75	5	0	0	17 Sept.	'80	ditto ...	Mookralla.
24th ditto	'73	4	9	0	24th June	'78	ditto ...	Chohana.
9th July	'73	5	0	0	9th July	'78	ditto ...	Tána.
5th December	'73	7	0	0	5th Decr.	'80	ditto ...	ditto
25th September	'73	6	0	0	25th Sept.	'79	ditto ...	Khohkar.
20th April	'74	8	0	0	20th April	'82	Muzaffargarh ...	Madán.
25th ditto	'74	5	0	0	25th ditto	'79	Montgomary ...	Mongah.
9th October	'74	8	10	0	9th August	'83	Jhang ...	Saunvat.
12th November	'74	4	9	0	12th ditto	'79	ditto ...	Atkote.
12th ditto	'73	4	9	0	12th ditto	'78	ditto ...	Bajowalla.
12th February	'74	4	9	0	12th Novr.	'78	ditto ...	ditto
23rd July	'74	5	0	0	23rd July	'79	Montgomery ...	Phuggeke.
5th August	'74	4	6	0	5th Feby.	'79	ditto ...	Loharee.

جرم	قومیت	ولایت	نام	نمبر رجسٹر	نمبر شمار
چوری					
٣٨٢	حبشہ	ظلمت	مسنی	٣٨ ٩	٤٩٩
٣٥٧	ارابیمت	ساحلی	بنگو	٣١ ٣٣	٥٥٠
٣٧٩	گوگرہ	بہگو	شہابی	٥٧٩	٥٥١
٣٧٩	سالسی	کابو	مولو	٥٩٢	٥٥٢
٣٧٩	الیفنا	مصری	داود	٥٥٩٦	٥٥٣
٣٧٩	الیفا	بویا	لالو	٥٧٩٨	٥٥٤
٣٥٧	گولا	شا	سلطان	٥٨٢١	٥٥٥
٣٧٩	سکمبرہ	زمیدار	نکھا	٦٠٩٢	٥٥٦
٣٧٩	دھیر	قلندر شاہ	فتح شاہ	٦٨١٢	٥٥٧
٣٥٧	سگتری	جہاں سکینہ	رنکیلا	٦٨١٤	٥٥٨
٣٧٩	چوہرشلا		داؤد	٦٨٥٩	٥٥٩
٣٧٩		مرزا	ہدایت	٦٨٦٢	٥٦٠
٣٧٩	بادرسیہ	کاہان	انبالا	٦٨٦٠	٥٦١
٣٥٧	زمیدار	بلاول	سررشتہ	٦٨٨٢	٥٦٢
٣٥٧	الفیتہ	نکشا	بہادری	٦٨٦٩	٥٦٣
٣٥٧	بادلی	نصری	جلوا	٦٨٦٩	٥٦٤
٣٧٩	حبشہ	کہنا	شمشیرا	٦٢٧٨	٥٦٥
٣٥٧	اردرہ	کرم سنگھ	گوپال سنگھ	٦٢٥٦	٥٦٦
٣٧٩	بلوچ	نواب	احمد	٦٦١٨	٥٦٧
٣٧٩	مسلمان	عمرا	غلامی	٦٦٢٣	٥٦٨
٣٧٩	مصلی	سنگھ زادہ	گھنیم	٦٦٢٤	٥٦٩
٣٧٩	حبشہ	زمیدار	سازنگ	٦٦٢٥	٥٧٠
٣٥٧	چنگڑ	راجا	ابو حرف گیرا	٦٦١٥	٥٧١
٣٧٩	زمیدار	ستار	حسن	٦٩١٧	٥٧٢

سکونت		تاریخ رہائی	میعاد			تاریخ قید
دیہہ	ضلع		یوم	ماہ	سال	
حویلی بہادر شاہ	جھنگ		۰	۰	سے	
نکرپال	منٹگمری		۰	۰	ہے	
خانہ بیدو بخش	جھنگ	۵ / جولائی ۱۸۶۹ء	۰	۰	ے	۵ / جولائی ۱۸۷۳ء
ایضاً	ایضاً	۹ / جولائی ۱۸۸۱ء	۰	۰	صہ	۹ / جولائی ۱۸۷۳ء
ایضاً	ایضاً	۹ / جولائی ۱۸۸۱ء	۰	۰	ے	ایضاً
ایضاً	ایضاً	ایضاً	۰	۰	ے	ایضاً
کالو والہ	ایضاً	۹ / اکتوبر ۱۸۸۰ء	۰	۰	ے	۹ / اکتوبر ۱۸۷۳ء
ربیانی بہادل	منٹگمری	۱۱ / اپریل ۱۸۸۱ء	۰	۰	سے	۱۱ / اپریل ۱۸۷۳ء
نورکوٹ	جھنگ	۲۲ / نومبر ۱۸۸۰ء	۰	۴	ہعہ	۲۲ / اگست ۱۸۷۳ء
ایضاً	ایضاً	۱۰ / فروری ۱۸۸۱ء	۰	۰	ے	۱۰ / فروری ۱۸۷۳ء
منٹگمری	ایضاً	۷ / جنوری ۱۸۸۰ء	۰	۰	ے	۷ / جنوری ۱۸۷۳ء
کمرالہ	منٹگمری	۱۷ / ستمبر ۱۸۸۸ء	۰	۰	صہ	۱۷ / ستمبر ۱۸۷۳ء
چوہانہ	ایضاً	۲۲ / جون ۱۸۷۹ء	۰	۹	ہعہ	۲۲ / ستمبر ۱۸۷۳ء
ٹانا	ایضاً	۹ / جولائی ۱۸۸۱ء	۰	۰	صہ	۹ / جولائی ۱۸۷۳ء
ایضاً	ایضاً	۹ / دسمبر ۱۸۸۰ء	۰	۰	ہعہ	۹ / دسمبر ۱۸۷۳ء
کھوکھر	ایضاً	۲۵ / ستمبر ۱۸۷۹ء	۰	۰	ے	۲۵ / ستمبر ۱۸۷۳ء
بدران	مظفرگڑھ	۲۰ / اپریل ۱۸۸۳ء	۰	۰	سے	۲۰ / اپریل ۱۸۷۳ء
مسیگھہ	منٹگمری	۲۵ / اپریل ۱۸۸۱ء	۰	۰	صہ	۲۵ / اپریل ۱۸۷۳ء
ستانوت	جھنگ	۹ / اگست ۱۸۸۳ء	۰	۱۰	سے	۹ / اکتوبر ۱۸۷۳ء
رت کمت	ایضاً	۱۳ / اگست ۱۸۷۹ء	۰	۹	ہعہ	۱۳ / نومبر ۱۸۷۳ء
بیر جیوالہ	ایضاً	ایضاً ۱۸۷۹ء		۹	ہعہ	ایضاً ۱۸۷۳ء
ایضاً	ایضاً	۱۳ / نومبر ۱۸۷۹ء	۰	۴	ہعہ	۱۳ / فروری ۱۸۷۴ء
پنگوسی	منٹگمری	۲۳ / جولائی ۱۸۷۸ء	۰	۰	صہ	۲۳ / جولائی ۱۸۷۳ء
نورابی	ایضاً	۵ / فروری ۱۸۸۰ء	۰	۶	ہعہ	۵ / اگست ۱۸۷۳ء

Number.	Register Number.	Name.	Father's Name.	Caste.	Crime.
				ROBBERS OF	MOOL
573	7917	Kàsoo ...	Sawáí ...	Beloch ...	457 I. P. C.
574	7918	Rujáda ...	Bakshoo ...	ditto ...	457 „
575	7919	Samanda ...	Sulloo ..	Sweeper ...	457 „
576	9004	Samanda ...	Mámoo ...	Berwála ...	379 „
577	9005	Sujáwal ...	Mangal ...	Jungwa ...	411 ,'
578	9006	Lehna ...	Goodah ...	Mulláh ...	379 „
579	9008	Ditta ...	Bahra ...	Dogar ...	379 „
580	9010	Méán Khan ...	Karam ...	Beloch ...	457 „
581	9016	Ali ...	Mahomed ...	Mochee ...	411 „
582	9015	Fazal Deen ...	Názer ...	Kahár ...	451 „
583	9021	Sheroo ...	Khumeesah ...	Koorana ...	457 „
584	9083	Waháb ...	Dád ...	Zamíndár ...	379 „
585	9173	Bheeka ...	Jullu ...	Machhee ...	379 „
586	9567	Dád ...	Mukhnee ...	ditto ...	411 „
587	9568	Sooltán ...	Dhanna ...	Tailor ...	457 „
588	9621	Nathoo ...	Dass ...	Mosulman ...	411 „
589	9622	Káder ...	Kásam ...	Zamíndár ...	411 „
590	9623	Semáel ...	Shahbul ...	Booder ...	411 „
591	202	Chogutta ...	Sooltán ...	Mosulman ...	411 „
592	455	Sálah ...	Mehram ...	Siál ...	379 „
593	456	Lukhoo ...	Mohree ...	Chhoora ...	457 „
594	557	Ghaina ...	Natha ...	Ját ...	380 ,.
595	558	Chákree ...	Aloo ...	Zamíndár ...	380 „
596	559	Chanda Singh ...	Háree ...	Arora ...	379 „
597	561	Thailee Ram ...	Jhundoo ...	Khutree ...	380 „

and Robbers—continued.

Date of Imprisonment.	Term. Years.	Months.	Days.	Date of release.	Residence District.	Village.
TAN—continued.						
3rd October '74	7	6	0	3rd April '82	Montgomery ...	Kazeeka.
5th September '74	8	0	0	5th Sept. '82	ditto ...	Sárun.
30th June '77	7	0	0	30th June '84	ditto ...	ditto
7th July '75	6	0	0	7th July '81	ditto ...	Mulowalee.
6th January '75	4	6	0	6th ditto '79	ditto ...	Nuthwa.
2nd August '75	6	6	0	2nd Feby. '82	ditto ...	Thutta Jander.
3rd May '75	6	0	0	3rd May '81	ditto ...	Ziárat Baháwalpír.
27th November '74	5	0	0	27th Novr. '79	ditto ...	Thutta Nehál-Singh.
25th ditto '73	9	0	0	25th Novr. '82	Mooltan ...	Mooltan.
10th February '74	11	0	0	10th Feby. '85	ditto ...	Kummon.
12th July '75	13	0	0	12th July '88	ditto ...	Wanderer.
20th ditto '75	6	9	0	20th April '82	Jhang ...	Gulleánwálla.
30st December '74	7	6	0	30th June '82	Montgomery ...	Kote.
11th January '76	5	0	0	11th Jany. '81	Jhang ...	Kandewal.
11th ditto '76	5	0	0	11th ditto '81	ditto ...	Enáit Shah.
23rd December '75	5	0	0	23rd Decr. '80	ditto ...	Jhang.
23rd ditto '75	5	0	0	23rd ditto '80	ditto ...	Chuk Sahoo.
23rd December '75	5	6	0	23rd June '81	ditto ...	Dera Aloowalla
20th ditto '75	7	9	0	20th Sept. '83	Mooltan ...	Mujroáshah.
10th October '76	5	6	0	10th April '82	Jhang ...	Tungle.
5th May '76	5	0	0	5th May '81	ditto ...	Khotallo.
13th ditto '71	5	0	0	13th ditto '76	Montgomery ...	Chah Khund.
25th November '75	5	4	0	25th March '81	ditto ...	Rajwanáh.
31st July '76	5	0	0	31st July '81	ditto ...	Lakhsoodee.
3th February '76	6	0	0	4th Feby '82	ditto ...	Montgomery.

جرم	قومیت	ولدیت	نام	نمبر رجسٹر	نمبر شمار
۴۵۷	بلوچ	سوائی	گاسو	۷۹۱۷	۵۷۳
۴۵۷	الفانی	بخشو	زری زادہ	۷۹۱۸	۵۷۴
۴۵۷	جونڑا	نبلو	سمندا	۷۹۱۹	۵۷۵
۳۷۹	بردوالہ	مامون	سندا	۹۰۰۴	۵۷۶
۴۱۱	جنگوا	منگل	سجاول	۹۰۰۷	۵۷۷
۳۷۹	ملاح	گودا	لہنا	۹۰۰۶	۵۷۸
۳۷۹	دودگر	بہارا	دتا	۹۰۰۸	۵۷۹
۴۵۷	بلوچ	کرم	میاں خان	۹۰۱۰	۵۸۰
۴۱۱	ماچھی	محمد	علی	۹۰۱۶	۵۸۱
۴۵۱	کہار	ناظر	فضل دین	۹۰۱۵	۵۸۲
۴۵۷	گورانہ	جھنڈا	شیرو	۹۰۲۱	۵۸۳
۳۷۹	زمیندار	داد	دلہب	۹۰۸۳	۵۸۴
۳۷۹	ماچھی	جلا	بھکھا	۹۱۷۳	۵۸۵
۴۱۱	الفانی	نکھی	دادا	۹۰۶۷	۵۸۶
۴۵۷	خیاط	دینا	سلطان	۹۰۶۸	۵۸۷
۴۱۱	مسلمان	ورس	نتھو	۹۶۲۱	۵۸۸
۴۱۱	زمیندار	قاسم	قادر	۹۶۲۲	۵۸۹
۴۱۱	بودر	شہایل	سمائیل	۹۶۲۳	۵۹۰
۴۱۱	مسلمان	سلطان	حوفظ	۲۰۲	۵۹۱
۳۷۹	سیال	عبدام	شالا	۴۵۵	۵۹۲
۴۵۷	جونڑا	بیجن	نکو	۴۵۶	۵۹۳
۴۲۰	خیاط	نتھا	گہنا	۴۵۶	۵۹۴
۳۸۰	زمیندار	الو	جاگری	۵۵۸	۵۹۵
۴۵۷	اروڑہ	ہری	کھنداسنگھ	۵۵۹	۵۹۶
۳۸۰	کہتری	امرار	ہتھیلی رام	۵۷۱	۵۹۷

سکونت		تاریخ رہائی	میعاد			تاریخ قید
دیہہ	ضلع		یوم	ماہ	سال	
تھٹھی گکا	منٹگمری	۳۰ اپریل ۱۸۸۲ء	۰	۶	عہ	۳۰ اکتوبر ۱۸۷۳ء
سہارن	ایضاً	۵ ستمبر ۱۸۸۲ء	۰	۰	[illegible]	۵ ستمبر ۱۸۷۳ء
دریھا	ایضاً	۳۰ جون ۱۸۸۳ء	۰	۰	عہ	۳۰ جون ۱۸۷۷ء
ملهورانی	ایضاً	۷ جولائی ۱۸۸۱ء	۰	۰	ے	۷ جولائی ۱۸۷۵ء
ہنجوا	ایضاً	۶ جولائی ۱۸۷۹ء	۰	۶	لعہ	۶ جنوری ۱۸۷۳ء
شہید چند	ایضاً	۲ فروری ۱۸۸۲ء	۰	۶	ے	۲ اگست ۱۸۷۵ء
زیارت بہادر پیر	ایضاً	۳۰ مئی ۱۸۸۱ء	۰	-	ے	۳۰ مئی ۱۸۷۵ء
[illegible] سنگھ	ایضاً	۲۷ نومبر ۱۸۷۹ء	۰	۰	ہ	۲۷ نومبر ۱۸۷۳ء
ملتان	ملتان	۲۵ نومبر ۱۸۸۲ء	۰	۰	[illegible]	۲۵ نومبر ۱۸۷۳ء
[illegible]	ایضاً	۱۰ فروری ۱۸۸۵ء	۰	-	[illegible]	۱۰ فروری ۱۸۷۵ء
خانہ بدوش	ایضاً	۱۲ جولائی ۱۸۸۳ء	۰	۰	[illegible]	۱۲ جولائی ۱۸۷۵ء
[illegible]	جھنگ	۲۰ اپریل ۱۸۸۳ء	۰	۹	ے	۲۰ جولائی ۱۸۷۵ء
[illegible]	منٹگمری	۳۰ جون ۱۸۸۳ء	۰	۶	عہ	۳۰ دسمبر ۱۸۷۳ء
کمالدی وال	جھنگ	۱۱ جنوری ۱۸۸۱ء	۰	۰	ہ	۱۱ جنوری ۱۸۷۶ء
[illegible] شاہ	ایضاً	ایضاً	۰	۰	ہ	ایضاً
[illegible]	جھنگ	۲۳ دسمبر ۱۸۸۰ء	۰	۰	ہ	۲۳ دسمبر ۱۸۷۵ء
[illegible]	ایضاً	ایضاً	۰	۰	ہ	ایضاً
[illegible]	ایضاً	۳۰ جون ۱۸۸۱ء	۰	۶	ہ	ایضاً
[illegible] شاہ	ملتان	۲۰ ستمبر ۱۸۸۳ء	۰	۹	عہ	۲۰ دسمبر ۱۸۷۵ء
[illegible]	جھنگ	۱۰ اپریل ۱۸۸۳ء	۰	۶	ہ	۱۰ اکتوبر ۱۸۷۷ء
[illegible]	ایضاً	۵ مئی ۱۸۸۱ء	۰	۰	ہ	۵ مئی ۱۸۷۶ء
[illegible]	منٹگمری	۳۰ مئی ۱۸۷۶ء	۰	۰	ہ	۳۰ مئی ۱۸۷۱ء
[illegible]	ایضاً	۲۵ مارچ ۱۸۸۱ء	۰	۴	ہ	۲۵ نومبر ۱۸۷۵ء
[illegible]	ایضاً	۳۱ جولائی ۱۸۸۱ء	۰	۰	ہ	۳۱ جولائی ۱۸۷۶ء
[illegible]	ایضاً	۲۸ فروری ۱۸۸۳ء	۰	۰	ے	۲۸ فروری ۱۸۷۶ء

Number.	Register Number.	Name.	Father's Name.	Caste.	Crime.
				ROBBERS OF	MOOLT
598	563	Goláb ali ...	Karm Shah ...	Fakeer ...	380 I. P. C.
599	564	Sohna ...	Iamoon ...	Dhoker ...	379 „
600	595	Futteh Deen ...	Kahn Sing ...	Arora ...	379 „
601	568	Rajjab ...	Akber ...	Cashmeri ...	454 „
602	569	Mádhoo ...	Aukla ...	Lohár ...	379 „
603	800	Fattoo ...	Shareef ..	Mosulmán ...	411 „
604	802	Azeem ...	Moostuffa ...	ditto ...	457 „
605	1046	Kalander Shah ...	Norang Shah ...	Syad ...	379 „
606	1052	Atta Mahomed ...	Kootub Deen ...	Aráin ...	379 „
607	1053	Jeevna ...	Mahomed Yár ...	Ját ...	457 „
608	1054	Jhubba ...	Jhanda ...	ditto ...	458 „
609	1055	Morád ...	Chogatta ...	Seyál ...	457 „
610	1056	Ahmed Shah ...	Gamoon Shah ...	Koraishee ...	457 „
611	1183	Muda Meer ...	Rutta ...	Wazíri ...	380 „
612	1192	Chanda Singh ...	Nehál Singh ...	Ját ...	411 „
613	1567	Yároo ...	Jeymal ...	Mosulman ...	376 „
614	1568	Panna ...	Nehál ...	Zamíndár ...	457 „
615	1569	Hassan ...	Yároo ...	ditto ...	457 „
616	1598	Samanda ...	Azmut ...	Ját ...	457 „
617	1599	Mangta ...	Jumma ...	Aráin ...	457 „
618	1600	Gonhrah ...	Rámoon ...	Khutrí ...	457 „
619	1607	Amira ...	Saída ...	Ját ...	379 „
620	1609	Mánee ...	Semáil ...	ditto ...	457 „
					DERA
621	98	Langar ...	Dost Mohomed ...	Pathan ...	394 I.P.C.
622	6016	Javinda ...	Kuttoo ...	Chhoora ...	392 „

and Robbers—continued.

Date of Imprisonment.	Term. Years.	Months.	Days.	Date of release.	Residence of District.	Village.
AN—concluded.						
28th June '76	4	0	0	28th June '80	Montgomery ...	Meraul.
22nd July '76	4	0	0	22nd July '80	ditto ...	ditto.
29th January '76	6	0	0	29th Jany. '82	ditto ...	Dhokee
27th July '76	6	0	0	27th July '82	ditto ...	Barudah.
9th ditto '75	7	0	0	9th ditto '82	ditto ...	Kutra Motí Ram.
10th October '75	9	6	0	10th April '84	Mooltan ...	Sohana.
15th September '74	7	0	0	15th Sept '81	ditto ...	Ahmedpur.
3rd August '77	7	3	0	3rd Novr. '85	Jhang ...	Enáitpoor.
5th June '77	5	0	0	6th June '82	ditto ...	Morewae.
20th July '77	9	0	0	20th July '83	ditto ...	Miánwálla.
4th June '77	7	0	0	4th June '84	ditto ...	Nehálee.
17th February '77	5	0	0	17th Feby. '82	ditto ...	Tarianah.
17th ditto '77	5	0	0	17th ditto '82	ditto ...	Mebram Bhol.
10th March '77	5	0	0	10th March '82	Mooltan ...	ditto.
25th April '77	5	0	0	25th April '82	ditto ...	Hassan Shah.
12th September '77	5	0	0	25th Septr. '82	ditto ...	Pattiála.
26th October '77	4	0	0	29th Octr. ,81	ditto ...	Mooltan.
22nd ditto '77	5	0	0	22th ditto '82	ditto ...	Akulpora.
30th July '75	7	9	0	30th Jany. '83	Montgomery ...	ditto.
13th June '77	7	0	0	13th June '84	ditto ...	Thanesar.
19th March '77	7	0	0	19th March '84	ditto ...	Sáyadpore.
5th September '77	5	0	0	5th Septr. '82	Jhang ...	Ahmedawálla.
21st July '77	5	6	0	21st Jany. '82	doitt ...	Naushara.
ISMAIL KHAN.						
12th March '70	10	0	0	12th March 80	D. I. Khan ...	Foreign Territory
3rd April '73	12	0	0	3rd April 85	ditto ...	Linger.

جرم	قومیت	ولدیت	نام	نمبر رجسٹر	نمبر شمار
۳۸۰	فقیر	کرم شاہ	گلاب علی	۵۶۳	۵۹۸
۳۷۹	ڈہوگر	امیر علی	سوہنا	۵۶۴	۵۹۹
۳۷۹	اروڑہ	کانہ سنگھ	فتح دین	۵۹۵	۶۰۰
۴۵۷	کشمیری	اکبر	رجب	۵۶۸	۶۰۱
۴۵۷	لوہار	حافظ	بادھو	۵۶۹	۶۰۲
۱۱۰	مسلمان	شریف	فتو	۸۰۰	۶۰۳
۱۱۰	الفتا	مصطفی	عظیم	۸۰۲	۶۰۴
۴۷۹	سید	نورنگ شاہ	قلندر شاہ	۱۰۴۶	۶۰۵
۳۷۹	آرائیں	قطب الدین	عطا محمد	۱۰۵۲	۶۰۶
۴۵۷	جٹ	محمد یار	جیونا	۱۰۵۳	۶۰۷
۴۵۷	الفتا	جھنڈا	جھبا	۱۰۵۴	۶۰۸
۴۵۷	سیال	چوغطہ	مراد	۱۰۵۵	۶۰۹
۴۵۷	قریشی	کامن شاہ	احمد شاہ	۱۰۵۶	۶۱۰
۳۸۰	ڈوگر	رتو	سراحید	۱۱۸۳	۶۱۱
۱۱۰	جٹ	ہنال سنگھ	حیدرا سنگھ	۱۱۹۲	۶۱۲
۲۷۹	مسلمان	جی مل	یارو	۱۵۵۷	۶۱۳
۴۵۷	زمیندار	ہنال	پنھا	۱۰۶۸	۶۱۴
۴۵۷	الفتا	یارو	حسین	۱۰۶۹	۶۱۵
۴۵۷	جٹ	عظمت	سہندا	۱۰۹۸	۶۱۶
۴۵۷	آرائیں	جمعہ	منگتا	۱۰۹۹	۶۱۷
۴۵۷	کمتیری	راجو	گہوارا	۱۲۰۰	۶۱۸
۳۷۹	جٹ	سیدا	امیرا	۱۲۰۷	۶۱۹
۴۵۷	الفتا	سائیل	نانی	۱۲۰۹	۶۲۰
خان					
۳۹۲	پٹھان	دوست محمد	ننگر	۹۸	۶۲۱
۳۹۲	جوہڑا	گسٹو	جونڈا	۲۰۱۶	۶۲۲

سکونت: دیہہ	سکونت: ضلع	تاریخ رہائی	میعاد: یوم	میعاد: ماہ	میعاد: سال	تاریخ قید
[illegible]	منٹگمری	۲۸ر جون سنہ ۱۸۸۲ء	۰	۰	لعہ	۲۸ر جون سنہ ۱۸۷۶ء
ایضاً	ایضاً	۲۲ر جولائی سنہ ۱۸۸۲ء	۰	۰	لعہ	۲۲ر جولائی سنہ ۱۸۷۶ء
دھوسکی	ایضاً	۲۹ر جنوری سنہ ۱۸۸۲ء	۰	۰	ے	۲۹ر جنوری سنہ ۱۸۷۶ء
پروده	ایضاً	۲۴ر جولائی سنہ ۱۸۸۲ء	۰	۰	ے	[illegible] سنہ ۱۸۷۴ء
کھشیرا جوتی رام	ایضاً	۹ر دسمبر سنہ ۱۸۸۲ء	۰	۰	[illegible]	۹ر دسمبر سنہ ۱۸۷۵ء
سوہانہ	ملتان	۱۰ر اپریل سنہ ۱۸۸۲ء	۰	۶	لعہ	۱۰ر اکتوبر سنہ ۱۸۷۵ء
احمد پور	جھنگ	۱۵ر ستمبر سنہ ۱۸۸۱ء	۰	۰	[illegible]	۱۵ر اکتوبر سنہ ۱۸۷۴ء
شجاعت پور	ایضاً	۳۰ر جنوری سنہ ۱۸۸۵ء	۰	۵	[illegible]	۳۰ر اگست سنہ ۱۸۷۷ء
مورکی	ایضاً	۵ر جون سنہ ۱۸۸۲ء	۰	۰	[illegible]	۵ر جون سنہ ۱۸۷۸ء
[illegible]	ایضاً	۲۰ر جولائی سنہ ۱۸۸۳ء	۰	۰	ے	۲۰ر جولائی سنہ ۱۸۷۸ء
[illegible]	ایضاً	۳ر جون سنہ ۱۸۸۲ء	۰	۰	[illegible]	۳ر جون سنہ ۱۸۷۶ء
[illegible]	ایضاً	۷ر فروری سنہ ۱۸۸۲ء	۰	۰	[illegible]	۷ر فروری سنہ ۱۸۷۸ء
[illegible]	ایضاً	ایضاً	۰	۰	[illegible]	ایضاً
ایضاً	ملتان	۱۰ر مارچ سنہ ۱۸۸۲ء	۰	۰	[illegible]	۱۰ر مارچ سنہ ۱۸۷۸ء
[illegible] شاہ	ایضاً	۲۵ر اپریل سنہ ۱۸۸۲ء	۰	۰	[illegible]	۲۵ر اپریل سنہ ۱۸۷۸ء
[illegible]	ایضاً	۳ر ستمبر سنہ ۱۸۸۲ء	۰	۰	[illegible]	۳ر ستمبر سنہ ۱۸۷۸ء
[illegible]	ایضاً	۲۹ر اکتوبر سنہ ۱۸۸۱ء	۰	۰	لعہ	۲۹ر اکتوبر سنہ ۱۸۷۵ء
[illegible] پور	ایضاً	۲۲ر دسمبر سنہ ۱۸۸۲ء	۰	۰	[illegible]	۲۲ر دسمبر
ایضاً	منٹگمری	۳ر جنوری سنہ ۱۸۸۳ء	۰	۹	[illegible]	۳ر جولائی سنہ ۱۸۷۶ء
[illegible]	ایضاً	۳ر جنوری سنہ ۱۸۸۵ء	۰	۷	[illegible]	۳ر جون سنہ ۱۸۷۸ء
[illegible]	ایضاً	۱۹ر مارچ سنہ ۱۸۸۲ء	۰	۰	[illegible]	۱۹ر مارچ سنہ ۱۸۷۷ء
[illegible]	جھنگ	۵ر ستمبر سنہ ۱۸۸۲ء	۰	۰	[illegible]	۵ر ستمبر سنہ ۱۸۷۷ء
[illegible]	ایضاً	۱۳ر جولائی سنہ ۱۸۸۳ء	۰	۶	[illegible]	۱۳ر جولائی سنہ ۱۸۷۷ء
						ڈیرہ اسمٰعیل
	ڈیرہ اسمٰعیل خان	۳ر مارچ سنہ ۱۸۸۳ء	۰	۰	[illegible]	۳ر مارچ سنہ ۱۸۷۶ء
	ایضاً	۳ر اپریل سنہ ۱۸۸۳ء	۰	۰	[illegible]	۳ر اپریل سنہ ۱۸۷۳ء

Number.	Register Number.	Name.	Father's Name.	Caste.	Crime.
			HIGHWAY ROBBERS OF DERA ISM		
623	6017	Sardára ...	Mahamdu ...	Zamíndár ...	392 I. P.C.
624	6020	Ibb ...	Futteh Meer ...	Pathan ...	399 "
625	6028	Mokurrub ...	Oomar ...	Ditto	399 "
626	9217	Shah Morád ...	Mouj Ali ...	Zamíndár ...	392 "
627	9238	Kála ...	Bhatee ...	Afghan ...	392 "
628	9249	Khan Sáhib ...	Makhan ...	Pathan ...	392 "
629	303	Sarmast ...	Kádir ...	Musalmán ...	392 "
630	305	Baháder ...	Jeewna ...	Jhevar ...	397 "
631	309	Roostum Khan ...	Karím ...	Afghan ...	392 "
632	311	Báida ...	Meer ...	Bhatee ...	392 "
					Rob
633	6014	Langar ...	Mehram Shah ...	Ját ...	457 I.P.C.
634	6021	Jhanda ...	Chaida ...	Zamíndár ...	379 "
635	6022	Mehrbán ...	Hossain ...	Mochee ...	379 "
636	6023	Dhermán ...	Bálak Ram ...	Hindu ...	379 "
637	6033	Baháder ...	Pulleáh ...	Koonder ...	457 "
638	6034	Atroo ...	Mobárak ...	Ditto	457 "
639	6035	Ahmad ...	Ali Khan ...	Khokhar ...	380 "
640	6651	Allah dád ...	Sahboo ...	Zamíndár ...	380 "
641	6654	Noora ...	Mosullam ...	Mochee ...	380 "
642	6656	Ahmad, *Alias* Sher Mahomed.	Meerdád ...	Pathan ...	380 "
643	7708	Ahmadyár ...	Hossain ...	Musulman ...	457 "
644	7709	Ahmed ...	Ali ...	Ját ...	457 "
645	7711	Sáhibdád ...	Soorkhroo ...	Zamíndár ...	379 "
646	7844	Mánjah ...	Aakil ...	Kakroo ...	411 "

and Robbers—continued.

Date of Imprisonment.	Term. Years.	Months.	Days.	Date of release.	Residence of District.	Village.
AIL KHAN.—continued.						
3rd April '73	8	0	0	3rd April 81	D. I. Khan ...	D. I. Khan.
6th May '73	7	0	0	5th May 80	ditto ..	Foreign Territory
28th June '73	9	0	0	28th June 82	ditto ...	Ditto
17th March '75	8	9	0	17th Decr. 83	D. G. Khan ...	Khutram.
23rd January '75	7	3	0	23rd April '82	ditto ...	D. G. Khan.
7th August '75	5	0	0	7th Agst. '80	D. I. Khan ...	D. I. Khan.
26th ditto '75	5	0	0	26th ditto '80	ditto ...	Khorasán.
21st ditto '76	5	0	0	21st ditto '81	Bannu ...	Bannu.
29th July '75	5	0	0	29th July '80	D. I. Khan ...	Bágbán.
14th August '78	8	9	0	14th May '87	ditto ...	Mának.
bers.						
24th March '73	7	0	0	24th March '80	D. I. Khan ...	Wojjor.
27th May '73	5	0	0	27th May ,78	ditto ...	D. I Khan.
17th do. '73	6	0	0	17th ditto '79	Bannu ...	Bannu.
23rd June '73	5	0	0	23rd June '78	D. I. Khan. ...	Leiah.
26th July '73	6	6	0	26th Jany. 80	ditto ...	Ditto.
26th do. '73	6	0	0	26th July '79	ditto ...	Ditto.
12th August '73	6	0	0	12th Agst. '79	ditto ...	Khokhar.
31st March '73	6	0	0	31st March '79	ditto ...	Khamulwála.
20th November '73	5	[illegible]	0	20th Agst. '79	ditto ...	D. I. Khan.
3rd December '73	5	[illegible]	0	3rd Do. '79	ditto ...	Khorasán.
29th November '73	5	9	0	20th Agst. '79	ditto ...	D.I. Khan.
13th January '74	5	9	0	13th Octr. '79	ditto ...	Khokarwála
5th February '74	6	0	0	5th Feby '80	Ditto ...	Ditto.
29th July '73	7	6	0	29th Jany. '81	D.G. Khan ...	Nurpur.

جرم	قومیت	ولدیت	نام	نمبر رجسٹر	نمبر شمار
۳۹۲	زمیندار	محمود	سردارا	۶۰۱۸	۶۲۳
۳۹۹	پٹھان	شیخ میر	رب	۶۰۲۰	۶۲۴
۳۹۹	الفنہ	عمر	متعرب	۶۰۲۸	۶۲۵
۳۹۲	زمیندار	موج علی	شاہ مرید	۹۲۱۶	۶۲۶
۳۹۲	افغان	بہشتی	کالا	۹۲۳۸	۶۲۷
۳۹۲	زراعت	سکھن	خان صاحب	۹۲۲۹	۶۲۸
۳۹۳	مسلمان	قدیر	سرمست	۳۰۳	۶۲۹
۳۹۳	جیبو	خیونا	بہادر	۳۰۵	۶۳۰
۳۹۳	پٹھان	کریم	رستم خان	۳۰۶	۶۳۱
۳۹۳	بہشتی	میر	بایدا	۳۱۱	۶۳۲
چوہر					
۴۵۷	جٹ	محرم شاہ	لنگر	۶۰۱۲	۶۳۳
۳۷۹	زمیندار	خدا	جہنڈا	۶۰۲۱	۶۳۴
۳۷۹	قریشی	حسین	مہربان	۶۰۲۲	۶۳۵
۳۷۹	بہشتی	بالک رام	دہرما	۶۰۲۳	۶۳۶
۴۵۷	سکھ ملر	چلیا	بہادر	۶۰۳۳	۶۳۷
۴۵۷	الماڑیہ	حبیب	غفور	۶۰۳۸	۶۳۸
۳۰۰	کہوکھر	علی خان	احمد	۶۰۴۵	۶۳۹
۳۹۰	زمیندار	شیخ بو عرف صاحبو	اللہ داد	۶۶۵۱	۶۴۰
۴۰۰	ماچھی	مسلم	نورا	۶۶۵۲	۶۴۱
۴۰۰	پٹھان	شیر داد	احمد عرف شیر محمد	۶۶۵۶	۶۴۲
۴۵۷	مسلمان	حسین	احمد یار	۴۴۰۸	۶۴۳
۴۵۷	جٹ	علی	احمد	۴۴۰۹	۶۴۴
۳۷۹	زمیندار	سرخرو	صاحب داد	۴۴۱۱	۶۴۵
۴۵۷	گاکرو	عاقل	ناکہ	۴۸۴۴	۶۴۶

سکونت: دیہہ	سکونت: ضلع	تاریخ رہائی	میعاد: یوم	میعاد: ماہ	میعاد: سال	تاریخ قید
ڈیرہ اسمٰعیل خان	ڈیرہ اسمٰعیل خان	۳۰ر اپریل	۰	۰	[illegible]	۳۰ر اپریل
خانہ بدوش	ایضاً	۵ر مئی	۰	۰	[illegible]	۵ر مئی
ایضاً	ایضاً	۲۸ر جون	۰	۰	[illegible]	۲۸ر جون
[illegible] رام	ڈیرہ غازیخان	۱۷ر ستمبر	۰	۹	[illegible]	۱۷ر مارچ
ڈیرہ	ایضاً	۳۰ر اپریل	۰	۳	[illegible]	۳۰ر جنوری
ڈیرہ اسمٰعیل خان	ڈیرہ اسمٰعیل خان	۷ر اگست	۰	۰	[illegible]	۷ر اگست
خراسان	ایضاً	۲۶ر ایضاً	۰	۰	[illegible]	۲۶ر ایضاً
بنوں	بنوں	۱۲ر [illegible]	۰	۰	[illegible]	۱۲ر [illegible]
باغبان	ایضاً	۲۹ر جولائی	۰	۰	[illegible]	۲۹ر جولائی
مانک	ایضاً	۱۳ر مئی	۰	۹	[illegible]	۱۳ر اگست
[illegible]	ایضاً	۲۳ر مارچ	۰	۰	[illegible]	۲۳ر مارچ
ڈیرہ	ایضاً	۲۷ر [illegible]	۰	۰	[illegible]	۲۷ر مئی
[illegible]	ایضاً	۱۷ر [illegible]	۰	۰	[illegible]	۱۷ر [illegible]
ایضاً	ایضاً	۳۰ر جون	۰	۰	[illegible]	۳۰ر جون
ایضاً	ایضاً	۲۶ر جنوری	۰	۶	[illegible]	۲۶ر جولائی
ایضاً	ایضاً	۲۶ر جولائی	۰	۰	[illegible]	ایضاً
[illegible]	ایضاً	۳۰ر اگست	۰	-	[illegible]	۱۷ر اگست
[illegible]	ایضاً	۱۰ر مارچ	۰	۰	[illegible]	۱۰ر مارچ
ڈیرہ	ایضاً	۲۰ر اگست	۰	۹	[illegible]	۲۰ر نومبر
خراسان	ایضاً	۳۰ر اگست	۰	۸	[illegible]	۳۰ر دسمبر
ڈیرہ اسمٰعیل خان	ایضاً	۹ر اگست	۰	۹	[illegible]	۹ر نومبر
[illegible]	ایضاً	۱۳ر اکتوبر	۰	۹	[illegible]	۱۳ر [illegible]
ایضاً	ایضاً	۵ر فروری	۰	۰	[illegible]	۵ر فروری
[illegible]	ایضاً	۲۹ر جنوری	۰	۶	[illegible]	۲۹ر جولائی

Number.	Register Number.	Name.	Father's Name.	Caste.	Crime.
				ROBBERS OF	DERA
647	9218	Sohára ...	Eesah ...	Zamíndár ...	458 I. P. C.
648	9229	Yusuff ...	Moosah ...	Dhobee ...	380 „
649	9231	Momin ...	Sooltán ...	Beloch ...	457 „
650	9232	Shahnewáz ...	Futteh Mahomed	Kalool ...	457 „
651	9233	Morád ...	Kummoon ...	Mosullee ...	457 „
652	9234	Shenáee ...	Shaikh ...	Zamíndár ...	379 „
653	9246	Jámoo ...	Kooshál ...	Ját ...	457 „
654	9247	Hameeda ...	Hussan ...	Zamíndár ...	457 „
655	9239	Jussa ...	Darbáree ...	Khutree ...	457 „
656	9240	Sattoo Ram ...	Rám Singh ...	Khame ...	457 „
657	9243	A'mil Khan ...	Bostán ...	Wazíri ...	382 „
658	9244	Alum Khan ...	Gool Khan ...	ditto ...	382 „
659	9246	Amír Khan ...	Mudállum ...	ditto ..	382 „
660	178	Láloo ...	Mewáh ...	Zamíndár ...	457 „
661	180	Golámee ...	Chandan ...	Deig ...	457 „
662	186	Kutta ...	Kader Baksh ..	Koraishee ...	379 „
663	190	Bakhtyár ...	Dooda ...	Gola ...	379 „
664	191	Mugh ...	Nooroo ...	Musulmán ..	379 „
665	192	Fazul Shah ...	Abdoolla Shah ...	Syad ...	411 „
666	1902	Ramzán ...	Ashruff ...	Ját ...	379 „
667	1903	Bojír ...	Touzuk ...	Musulmán ...	379 „
668	1904	Khoda Baksh ...	Gáma ...	ditto ...	380 „
669	1906	Jíwa ...	Touzuk ...	ditto ...	379 „

Date of Imprisonment.	Term. Years.	Months.	Days.	Date of release.	Residence of District.	Village.
ISMAIL KHAN	contd.					
19th March '75	8	9	0	19th Decr. '83	Dera Gházi Khan	Kesah.
12th Feby. '74	6	0	0	12th Feby. '80	ditto. ...	Saoola.
27th March '74	7	0	0	27th March '81	ditto. ...	D. G. Khan.
...	7	0	0	...	ditto ...	ditto
21st April '73	7	0	0	21st April '80	ditto ...	Gopal.
24th January '74	8	0	0	24th Jany. '82	ditto ...	Koh.
30th December '74	5	6	0	30th June '80	ditto ...	D. G. Khan.
12th January '75	4	6	0	12th July '79	ditto ...	ditto.
5th February '75	5	6	0	5th Agst. '80	D. I. Khan ..	D. I. Khan.
13th March '75	7	0	0	13th March '82	ditto ...	Leiah.
13th May '75	10	0	0	13th May '85	ditto ...	Naderah.
13th do. '75	10	0	0	13th do. '85	ditto ...	ditto.
13th do. '75	10	0	0	13th do. '85	ditto ...	ditto.
7th July. '75	8	0	0	7th July '83	D. G. Khan ...	D. G. Khan.
24th Sept. '75	6	0	0	24th Sept. '81	ditto ...	Gománee.
1st February '76	5	0	0	1st Feby. '81	ditto ...	D. G. Khan.
4th August '75	3	6	0	4th ditto '79	ditto ...	ditto.
30th July '75	4	0	0	30th July '79	ditto ...	Meerpore.
3rd May '76	5	0	0	3rd May '81	ditto ...	Rampore.
20th November '77	4	0	0	20th Novr. '81	ditto ...	Kotka.
1st February '78	4	0	0	1st Feby. '82	ditto ...	ditto.
30th October '77	5	0	0	30th Octr. '82	ditto ...	Khone.
1st December '77	4	0	0	1st Decr. '81	ditto ...	Kunjoor.

نمبر شمار	نمبر چہرہ	نام	ولایت	قومیت	جرم
۴۴۷	۹۲۱۸	سوهارا	عیسی	زمیندار	۴۵۸
۴۴۸	۹۲۲۱	یوسف	موسی	وصیولی	۴۰۰
۴۴۹	۹۲۳۱	مومن	سلطان	بلوچ	۴۵۷
۴۵۰	۹۲۳۲	شاه نواز	تاج محمد	کلول	۴۵۷
۴۵۱	۹۲۳۳	مراد	سمون	مصلی	۴۵۷
۴۵۲	۹۲۳۴	مشتای	پیر بخش	زمیندار	۳۷۹
۴۵۳	۹۲۴۴	جامون	خوشحال	جیت	۴۵۷
۴۵۴	۹۲۴۷	حمیدا	حسن	زمیندار	۴۵۷
۴۵۵	۹۲۳۹	حب	دری	کستری	۴۵۷
۴۵۶	۹۲۲۰	ستور راہی	راجی سنگھ	کمہاری	۴۵۷
۴۵۷	۹۲۲۳	عامل خان	یوسف خان	قریشی	۳۹۲
۴۵۸	۹۲۲۴	عالم خان	گل خان	الیفنا	۳۹۳
۴۵۹	۹۲۲۸	امیر خان	غلام	الیفنا	۳۹۲
۴۶۰	۱۶۸	بعلو	میوا	زمیندار	۴۵۷
۴۶۱	۱۸۰	علامی	جیندن	ڈوکیک	۳۵۷
۴۶۲	۱۸۶	کتتا	جاور بخش	فرنتی	۳۷۹
۴۶۳	۱۹۰	بختیار	دودھ ذر	کولا	۳۷۹
۴۶۴	۱۹۱	بکیا	نورو	مسلمان	۳۷۹
۴۶۵	۱۹۲	فضل شاه	عبداللہ شاه	سید	۴۱۱
۴۶۶	۱۹۰۲	رمضان	اشرف	جیت	۳۷۹
۴۶۷	۱۹۰۳	بوجی	تارنس	مسلمان	۳۷۹
۴۶۸	۱۹۰۴	خدا بخش	گلکبان	الیضاً	۳۸۰
۴۶۹	۱۹۰۶	چیوا	ارگ	الیضاً	۳۷۹

سکونت		تاریخ رہائی	میعاد			تاریخ قید
دیہہ	ضلع		یوم	ماہ	سال	
عیسی	ڈیرہ غازیخان	۱۹ دسمبر ۱۸۸۰ء	۰	۹	[illegible]	۱۹ مارچ ۱۸۶۶ء
سعول	ایضاً	۱۲ فروری ۱۸۸۱ء	۰	۰	[illegible]	۱۲ فروری ۱۸۶۷ء
ڈیرہ غازیخان	ایضاً	۲۷ مارچ ۱۸۸۱ء	۰	۰	[illegible]	۲۷ مارچ ۱۸۶۳ء
ایضاً	ایضاً		۰	۰	[illegible]	
گوپالی	ایضاً	۱۳ اپریل ۱۸۸۰ء	۰	۰	[illegible]	۱۳ اپریل ۱۸۶۵ء
گوہ	ایضاً	۲۳ جنوری ۱۸۸۲ء	۰	۰	[illegible]	۲۳ جنوری ۱۸۶۷ء
ڈیرہ غازیخان	ایضاً	۳۰ جون ۱۸۸۰ء	۰	۶	[illegible]	۳۰ دسمبر ۱۸۶۷ء
ایضاً	ایضاً	۱۲ جولائی ۱۸۸۹ء	۰	۶	[illegible]	۱۲ جنوری ۱۸۶۹ء
ڈیرہ اسمعیل خان	ڈیرہ اسمعیل خان	۵ اگست ۱۸۸۰ء	۰	۶	[illegible]	۵ فروری ۱۸۶۸ء
لیبا	ایضاً	۱۳ مارچ ۱۸۸۲ء	۰	۰	[illegible]	۱۳ مارچ ۱۸۶۵ء
نادر	ایضاً	۱۳ مئی ۱۸۸۵ء	۰	۰	[illegible]	۱۳ مئی ۱۸۷۵ء
ایضاً	ایضاً	ایضاً	۰	۰	[illegible]	ایضاً
ایضاً	ایضاً	ایضاً	۰	۰	[illegible]	ایضاً
ڈیرہ غازیخان	ڈیرہ غازیخان	۷ جولائی ۱۸۸۳ء	۰	۰	[illegible]	۷ جولائی ۱۸۶۵ء
کاتی	ایضاً	۲۴ ستمبر ۱۸۸۱ء	۰	۰	[illegible]	۲۴ ستمبر ۱۸۶۵ء
ڈیرہ غازیخان	ایضاً	یکم فروری ۱۸۸۱ء	۰	۰	[illegible]	یکم فروری ۱۸۶۷ء
ایضاً	ایضاً	۲ فروری ۱۸۷۹ء	۰	۶	[illegible]	۲ اگست ۱۸۶۵ء
حبیب	ایضاً	۳۰ جولائی ۱۸۷۹ء	۰	۰	[illegible]	۳۰ جولائی ۱۸۶۵ء
راجو	ایضاً	۱۳ مئی ۱۸۸۰ء	۰	۰	[illegible]	۱۳ مئی ۱۸۶۶ء
[illegible]	ایضاً	۲۰ نومبر ۱۸۸۱ء	۰	۰	[illegible]	۲۰ نومبر ۱۸۶۷ء
ایضاً	ایضاً	یکم فروری ۱۸۸۲ء	۰	۰	[illegible]	یکم فروری ۱۸۶۸ء
[illegible]	ایضاً	۳۰ اکتوبر ۱۸۸۱ء	۰	۰	[illegible]	۳۰ اکتوبر ۱۸۶۶ء
[illegible]	ایضاً	یکم دسمبر ۱۸۸۱ء	۰	۰	[illegible]	یکم دسمبر ۱۸۶۷ء

List of Dacoos and Robbers of the Punjab

Number.	Register Number.	Name.	Father's Name.	Caste.
				DELHI Highway
1	8808	Lushkaree ...	Shamoò ...	Rajpoot ...
2	7257	Hardeó ...	Nanda ...	Gujar ...
3	8860	Karmoo ...	Wazira ...	Rajpoot ...
4	8838	Nánoo ...	Misree ...	ditto ...
5	8808	Mahmood ...	Husta ...	ditto ...
6	8809	Natha ...	Táher ...	ditto ...
7	4320	Bahádar ...	Narsing ...	Hindu ...
8	7701	Goolber ...	Khoshee Ram ...	Gujar ...
9	2181	Badám ...	Rámjas ...	Ját ...
10	7702	Dán, *alias* Sandee ...	Ram Deen ...	do. ...
11	8815	Mámu ...	Sangat ...	do. ...
12	7714	Goolfa ..	Goománee ...	do. ...
13	4331	Amir Singh ...	Hem Ráj ...	do. ...
14	8922	Amír Khan ...	Illáhi Baksh ...	do. ...
				ROBBERS OF DELHI
15	8834	Ram Singh ...	Sanch ...	Rajpoot ...
16	7277	Gholáb Singh ...	Rae Singh ...	Ját ...
17	7270	Rámjas ...	Ghaseeta ...	Zamíndár ...
18	4327	Mehtába ...	Khazán Singh ...	Ját ...
19	7734	Goolloo ...	Azeezoollah ...	Teli ...
20	8717	Káder Baksh ...	Allah Baksh ...	Mosulmán ...
21	4050	Putrám ...	Reenjah ...	Ját ...
22	2436	Aroora ...	Ramkishan ...	do. ...
23	2783	Barkat ...	Mahomed Baksh ...	Syad ...
24	8741	Ahmed ...	Karm Baksh ...	Khoja ...
25	9949	Mahomdee ...	Nubbee Baksh ...	Bahishtee ...

Districts, released from the Central Jail Lahore.

Crime.	Term. Years.	Months.	Days.	Residence of District.	Village.
DIVISION.					
Robbers.					
395 I. P. C.	5	0	0	Karnál ...	Karnál.
392 "	7	0	0	Delhi ...	Aurangpur.
390 "	5	0	0	Karnâl ...	Karnâl.
392 "	5	0	0	ditto ...	ditto.
395 "	5	0	0	ditto ...	ditto.
392 "	5	0	0	ditto	ditto.
392 "	5	0	0	Gurgaon ...	Gurgaon.
392 "	8	0	0	Delhi ...	Delhi.
392 "	7	0	0	Karnál ...	Raipora.
392 "	8	0	0	Gurgaon ...	Gurgaon.
392 "	5	0	0	Karnál ...	Bourang.
392 "	7	0	0	ditto ...	Karnál.
392 "	5	0	0	Gurgaon ...	Gurgaon.
394 "	9	6	0	ditto ...	Soond.
DIVISION.					
457 I. P. C.	6	0	0	Karnál ...	Karnál.
457 "	8	0	0	Delhi ...	Delhi.
457 "	8	0	0	ditto ...	ditto.
458 "	6	0	0	ditto ...	Wanderer.
458 "	6	0	0	ditto ...	Siánpore.
454 "	6	0	0	ditto ...	Kadumshareef.
457 "	5	0	0	Gurgaon ...	Gurgaon.
457 "	4	0	0	ditto ...	ditto.
457 "	9	0	0	Karnál ...	Karnál.
457 "	7	0	0	Delhi ...	Kadumshareef.
454 "	5	0	0	ditto ...	Delhi.

سنٹرل جیل لاہور سے رہا ہو گئے ہیں۔

نمبر شمار	نمبر رجسٹر	نام	ولدیت	قومیت
				دہلی ہالی
۱	۸۸۰۶	لشکری	شامو	راجپوت
۲	۷۲۵۱	ہردیو	نندا	گوجر
۳	۸۸۴۰	سکرمو	وزیرا	راجپوت
۴	۸۸۳۸	ٹالون	مصرتی	[illegible]
۵	۸۸۰۸	محمود	ہستا	الفند
۶	۸۸۰۹	تنہا	[illegible]	الفند
۷	۶۳۲۰	بہادر	نرسنگھ	تباد
۸	۷۷۰۱	سنگھ گل	خوشی رام	گوجر
۹	۲۱۸۱	بادام	رام جس	جٹ
۱۰	۷۷۰۳	دان عرفت	رالدین	گوجر
۱۱	۸۰۱۵	ناخون	سنگت	جٹ
۱۲	۷۷۱۳	گوپتا	گانی	الفند
۱۳	۲۳۳۱	دھیر سنگھ	ہیمراج	الفند
۱۴	۲۹۲۳	امیر خان	الٰہی بخش	الفند
				چور
۱۵	۸۸۳۴	رام سنگھ	ناتی	راجپوت
۱۶	۷۲۷۷	گلاب سنگھ	رائی سنگھ	جٹ
۱۷	۷۲۷۰	رام جس	گستا	زمیندار
۱۸	۲۳۷۷	منتھاما	خزان سنگھ	جٹ
۱۹	۷۷۳۴	گوشو	عزیز اللہ	تیلی
۲۰	۸۷۱۷	قادر بخش	اللہ بخش	مسلمان
۲۱	۶۰۵۰	بیت زلم	رنگو	جٹ
۲۲	۲۳۳۵	ازردا	رام گنش	الف
۲۳	۲۷۸۳	برکت	محمد بخش	سید
۲۴	۸۷۱۱	احمد	کرم بخش	خوجہ
۲۵	۹۹۶۹	محمدی	نبی بخش	بہشتی

فہرست ڈاکوان و نامی چور پنجاب کی جو

سکونت دیہہ	سکونت ضلع	میعاد یوم	میعاد ماہ	میعاد سال	جرم
					قسمت
کرنال	کرنال	۰	۰	[illegible]	٣٩٥
لونگ پور	دہلی	۰	۰	[illegible]	٣٩٢
کرنال	کرنال	۰	۰	[illegible]	٣٩٠
ایضاً	ایضاً	۰	۰	[illegible]	٣٩٢
ایضاً	ایضاً	۰	۰	[illegible]	٣٩٥
ایضاً	ایضاً	۰	۰	[illegible]	٣٩٢
گوڑگانوہ	گوڑگانوہ	۰	۰	[illegible]	٣٩٢
دہلی	دہلی	۰	۰	[illegible]	٣٩٢
پراتی پور	کرنال	۰	۰	[illegible]	٣٩٢
گوڑگانوہ	گوڑگانوہ	۰	۰	[illegible]	٣٩٢
نورنگ	کرنال	۰	۰	[illegible]	٣٩٢
کرنال	ایضاً	۰	۰	[illegible]	٣٩٢
گوڑگانوہ	گوڑگانوہ	۰	۰	[illegible]	٣٩٢
سونڈھ	ایضاً	۰	٦	[illegible]	٣٩٤
کرنال	کرنال	۰	۰	[illegible]	٤٥٧
دہلی	دہلی	۰	۰	[illegible]	٤٥٧
ایضاً	ایضاً	۰	۰	[illegible]	٤٥٧
خانہ بیدرش	ایضاً	۰	۰	[illegible]	٤٥٨
سائن پور	ایضاً	۰	۰	[illegible]	٤٥٨
قدم شریف	ایضاً	۰	۰	[illegible]	٤٥٣
گوڑگانوہ	ایضاً	۰	۰	[illegible]	٤٥٧
ایضاً	گوڑگانوہ	۰	۰	[illegible]	٤٥٧
کرنال	کرنال	۰	۰	[illegible]	٤٥٧
قدم شریف	دہلی	۰	۰	[illegible]	٤٥٧
ایضاً	ایضاً	۰	۰	[illegible]	٤٥٣

List of released Dacoos and Robbers

Number.	Register Number.	Name.	Father's Name.	Caste.
				DELHI DI
				Rob
26	8719	Kareem Baksh ...	Raheem Baksh ...	Mosulmán ...
27	4032	Ganga Pershad ...	Devi Sahái ...	Brahmin ...
28	4030	Bahádar ...	Gománce ...	Zamíndár ...
29	4047	Amir Khan ...	Mehtáb ...	Ját ...
30	817	Sewga ...	Jaswant ...	Kuli
				HISSAR
31	3150	Kareem Baksh ...	Allah Baksh ...	Rangrez ...
32	8373	Jewan ...	Roshan ...	ditto ...
33	9202	Jewan ...	Yousaff ...	Ját ...
34	5724	Boota ...	Nawáb ...	Chhoora ...
35	5721	Chhoorh ...	Chanda ...	Zamíndár ...
36	6633	Rookna ...	Láloo ...	Ját ...
37	6634	Bajoo ...	Boorhán ...	do. ...
38	6635	Jeymal ...	Doonnee ...	do. ...
39	6632	Bahádar ...	Wáris ...	do. ...
40	2898	Harkishan ...	Chainsookh ...	do. ...
41	3417	Bakhta ...	Khairoolla ...	Rangrez ...
42	7824	Shewjee ...	Teja ...	Báveria ...
43	9988	Heera ...	Jawáhria ...	Ját ...
44	4613	Roomla ...	Pehán ...	do. ...
45	4511	Sardára	Kharka ...	Rajpoot ...
46	4514	Chhoorh ...	Sookhoo ...	Ját ...
47	6626	Safaidee ...	Bahál ...	do. ...
48	6622	Dilsookh ...	Kishna ...	do. ...
49	6619	Musta ...	...	do. ...
50	4042	Beer Singh ...	Kámul Singh ...	do. ...

of Punjab—continued.

Crime.	Term.			Residence of	
	Years.	Months.	Days.	District.	Village.
VISION.—	conld.				
bers					
457 I. P. C.	5	0	0	Delhi ...	Delhi
457 „	4	0	0	do.	do.
457 „	4	0	0	do.	do.
457 „	6	0	0	Gurgaon ...	Gurgaon.
454 „	4	0	0	Delhi ...	Delhi
DIVISION.					
395 „	8	6	0	Hissar ...	Soograon.
395 „	9	6	0	do. ...	Hissar.
395 „	6	0	0	do. ...	Fattehabád.
392 „	4	0	0	Sirsa ...	Sirsa.
392 „	4	0	0	do. ...	do.
395 „	5	0	0	do. ...	do.
395 „	5	0	0	do. ...	do.
395 „	5	0	0	do. ...	do.
395 „	5	0	0	do. ...	do.
392 „	6	0	0	do. ...	Mugrána.
390 „	14	0	0	Hissar ...	Hissar.
395 „	5	0	0	Sirsa ...	Sirsa.
395 „	5	0	0	do. ...	Tikhawála.
395 „	10	0	0	Hissar ...	Rampore.
390 „	10	0	0	do. ...	Kherki.
390 „	10	0	0	do. ...	ditto.
395 „	7	9	0	do. ...	Hissar.
397 „	7	0	0	do. ...	Kharal.
397 „	7	0	0	do. ..	do.
395 „	4	0	0	Sirsa ...	Sirsa.

قومیت	ولدیت	نام		نمبر رجسٹر	نمبر شمار
مسلمان	رحیم بخش	کریم بخش		۸۷۱۹	۲۶
برہمن	دیوی سہائی	گنگا پرشاد		۴۰۳۲	۲۷
زمیندار	سکھو لی	بہادر		۴۰۳۰	۲۸
جٹ	مہتاب	نومیر خان		۴۰۴۷	۲۹
قلی	جسونت	گنگا		۸۱۷	۳۰
جھصار رنگریز	اللہ بخش	کریم بخش		۳۱۵۰	۳۱
القصاب	روشن	جیون		۸۳۷۳	۳۲
جٹ	یوسف	جیون		۹۲۰۳	۳۳
چوہڑا	نواب	پوناں		۵۷۲۴	۳۴
زمیندار	جھنڈا	چوہر		۵۷۲۱	۳۵
جٹ	نغلو	رکنا		۶۶۳۳	۳۶
الغفار	برہان	باہو		۶۶۳۴	۳۷
الغفار	دولی	خیال		۶۶۳۵	۳۸
الغفار	وارث	بہادر		۶۶۳۴	۳۹
الغفار	جیون سنگھ	کشن		۲۸۹۸	۴۰
رنگریز	شغبتہ	بختا		۴۴۱۷	۴۱
باوریہ	نبیع	شیوجی		۷۸۲۴	۴۲
جٹ	جوزہریا	ہیرا		۹۹۸۸	۴۳
الغفار	بہان	ردملا		۷۵۱۳	۴۴
راجپوت	سکھر شاکا	سردارا		۴۵۱۱	۴۵
جسنط	سوکھو	چوہڑ		۴۵۱۲	۴۶
الغفار	بجال	سفیدی		۶۶۳۶	۴۷
الغفار	کرنتا	دل شگفتہ		۶۶۲۲	۴۸
الغفار		مستا		۶۶۱۹	۴۹
الغفار	کامل سنگھ	پیر مسنگہ		۴۰۴۲	۵۰

مسکونت		میعاد			جرم
دیہہ	ضلع	یوم	ماہ	سال	
دہلی	دہلی	۰	۰	[illegible]	۴۵۷
ایضاً	ایضاً	۰	۰	[illegible]	۴۵۷
ایضاً	ایضاً	۰	۰	[illegible]	۴۵۷
نگور تھکانوہ	رہتک گوڑگانوہ	۰	۰	[illegible]	۴۵۷
دہلی	دہلی	۰	۰	[illegible]	۴۵۷
					قسمت
سوکراہ	حصار	۰	۶	[illegible]	۳۹۵
حصار	ایضاً	۰	۶	[illegible]	۳۹۵
فتح آباد	ایضاً	۰	۰	[illegible]	۳۹۵
سرسہ	سرسہ	۰	۰	[illegible]	۳۹۲
ایضاً	ایضاً	۰	۰	[illegible]	۳۹۲
ایضاً	ایضاً	۰	۰	[illegible]	۳۹۵
ایضاً	ایضاً	۰	۰	[illegible]	۳۹۵
ایضاً	ایضاً	۰	۰	[illegible]	۳۹۵
ایضاً	ایضاً	۰	۰	[illegible]	۳۹۵
نگدرانہ	ایضاً	۰	۰	[illegible]	۳۹۲
ایضاً حصار	حصار	۰	۰	[illegible]	۳۹۰
سرسہ	سرسہ	۰	۰	[illegible]	۳۹۵
...والہ	ایضاً	۰	۰	[illegible]	۳۹۵
[illegible]	حصار	۰	۰	[illegible]	۳۹۵
[illegible]	ایضاً	۰	۰	[illegible]	۳۹۰
ایضاً	ایضاً	۰	۰	[illegible]	۳۹۰
حصار	ایضاً	۰	۹	[illegible]	۳۹۵
[illegible]	ایضاً	۰	۰	[illegible]	۳۹۷
ایضاً	ایضاً	۰	۰	[illegible]	۳۹۷
سرسہ	سرسہ	۰	۰	[illegible]	۳۹۵

List of released Dacoos and

Number.	Register Number.	Name.	Father's Name.	Caste.
				HISSAR DI
				Rob
51	4041	Samanda ...	Deep Singh ...	Ját ...
52	4043	Sammon Singh ...	Misree ...	do. ...
53	6724	Lábáh ...	Sáwan ...	Chamár ...
54	6725	Soondah ...	Sáwan ...	ditto ...
55	6727	Chattar Singh ...	Shewjee ...	ditto ...
56	4048	Goormukh Singh ...	Sohaila ...	Ját ...
57	7829	Hurdiál ...	Námah ...	Brahmin ...
58	4135	Oottum Singh ...	Mehtáb Singh ...	Ját ...
59	4062	Mangal ...	Soojána ...	do. ...
60	4558	Gandeeláh ...	Nehála ...	do. ...
61	4061	Pertáb Singh ...	Sáhib Singh	do. ...
62	4134	Sobha Singh ...	Mohabut Singh ...	do. ...
63	2425	Gareeboo ...	Musta ...	Dhobee ...
64	9986	Joice ...	Ausah ...	Ját ...
65	9987	Putrám ...	Bishna ...	do. ...
66	7831	Jawáya ...	Sigga ...	do. ...
67	7830	Jassu ...	Bága ...	do. ...
68	7832	Mangla ...	Jíwa ...	do. ...
69	7427	Birkha ...	Taijrám ...	do. ...
70	2425	Nanda ...	Sobha ...	do. ...
71	2430	Jussa ...	Bustee ...	do. ...
72	6323	Illáhia ...	Julla ...	Báveria ...
				UMBALLA
				Highway
73	7135	Mán Singh ...	Guláb Singh ...	Ját ...
74	7136	Roollia ...	Dhanna ...	Teli ...

Robbers of Punjab—continued.

Crime.	Term. Years.	Months.	Days.	Residence of District.	Village.
VISION—bers.	contd.				
395 I. P. C.	4	0	0	Sirsa ...	Sirsa.
395 „	4	0	0	do. ...	do.
395 „	7	0	0	do. ...	do.
395 „	7	0	0	do. ...	do.
395 „	7	0	0	do. ...	do.
395 „	4	0	0	do. ...	do.
397 „	7	0	0	Hissar ...	Hissar.
395 „	10	0	0	Sirsa ...	Thákí.
395 „	5	0	0	do. ...	ditto.
395 „	5	0	0	do. ...	ditto.
395 „	5	0	0	do. ...	ditto
395 „	10	0	0	Sirsa ...	Sirsa.
392 „	5	0	0	Rohtak ...	Boogga.
397 „	7	0	0	Hissar ...	Dholepore.
397 „	7	0	0	ditto ...	ditto.
394 „	8	9	0	ditto ...	Hissar.
394 „	7	9	0	ditto ...	ditto.
394 „	8	9	0	ditto ...	ditto.
395 „	7	0	0	Rohtak ...	Rohtak.
392 „	6	6	0	Hissar ...	Hissar.
394 „	7	0	0	Rohtak ...	Rohtak.
395 „	5	6	0	Sirsa ...	Sirsa.
DIVISION. Robbers.					
391 I.P.C.	5	0	0	Ludhiána ...	Saidpore.
395 „	5	6	0	ditto ...	Raipore.

قومیت	ولدیت	نام	نمبر رجسٹر	نمبر شمار
حبشی	رتن سنگھ	سمندرا	۴۰۴۱	۵۱
الفنٹ	معروفی	سمن سنگھ	۴۰۴۳	۵۲
چمار	سیاراون	لالابا	۴۷۴۴	۵۳
الفنٹ	الفنٹ	سونوا	۴۷۴۵	۵۴
الفنٹ	شیوجی	چھتر سنگھ	۴۷۴۷	۵۵
حبش	سوہلا	شیر سنگھ / گورکھ سنگھ	۸۴۴	۵۶
برہمن	نانیوق سنگھ	ہریپال	۷۸۴۹	۵۷
حبش	سوبھا سنگھ	اونم سنگھ	۴۱۳۵	۵۸
الفنٹ	بینانا	سنگل	۴۰۴۲	۵۹
الفنٹ	بدالا	گندولا	۴۵ [illegible]	۶۰
الفنٹ	ماتب سنگھ	بینائیت سنگھ	۴۰۶۱	۶۱
الفنٹ	دیبت سنگھ	شوبھا سنگھ	۴۱۳۴	۶۲
دھیولی	بسنتا	غریبو	۲۳۷۵	۶۳
حبش	بنی	جوتی	۹۹۸۶	۶۴
الفنٹ	بسنا	بیت رام	۹۹۸۷	۶۵
الفنٹ	منگلا	خوابا	۷۸۳۱	۶۶
الفنٹ	بالکیا	حسو	۹۸۳۰	۶۷
الفنٹ	جیبوا	منگلا	۷۸۳۳	۶۸
الفنٹ	بیجرام	ہرکیا	۷۳۲۶	۶۹
الفنٹ	سوبیا	نندوا	۲۴۲۵	۷۰
الفنٹ	بسنتی	حب	۳۳۳۰	۷۱
الفنٹ	جھلا	انبیا	۳۳۲۳	۷۲
یادوریہ				
انبالہ				
حبش	گلاب سنگھ	ان سنگھ	۷۱۳۵	۷۳
تیلی	دھنیا	رویا	۷۱۳۶	۷۴

سکونت		میعاد			جرم
دیہ	ضلع	یوم	ماہ	سال	
سرسہ	سرسہ	۰	۰	للعہ	۳۹۵
ایضاً	ایضاً	۰	۰	للعہ	۳۹۵
ایضاً	ایضاً	۰	۰	عہ	۳۹۵
ایضاً	ایضاً	۰	۰	عہ	۳۹۵
ایضاً	ایضاً	۰	۰	عہ	۳۹۵
ایضاً	ایضاً	۰	۰	للعہ	۳۹۵
حصار	حصار	۰	۰	عہ	۳۹۷
تہاکی	سرسہ	۰	۰	لـ	۳۹۵
ایضاً	ایضاً	۰	۰	صہ	۳۹۵
ایضاً	ایضاً	۰	۰	صہ	۳۹۵
ایضاً	ایضاً	۰	۰	صہ	۳۹۵
سرسہ	ایضاً	۰	۰	لـ	۳۹۵
بوگا	رہتک	۰	۰	صہ	۳۹۲
ڈہول لوہر	حصار	۰	۰	عہ	۳۹۷
ایضاً	ایضاً	۰	۰	عہ	۳۹۷
حصار	ایضاً	۰	۹	لعہ	۳۹۳
ایضاً	ایضاً	۰	۹	عہ	۳۹۳
ایضاً	ایضاً	۰	۹	لعہ	۳۹۳
رہتک	رہتک	۰	۰	عہ	۳۹۵
حصار	حصار	۰	۶	لـ	۳۹۲
رہتک	رہتک	۰	۰	عہ	۳۹۳
سرسہ	سرسہ	۰	۶	صہ	۳۹۵
					قسمت
مسید پور	لودہانہ	۰	۰	صہ	۳۹۱
رای پور	ایضاً	۰	۹	صہ	۳۹۵

List of released Dacoos and

Number.	Register Number.	Name.	Father's Name.	Caste.
				UMBALLA
				Highway
75	7283	Nehála ...	Dewa ...	Chamár ...
76	7202	Karm Baksh ...	Peer Baksh ...	Rajpoot ...
77	906	Roora ...	Jevan Singh ...	Ját ...
78	905	Káloo ...	Samand Singh ...	ditto ...
79	8760	Mián Singh ...	Kooshál Singh ...	ditto ...
80	3404	Pakher Singh ...	Meah Singh ...	ditto ...
81	6539	Ghaina ...	Jameeta ...	Baveria ...
82	3435	Ráma ...	Lehna ...	Hárnee ...
				ROBB
83	8964	Sáeen Ditta ...	Mehtába ...	Barber ...
84	2393	Dáira ...	Booja ...	Báveria ...
85	2180	Khoda Baksh ...	Chandoo ...	Aráîn ...
86	6537	Mohamed Baksh ...	Mohkam ...	Ját ...
87	8743	Illáhi Baksh ...	Peer Baksh ...	Zamíndár ...
				JULLUNDUR
				Highway
88	4127	Jawáher Singh ...	Charat Singh ...	Ját ...
89	6453	Shameer ...	Soudágar ...	do. ...
90	2184	Ganga ...	Lehnoo ...	do. ...
91	2790	Peeroo ...	Kheta ...	do. ...
92	3441	Boota ...	Rooldoo ...	Khoja ...
93	8880	Bhola ...	Muddoo ...	Ját ...
94	3434	Khazána ...	Káka ...	Hárnee ...
				Rob
95	8780	Mehtáb Singh ...	Roopa Singh ...	Ját ...

Robbers of Punjab—continued.

Crime.	Term. Years.	Months.	Days.	Residence of District.	Village.
DIVISION.					
Robbers—conld.					
394 I. P. C	5	0	0	Ludhiána ...	Bânee.
394 "	5	0	0	ditto ...	Malerkotla.
395 "	8	6	0	Umballa ...	Paráh.
395 "	8	6	0	ditto ...	Haree Kalán.
395 "	7	0	0	ditto ...	Kote Futta.
396 "	10	0	0	ditto ...	Umballa.
394 "	7	0	0	ditto ...	ditto.
395 "	10	0	0	ditto ...	Jugruwála.
ERS.					
457 I. P. C.	4	7	0	Ludhiána ...	Ludhiána.
457 "	14	0	0	ditto ...	Shaikhpur.
457 "	5	0	0	Umballa ...	Umballa.
459 "	8	0	0	ditto ...	Sooltánpur.
457 "	5	0	0	ditto ...	Umballa.
DIVISION.					
Robbers.					
394 I. P. C	7	0	0	Jullundur ...	Atroo.
395 "	7	0	0	Hoshiárpur ...	Bisseo Kalán.
392 "	5	0	0	ditto ...	Chuthpur.
392 "	6	0	0	ditto ...	Serái Kalán.
392 "	4	0	0	Jullundur ...	Talwandee.
392 "	4	0	0	ditto ...	Rajoowála.
395 "	10	0	0	Hoshiárpur ...	Hoshiárpur.
bers.					
457 I.P. C.	5	0	0	Jullundur ...	Jhakber.

قومیت	ولدیت	نام		نمبر رجسٹر	نمبر شمار
راجپوت	دیوا	پنهالا		۶۲۸۳	۷۵
جٹ	پیر بخش	کرم بخش		۶۲۰۷	۷۶
الفقیر	جیون سنگھ	اروڑا		۹۰۶	۷۷
الفقیر	بسنت سنگھ	کالو		۹۰۵	۷۸
الفقیر	خوشحال سنگھ	میاں سنگھ		۸۶۴۰	۷۹
باوریا	ہرنام سنگھ	بکهر سنگھ		۳۲۰۲	۸۰
ماچھی	جمعہ	گنپتا		۴۵۳۹	۸۱
جولاہا	لکھا	درانان		۳۳۳۵	۸۲
حجام	مہتاب	ساٸیں دتا		۸۹۶۲	۸۳
باوریہ	بوٹا	دلیرا		۲۳۹۳	۸۴
آرائیں	جھنڈو	خدا بخش		۲۱۸۰	۸۵
جٹ	قمر	محمد بخش		۴۵۳۶	۸۶
زمیندار	پیر بخش	الٰہی بخش		۸۷۲۳	۸۷
جٹ	جیت سنگھ	جواہر سنگھ		۲۱۲۷	۸۸
الفقیر	بشنو داس	نشیر		۶۲۵۳	۸۹
الفقیر	لبھو	گنگا		۳۱۸۲	۹۰
الفقیر	گنپتا	پیرو		۲۶۹۰	۹۱
خوجہ	رولدو	بوٹا		۳۳۳۱	۹۲
جٹ	ہدہ	بھولا		۸۸۸۰	۹۳
ماچھی	کاکا	خزانا		۳۳۳۳	۹۴
جٹ سکھ	روڈا سنگھ	مہتاب سنگھ		۸۶۰۰	۹۵

مسکونت		میعاد			جرم
دیہہ	ضلع	یوم	ماہ	سال	
بانی	لودیانہ	۰	۰	ص	۳۹۲
ملیر کوٹلہ	ایضاً	۰	۰	ص	۳۹۱
بہیرہ	انبالہ	۰	۶	ۓ	۳۹۵
ہڑای کلاں	ایضاً	۰	۶	ۓ	۳۹۵
کوٹ فتا	ایضاً	۰	۰	عہ	۳۹۵
انبالہ	ایضاً	۰	۰	ے	۳۹۶
ایضاً	ایضاً	۰	۰	عہ	۳۹۲
جگردوالہ	ایضاً	۰	۰	ے	۳۹۵
گوگلا	لودیانہ	۰	۶	لعہ	۴۵۷
منج پور	ایضاً	۰	۰	لعہ	۴۵۷
انبالہ	انبالہ	۰	۰	ص	۴۵۷
سلطانپور	ایضاً	۰	۰	ۓ	۴۵۹
انبالہ	ایضاً	۰	۰	ص	۴۵۷
					قسمت
عطرہ	جالندھر	۰	۰	عہ	۳۹۲
بسی کلاں	ہوشیارپور	۰	۰	عہ	۳۹۵
جہت پور	ایضاً	۰	۰	ص	۳۹۲
ہیرای کلاں	ایضاً	۰	۰	ے	۳۹۲
تلونڈی	جالندھر	۰	۰	لعہ	۳۹۲
راجووال	ایضاً	۰	۰	لعہ	۳۹۲
ہوشیارپور	ہوشیارپور	۰	۰	ے	۳۹۵
جگبہر	جالندھر	۰	۰	ص	۴۵۷

List of released Dacoos and

Number.	Register Number.	Name.	Father's Name.	Caste.
				JULLUNDUR
96	8797	Bhága ...	Lukhee ...	Sweeper ...
97	8798	Peeroo ...	Jowála Singh ...	ditto ...
98	6541	Kála ...	Hameer ...	Ját ...
99	6548	Amíra ...	Saida ...	Aráín ...
100	6559	Nehál Singh ...	Majja Singh ...	Ját ...
101	6558	Ghania ...	Dewána ...	Brahmin ...
102	7617	Tába ...	Sídhoo ...	Chhoora ...
103	7862	Amira ...	Soudágar ...	Shaikh ...
104	8779	Boodha ...	Doola Singh ...	Ját ...
105	3440	Poonnoo, *alias* Uchroo...	Gooran ...	do. ...
106	836	Bhulla ...	Chand ...	Sansee ...
107	831	Kirpa ...	Ghaseeta ...	Goldsmith ...
108	9292	Sooltan Baksh ...	Daswandee ...	Ját ...
109	833	Dittu ...	Dhooman ...	Carpenter ...
110	1015	Kareem Baksh ...	Nathoo Khan ...	Rajpoot ...
111	832	Jhandoo ...	Káim ...	Ját ...
112	6397	Gosáon ...	Baisákhee ...	Bhangee ...
113	2230	Gandoo ...	Goormookh ...	Ját ...
114	9953	Nathoo ...	Bahâder Ali ...	Syad ...
115	6546	Uchroo ...	Daswandee ...	Rajpoot ...
116	5211	Shádee ...	Allah Díáh ...	Ját ...
				AMRITSAR
				Highway
117	8655	Boota ...	Nankoo ...	Ját ...
118	8659	Fazla ...	Koora ...	do. ...

Robbers of Punjab—continued.

Crime.	Term. Years.	Months.	Days.	Residence of District.	Village.
DIVISION.					
Robbers—conld.					
457 I. P. C.	4	0	0	Jullundur ...	Jhakher.
457 "	5	0	0	Hoshiárpur ...	Hoshiárpur.
457 "	5	0	0	ditto ...	Loghoo Hazari.
457 "	4	3	0	ditto ...	Do.
457 "	4	6	0	ditto ...	Juggana.
457 "	5	0	0	ditto ...	Hoshiárpur.
457 "	5	0	0	Hoshiárpur ...	Hoshiárpur.
457 "	6	0	0	ditto ...	Bahâderpur.
457 "	6	0	0	ditto ...	Bilkoowála.
457 "	8	0	0	ditto ...	Marolee.
457 "	4	6	0	ditto ...	Hoshiárpur.
457 "	4	3	0	Jullundur ...	Jullundur.
457 "	5	0	0	ditto ...	Noor Mahel.
457 "	5	0	0	Hoshiárpur ...	Ashudpur.
457 "	7	0	0	ditto ...	Hoshiárpur.
454 "	4	0	0	Jullundur ...	Shangeer.
457 "	7	0	0	Hoshiárpur ...	Hoshiárpur.
454 "	6	0	0	Jullundur ...	Nawasher.
457 "	7	0	0	Hoshiárpur ...	Hoshiárpur.
457 "	10	0	0	ditto ...	Garhshankar.
454 "	5	0	0	Jullundur ...	Rámpur.
DIVISION.					
Robbers.					
395 I. P. C.	5	0	(	Gurdáspur ...	Gurdáspur.
395 "	5	0	(	ditto ...	ditto.

نمبر شمار	نمبر چٹھی	نام	ولدیت	قومیت
۹۶	۸۶۹۶	بہاگا	لکھی	چوہڑا
۹۷	۸۶۹۸	سیرو	جوالا سنگھ	[illegible]
۹۸	۹۵۲۱	ننگالا	حمید	جٹ
۹۹	۹۵۲۸	کھیرا	مسیدا	ارائیں
۱۰۰	۹۵۵۹	نتال سنگھ	می سنگھ	جٹ
۱۰۱	۹۵۵۸	کنیا	دیوانہ	برہمن
۱۰۲	۶۹۱۶	[illegible]	ستریو	چوہڑا
۱۰۳	۶۸۹۳	ابیرا	سوہرا گر	شیخ
۱۰۴	۸۶۳۹	بجوکا	دولا سنگھ	جٹ
۱۰۵	۵۳۳۵	ینو عرف اجہیرہ	گورن	[illegible]
۱۰۶	۹۳۳۶	بہلا	چند	سانسی
۱۰۷	۸۳۵۰	[illegible]	کہیشا	سونار
۱۰۸	۹۵۴۲	سلطان بخش	دسوندی	جٹ
۱۰۹	۸۳۵۰	دتو	دہیوس	ترکھان
۱۱۰	۱۰۱۵	کریم بخش	موجان	راجپوت
۱۱۱	۸۳۳۲	جہنڈو	تائیم	جٹ
۱۱۲	۸۳۹۶	گوشاؤن	بستانی	برہمن
۱۱۳	۲۲۳۰	کنڈو	کورنکیہ	جٹ
۱۱۴	۹۹۵۳	تہو	بہادر علی	سید
۱۱۵	۹۵۳۶	اچھرو	دسوندی	راجپوت
۱۱۶	۵۳۱۱	شادی	واہندا	جٹ
				اہیر لتسر
۱۱۷	۸۶۵۵	بوٹا	گمو	جٹ
۱۱۸	۸۶۵۹	فضلو	گورو	[illegible]

جرم	میعاد			سکونت	
	سال	ماہ	یوم	ضلع	دیہہ
۱۵۸	عمر	۰	۰	جالندھر	جکید
۱۵۸	[illegible]	۰	۰	ہوشیارپور	ہوشیارپور
۱۵۸	[illegible]	۰	۰	ایضاً	کوٹھی گوہراں
۱۵۸	عمر	۳	۰	ایضاً	ایضاً
۱۵۸	عمر	۶	۰	ایضاً	بگانہ
۱۵۸	[illegible]	۰	۰	ایضاً	ہوشیارپور
۱۵۸	[illegible]	۰	۳	ایضاً	ایضاً
۱۵۸	[illegible]	۰	۰	ایضاً	سماہور
۱۵۸	[illegible]	۰	۰	ایضاً	بکھوار
۱۵۸	[illegible]	۰	۰	ایضاً	مرولی
۱۵۸	عمر	۶	۰	ایضاً	ہوشیارپور
۱۵۸	عمر	۳	۰	جالندھر	جالندھر
۱۵۸	[illegible]	۰	۰	ایضاً	نورمحل
۱۵۸	[illegible]	۰	۰	ہوشیارپور	کاشی پور
۱۵۸	[illegible]	۰	۰	ایضاً	ہوشیارپور
۱۵۸	عمر	۰	۰	جالندھر	شنگر
۱۵۸	عمر	۰	۰	ہوشیارپور	ہوشیارپور
۱۵۸	[illegible]	۰	۰	جالندھر	نوشہرہ
۱۵۸	[illegible]	۰	۰	ہوشیارپور	ہوشیارپور
۱۵۸	[illegible]	۰	۰	ایضاً	گدہ شنکر
۱۵۸	[illegible]	۰	۰	جالندھر	رام پور
قسمت					
۳۹۵	[illegible]	۰	۰	گرداسپور	گرداسپور
۳۹۵	[illegible]	۰	۰	ایضاً	ایضاً

List of released Dacoos and

Number.	Register Number.	Name.	Father's Name.	Caste.
				AMRITSAR
				Highway
119	8657	Amira ...	Doola ...	Mírásee ...
120	8665	Peera ...	Jádoo ...	Fakeer ...
121	8658	Gosáon ...	Káda ...	ditto ...
122	8661	Peera ...	Khuttoo ...	ditto ...
123	2543	Lungar ...	Sohna ...	Weaver ...
124	2225	Chandoo ...	Bugga Singh ...	Ját ...
125	5465	Natha ...	Bája ...	Saperah ...
126	1224	Alla Singh ...	Gunga Singh ...	Ját ...
127	2222	Harree Singh ...	Goláb Singh ...	Ját ...
128	3986	Rajoo ...	Eeshur ...	Sansee ...
129	1949	Khooshia ...	Milkhee ...	Chhoora ...
130	1950	Jevan ...	Paremoon ...	ditto ...
131	8345	Thakoor Dass ...	Rampergahí ...	Fakeer ...
132	1041	Dhansee ...	Jeváh ...	Ját ...
133	7867	Bachan Singh ...	Paraim Singh ...	ditto ...
134	7865	Ram Ditta ...	Goláb ...	ditto ...
135	3824	Jhanda Singh ...	Futteh Singh ...	ditto ...
136	992	Deya Ram ...	Koorah ...	ditto ...
137	3823	Wassàwa Singh ...	Natha Singh ...	ditto ...
138	9714	Punjab Singh ...	Heera Singh ...	ditto ...
139	9715	Haree Singh ...	Hira Singh ...	ditto ...
140	3822	Keshar Singh ...	Natha Singh ...	ditto ...
141	9928	Jevan ...	Deyál Singh ...	ditto ...
142	6888	Sardah Singh ..	Bhoop Singh ...	ditto ...
143	3822	Háree ...	Eeda ...	Bhungee ...
144	4084	Mangoo ...	Boota ...	Sansee ...

Robbers of Punjab—continued.

Crime.	*Term.* Years.	Moths.	Days.	*Residence of* District.	Village.
DIVISION.					
Robbers—contd.					
395 I. P. C.	5	0	0	Gurdáspur ...	Gurdáspur.
395 „	5	0	0	ditto ...	ditto.
395 „	5	0	0	ditto ...	ditto.
395 „	5	0	0	ditto ...	ditto.
392 „	4	8	0	Amritsar ...	Amritsar.
392 „	7	0	0	ditto ...	ditto.
395 „	5	0	0	Gurdáspur ...	Gurdáspur.
394	7	0	0	Amritsar ...	Ajnála.
396 „	10	0	0	Amritsar ...	Sarái Bishan.
396 „	14	0	0	Gurdáspur ...	Shahpur.
392 „	4	0	0	Amritsar ...	Ajnala.
392 „	4	0	0	ditto ...	Gundun wálla.
392 „	7	0	0	ditto ...	ditto.
395 „	5	0	0	ditto ...	Amritsar.
395 „	7	0	0	ditto ...	ditto.
392 „	7	0	0	ditto ...	ditto.
392 „	5	0	0	ditto ...	Dasondawálla.
395 „	6	0	0	ditto ...	Morádpore.
394 „	4	6	0	ditto ...	Patiála.
395 „	7	0	0	ditto ...	Amritsar.
395 „	7	0	0	ditto ...	ditto.
394 „	4	6	0	ditto ...	ditto.
392 „	7	0	0	ditto ...	Rùpar.
392 „	6	0	0	ditto ...	Sandhiwálla.
392 „	5	0	0	ditto ...	Amritsar.
„ 395	7	0	0	ditto ...	Chandra Jhaka.

قومیت	ولدیت	نام	نمبر رجسٹر	نمبر شمار
میراسی	دو اللہ	احمرا	۸۶۵۷	۱۱۹
فقیر	جادو	پیرا	۸۶۶۵	۱۲۰
ایضاً	قادا	گوسائون	۸۶۵۸	۱۲۱
ایضاً	گہتو	پیرا	۸۶۶۱	۱۲۲
جولاہا	سوکھا	لنگر	۲۵۴۳	۱۲۳
جٹ	گنگا سنگھ	چندو	۲۲۲۵	۱۲۴
سانسیرا	نانکا	کھا	۵۴۶۵	۱۲۵
جٹ	گنگا سنگھ	اکالا سنگھ	۱۲۴۴.	۱۲۶
ایضاً	گلاب سنگھ	ہری سنگھ	۲۲۲۲	۱۲۷
سانسی	بیشر	راجو	۳۹۸۶	۱۲۸
چوہڑا	ملکھی	خوشیا	۱۹۴۹	۱۲۹
ایضاً	ہرنبو	بھبون	۱۹۰۰	۱۳۰
فقیر	رام (ہرگاہی)	ٹھاکر داس	۸۳۴۵	۱۳۱
جٹ	جیوا	داسنی	۱۰۳۱	۱۳۲
ایضاً	پریم سنگھ	بچن سنگھ	۷۸۷۶	۱۳۳
ایضاً	گلاب	رام دتا	۷۸۶۵	۱۳۴
ایضاً	فتح سنگھ	جھنڈا سنگھ	۴۸۲۴	۱۳۵
ایضاً	کوڑا	دیارام	۹۹۲	۱۳۶
ایضاً	نتھا سنگھ	بساوا سنگھ	۳۸۲۴	۱۳۷
ایضاً	سزا سنگھ	نجاب سنگھ	۹۷۱۲	۱۳۸
ایضاً	ایضاً	ہری سنگھ	۹۷۱۵	۱۳۹
ایضاً	تنہا سنگھ	البشر سنگھ	۳۸۲۲	۱۴۰
ایضاً	دیال سنگھ	جیون	۹۹۲۵	۱۴۱
ایضاً	بھوپ سنگھ	سردا سنگھ	۹۸۳۳	۱۴۲
[illegible]	عیدا	ہری	۳۹۲۲	۱۴۳
[illegible]	بوٹا	سنگھ	۱۰۳۳	۱۴۴

سکونت		میعاد			جرم
دیہہ	ضلع	یوم	ماہ	سال	جرم
گورداسپور	گورداسپور	۰		ـه	۱۹۵
الیضاً	الیضاً	۰		ه	۳۹۵
الیضاً	الیضاً	۰	۰	ه	۳۶۵
الیضاً	الیضاً	۰	۰	ه	۳۹۵
امرتسر	امرتسر	۰	۸	سعه	۳۹۲
الیضاً	الیضاً	۰	۰	عه	۳۹۲
گورداسپور	گورداسپور	۰	۰	ه	۳۹۵
انبالہ	امرتسر	۰	۰	عه	۳۹۴
سرائی انیس	الیضاً	۰	۰	ے	۳۹۶
شاہ پور	گورداسپور	۰	۰	سے	۳۹۶
انبالہ	امرتسر	۰	۰	عه	۳۹۲
کھونڈی والہ	الیضاً	۰	۰	سو	۳۹۱
الیضاً	الیضاً	۰	۰	عه	۳۹۲
امرتسر	الیضاً	۰	۰	ه	۳۹۵
الیضاً	الیضاً	۰	۰	عه	۳۹۵
الیضاً	الیضاً	۰	۰	عه	۳۹۱
دھوند والہ	الیضاً	۰	۰	ه	۳۹۲
مراد پور	الیضاً	۰	۰	ے	۳۹۵
بٹالہ	الیضاً	۰	۶	ے	۳۹۴
ترنت سر	الیضاً	۰	۰	عه	۳۹۵
الیضاً	الیضاً	۰	۰	عه	۳۹۵
الیضاً	الیضاً	۰	۶	سعه	۳۹۴
پروہڑ	الیضاً	۰	۰	عه	۳۹۲
مونڈی والہ	الیضاً	۰	۰	ے	۳۹۲
امرتسر	الیضاً	۰	۰	ه	۳۹۲
جنڈ جیاکا	الیضاً	۰	۰	عه	۳۹۵

List of released Dacoos and

Number.	Register Number.	Name.	Father's Name.	Caste.
				AMRITSAR Highway
145	4802	Oomra ...	Chogutta ...	Bhangee ...
146	1032	Kapoora ...	Khazána ...	Sánsi ...
147	7790	Prema ...	Julláh ...	Chhoora ...
148	1022	Kapoora ...	Soorjan ...	Sánsi ...
149	5676	Goormookh Singh ...	Gooloo Singh ...	Ját ...
				ROB
150	8668	Kála ...	Kirpa ...	Chhoora ...
151	4909	Lál Singh ...	Hákam Singh ...	Ját ...
152	8275	Javind Singh ...	Dewán Singh ...	do. ...
153	2475	Amir ...	Hidáyat ...	Chhoora ...
154	8663	Kála Singh ...	Máhia ...	Ját ...
155	1496	Kamál ...	Goolloo ...	Cashmiri ...
156	5218	Farzand Ali ..	Madut Ali ..	Syad ...
157	2745	Soondar Singh ...	Ruttan Singh ...	Ját ...
158	7211	Gokal ...	Sohba ...	Arora ...
159	8650	Bhág Singh ...	Sohba ...	Ját ...
160	2477	Sánya ...	Negáhia ...	do. ...
161	8674	Nehál Singh ...	Meehan Singh ...	do. ...
162	5666	Oomar ...	Rahim Baksh ...	Bhistee ...
163	2472	Samdoo ...	Wazír ...	Cashmiri ...
164	2473	Keeman ...	Lussoo ...	ditto ...
165	2746	Sohba Singh ...	Dull Singh ...	Ját ...
166	2749	Gareeb Singh ...	Rája Singh ...	do. ...
167	8667	Peerán Ditta ...	Jodáh ...	Chhoora ...
168	2738	Gunda ...	Dhúnda ...	do. ...
169	7638	Shamee ...	Sháya ...	do. ...

Robbers of Punjab.—continued.

Crime.	Term. Years.	Months.	Days.	Residence of District.	Village.
DIVISION.					
Robbers—concld.					
395 I. P. C.	5	0	0	Siálkot ...	Siálkot.
395 "	10	0	0	Gurdáspur ...	Gurdáspur.
392 "	5	0	0	Siálkot ...	Siálkot.
395 "	7	0	0	Amritsar ...	Kote Ameah.
395 "	5	0	0	ditto ...	ditto.
BERS.					
457 I. P. C.	5	0	0	Siálkot ...	Fázilpur.
457 "	14	0	0	Amritsar ...	Amritsar.
457 "	4	6	0	Siálkot ...	Siálkot.
457 "	4	0	0	ditto ...	ditto.
457 "	4	9	0	Gurdáspur ...	Gurdáspur.
457 "	10	0	0	Amritsar ...	Amritsar.
457 "	7	0	0	Gurdáspur ...	Kotta.
457 "	5	0	0	Amritsar ...	Chak Ala Baksh.
457 "	6	0	0	ditto ...	Amritsar.
457 "	5	6	0	Gurdáspur ...	Gurdáspur.
457 "	5	0	0	Amritsar ...	Tarn Táran.
457 "	4	0	0	Siálkot ...	Siálkot.
454 "	4	0	0	Amritsar ...	Amritsar.
457 "	4	0	0	Siálkot ...	Kila Sobha Singh.
457 "	4	0	0	ditto ...	ditto.
457 "	5	0	0	Amritsar ...	Atári.
457 "	4	6	0	ditto	Lukhopur.
457 "	5	0	0	Siálkot ...	Siálkot.
457 "	4	0	0	Amritsar ...	Amritsar.
457 "	6	0	0	ditto	do.

نمبر شمار	نمبر رجسٹر	نام	ولدیت	قومیت
۱۴۵	۴۸۰۲	عمرا	جو غطہ	موہنگی
۱۴۶	۱۰۴۳۴	سنبورا	خزانہ	سنائیسی
۱۴۷	۶۶۹۰	سپنچوکیال	نبوا	جوہڑا
۱۴۸	۱۰۴۴	سکھ کیورا	سبرجنسا	سنائیسی
۱۴۹	۵۷۵۴	گوبند سنگھ	سوہو سنگھ	جیٹ
۱۵۰	۸۹۹۸	کالا	کرم	چیورا
۱۵۱	۴۹۰۹	لعل سنگھ	ہکم سنگھ	جوہڑا
۱۵۲	۸۲۶۵	جوند سنگھ	دیوان سنگھ	جیٹ
۱۵۳	[illegible]	انیسا	مدائیت	الف
۱۵۴	۸۷۵۴	کالا سنگھ	ماسیا	ہنگی
۱۵۵	۱۴۹۶	کابل	[illegible]	جیٹ
۱۵۶	[illegible]	فرزند علی	مرد شاہ	کشمیری
۱۵۷	۲۶۴۵	سندر سنگھ	رتن سنگھ	سید
۱۵۸	۶۲۱۱	سکوکل	سوسیا	جیٹ
۱۵۹	۸۷۵۰	سہاگ سنگھ	[illegible]	اروڑہ
۱۶۰	۲۴۶۶	ستانیا	نگاہیا	جیٹ
۱۶۱	۸۷۶۴	نہال سنگھ	سیاب سنگھ	الف
۱۶۲	۵۷۹۶	نغمہ	رحیم بخش	الف
۱۶۳	۳۴۶۲	مسعود	فرید	بہشتی
۱۶۴	۲۳۶۴	سکیاں	لسو	کشمیری
۱۶۵	۲۶۶۶	سوہا سنگھ	دل سنگھ	الف
۱۶۶	۲۶۴۹	غریب سنگھ	راجا سنگھ	جیٹ
۱۶۷	۸۷۹۶	بیدانندتا	جودھ	الف
۱۶۸	۲۶۳۸	گنیدا	رہبوندا	ابوہڑا
۱۶۹	۶۸۳۸	شاہین	مطلوب	الف / الف

سکونت: دیہ	سکونت: ضلع	میعاد: یوم	میعاد: ماہ	میعاد: سال	جرم
سیالکوٹ	سیالکوٹ	۰	-	[illegible]	۳۹۵
گورداسپور	گورداسپور	۰	۰	[illegible]	۳۹۵
سیالکوٹ	سیالکوٹ	۰	۰	[illegible]	۳۹۲
کوٹ امرسدھو	امرتسر	۰	۰	[illegible]	۳۹۵
ایضاً	ایضاً	۰	۰	[illegible]	۳۹۵
فضل پور	سیالکوٹ	۰	۰	[illegible]	۴۵۷
امرتسر	امرتسر	۰	۰	[illegible]	۴۵۷
سیالکوٹ	سیالکوٹ	۰	۶	[illegible]	۴۵۷
ایضاً	ایضاً	۰	۰	[illegible]	۴۵۷
گورداسپور	گورداسپور	۰	۹	[illegible]	۴۵۷
جامن امرتسر	امرتسر	۰	۰	[illegible]	۴۵۷
کوٹلہ	گورداسپور	۰	۰	[illegible]	۴۵۷
چک الٰہی بخش	امرتسر	۰	۰	[illegible]	۴۵۷
امرتسر	ایضاً	۰	۰	[illegible]	۴۵۷
گورداسپور	گورداسپور	۰	۵	[illegible]	[illegible]
ترنتارن	امرتسر	۰	۰	[illegible]	۴۵۷
سیالکوٹ	سیالکوٹ	۰	۰	[illegible]	۴۵۷
امرتسر	امرتسر	۰	۰	[illegible]	۴۵۷
قلعہ دیال سنگھ	سیالکوٹ	۰	۰	[illegible]	۴۵۷
ایضاً	ایضاً	۰	۰	[illegible]	۴۵۷
اٹاری	امرتسر	۰	۰	[illegible]	۴۵۷
لکھو کے	ایضاً	۰	۹	[illegible]	۴۵۷
سیالکوٹ	سیالکوٹ	۰	۰	[illegible]	۴۵۷
امرتسر	امرتسر	۰	۰	[illegible]	۴۵۷
ایضاً	ایضاً	۰	۰	[illegible]	۴۵۷

List of released Dacoos and

Number.	Register Number.	Name.	Father's Name.	Caste.
				AMRITSAR
				Rob
170	3496	Pathána ...	Mának ...	Chhoora ...
171	8675	Muhammad ...	Boola ...	Ját ...
172	4532	Boota ...	Jánee ...	Chhoora ...
173	4543	Khevan ...	Kádar ...	Sánsi ...
174	4544	Goláb ...	Sowdágar ...	do.
175	8652	Bág Singh ...	Wasan Singh ...	Ját ...
176	5446	Hira ...	Iláhia ...	do,
177	7860	Thákar ...	Amíra ...	Khutri ...
178	4534	Iláhia ...	Keeman ...	Chhoora ...
179	6236	Rámoon ...	Shivdeo ...	Brahmin ...
180	6001	Bisákha Singh ...	Buddan Singh ...	Ját ...
181	5492	Sant Singh ...	Rám Singh ...	do. ...
182	7859	Uttar Singh ...	Lukhmeer Singh ...	do. ...
183	7212	Raheem ...	Mangoo ...	Cashmiri ...
184	349	Kalandree ...	Heera ...	Ját ...
185	5462	Sardah ...	Bishna ...	do. ...
186	8011	Peera ...	Veláit ...	do. ...
187	7866	Imam Deen ...	Bootey Khan ...	Rajpoot ...
188	9590	Sobhána ...	Jamála ...	Cashmiri ...
189	5499	Futteh Deen ...	Kootub Deen ...	ditto ...
190	9932	Ghaseeta ...	Musta ...	Chhoora ...
191	8810	Julla ...	Káhna ...	Brahmin ...
192	8006	Kamoon ...	Natha ...	Zamíndár ...
193	1859	Boota ...	Háree ...	Ját ...
194	1368	Peerán Ditta ...	Jangee Khan ...	do. ...
195	6856	Lehna ...	Utra ...	Sánsi ...

Robbers of Punjab.—continued.

Crime.	Term. Years.	Months.	Days.	Residence of District.	Village.
DIVISION.—contd.					
bers—contd.					
457 I. P. C.	5	0	0	Gurdáspur ...	Battála.
457 "	7	0	0	Amritsar ...	Amritsar.
457 "	5	0	0	Siálkot ...	Siálkot.
457 "	5	0	0	do.	Kote Chandoo.
457 "	5	0	0	do.	Siálkot.
457 "	7	0	0	Gurdáspur ...	Sawáe Khurd.
457 "	4	6	0	Siálkot ...	Siálkot.
454 "	4	0	0	Amritsar ...	Amritsar.
454 "	6	0	0	Siálkot ...	Zafferwál.
457 "	5	0	0	Siálkot ...	Saidan.
457 "	5	0	0	Gurdáspur ...	Moujee Chuk
457 "	8	9	0	Amritsar ...	Sohail.
457 "	5	0	0	ditto ...	Bhagnon.
457 "	7	0	0	ditto ...	Amritsar.
457 "	4	0	0	Gurdáspur ...	Salámabad.
457 "	4	0	0	ditto ...	Soodhpur.
457 "	5	0	0	ditto ...	Ganjah.
456 "	6	0	0	Amritsar ...	Bhuggowál.
457 "	5	0	0	Siálkot ...	Siálkot.
452 "	8	9	0	Amritsar ...	Amritsar.
454 "	5	0	0	ditto ...	Gang.
457 "	5	6	0	ditto ...	Amritsar.
454 "	6	0	0	Gurdáspur ...	Gurdáspur.
457 "	4	6	0	Siálkot ...	Siálkot.
457 "	4	6	0	do ...	ditto.
457 "	7	0	0	Gurdáspur ...	Gurdáspur.

قومیت	ولایت	نام	نمبر رجسٹر	نمبر شمار
چوہڑا	مانک	بڈھانہ	٣٣٩٦	١٦٠
جٹ	ابرلا	محمد	٨٩٤٥	١٦١
چوہڑا	جھالی	بوٹا	٤٥٣٢	١٦٢
سانسی	خادر	گھمیون	٤٢٢٣	١٦٣
الیضاً	سوداگر	گلاب	٤٥٤٤	١٦٤
جٹ	دسوں سنگھ	بانغ سنگھ	٨٩٥٣	١٦٥
الیضاً	البیا	ہرا	٥٣٤٦	١٦٦
کھتری	امیرا	باگر	٦٨٦٠	١٦٧
چوہڑا	کالو	البیا	٤٥٣٤	١٦٨
برہمن	شیدو	رامون	٩٢٣٧	١٦٩
جٹ	برل سنگھ	بساکھا سنگھ	٩٠٠١	١٨٠
الیضاً	رام سنگھ	سنت سنگھ	٥٢٩٢	١٨١
الیضاً	تکبیر سنگھ	عطر سنگھ	٦٨٥٩	١٨٢
کشمیری	منگو	رحیم	٦٢١٢	١٨٣
جٹ	ہیرا	قلندری	٣٣٩	١٨٤
الیضاً	لبنتا	سروہا	٥٢٩٢	١٨٥
الیضاً	ولایت	ہیرا	٨٠١١	٨٦
راجپوت	بولی خان	امام دین	٦٨٦٦	١٨٦
کشمیری	بالا	سبحانا	٩٥٦٠	١٨٨
الیضاً	مغل دین	فتح دین	٥٣٩٩	١٨٩
چوہڑا	مستا	گھسیٹا	٩٩٢	١٩٠
برہمن	خانو	برہا	٨٨١٠	١٩١
رچھیدار	تہا	گموں	٨٠٠٦	١٩٢
جٹ	ہاڑی	بوٹام	١٣٠٩	١٩٣
الیضاً	جنگی خان	سراندا	١٣٣٣	١٩٤
سانسی	عطرا	لہنا	٩٨٦٦	١٩٥

سکونت		تعداد			جرم
دیہہ	ضلع	یوم	ماہ	سال	
ٹیالہ	گورداسپور	۰	۰	ص	۴۵۷
امرتسر	امرتسر	۰	۰	عہ	۴۵۷
سیالکوٹ	سیالکوٹ	۰	۰	ص	۴۵۷
کوٹ خضر[illegible]	ایضاً	۰	۰	ص	۴۵۷
سیالکوٹ	ایضاً	۰	۰	ص	۴۵۷
ستوکی[illegible]	گورداسپور	۰	۰	عہ	۴۵۷
سیالکوٹ	سیالکوٹ	۰	۶	للعہ	۴۵۷
امرتسر	امرتسر	۰	۰	للہ	۴۵۲
گھنووال	سیالکوٹ	۰	۰	سے	۴۵۲
سیدان	ایضاً	۰	۰	ص	۴۵۷
[illegible]	گورداسپور	۰	۰	ص	۴۵۷
[illegible]	امرتسر	۰	۶	سے	۴۵۷
[illegible]	ایضاً	۰	۰	حد	۴۵۷
امرتسر	امرتسر	۰	۰	عہ	۴۵۷
سلام آباد	گورداسپور	۰	۰	للعہ	۴۵۷
[illegible]	ایضاً	۰	۰	للعہ	۴۵۷
[illegible]	ایضاً	۰	۰	ص	۴۵۷
[illegible]گووال	امرتسر	۰	۰	سے	۴۵۷
سیالکوٹ	سیالکوٹ	۰	۰	حد	۴۵۷
امرتسر	امرتسر	۰	۲	سے	۴۵۲
[illegible]	ایضاً	۰	۰	ص	۴۵۲
امرتسر	ایضاً	۰	۲	ص	۴۵۷
گورداسپور	گورداسپور	۰	۰	سے	۴۵۲
سیالکوٹ	سیالکوٹ	۰	۲	للعہ	۴۵۷
ایضاً	ایضاً	۰	۶	للعہ	۴۵۷
گورداسپور	گورداسپور	۰	۰	عہ	۴۵۷

List of released Dacoos and

Number.	Register Number.	Name.	Father's Name.	Caste.
				AMRITSAR Rob
196	7617	Máhloo ...	Teja ...	Ját ...
197	3831	Sáhoo ...	Jawáhar ...	Khutri ...
198	5613	Thákar ...	Parbhdeál ...	ditto ...
199	8811	Dakhuce ...	Gàmoon ...	ditto ...
200	8814	Noorullah ...	Dáim ...	Cashmiri ...
201	5612	Mohamdee ...	Kádar ...	ditto ...
202	4843	Kharkoo ...	Dheyán Singh ...	Ját ...
203	5616	Káka ...	Wazeer Singh ...	Arora ...
204	5645	Sardára ...	Amira ...	Bodul ...
205	5615	Nathoo ...	Harbhaj ...	Brahmin ...
206	3910	Bhára ...	Jamál ...	Cashmiri ...
207	9926	Ghowra ...	Jeyram ...	Fakír ...
208	5614	Ram chand ...	Russeáh ...	Khutri ...
				LAHORE Highway
209	4799	Sant Singh ...	Goláb Singh ...	Ját ...
210	4800	Ghaseeta ...	Bága ...	do. ...
211	3355	Gyán Singh ...	Sáhib Singh ...	do. ...
212	5961	Bachla ...	Lábhoo ...	Báveria ...
213	5964	Kesriáh ...	Budhoo ...	Chhoora ...
214	5960	Misree ...	Ghaseeta ...	Ját ...
215	3679	Lábhoo ...	Billa ...	do. ...
216	4349	Khazán Singh ...	Shere Singh ...	do. ...
217	4348	Natha Singh ...	Sohail Singh ...	do. ...
218	4351	Aroora ...	Amar Singh ...	do. ...
219	4350	Káhna ...	Amreek Singh ...	do. ...
220	2360	Roda ...	Lall Singh ...	do. ...

Robbers of Punjab.—continued.

Crime.	Term. Years.	Months.	Days.	Residence of District.	Village.
DIVISION.					
bers—conld.					
457 I. P. C.	5	0	0	Gurdáspur ...	Atoowál.
457 ,,	4	6	0	Amritsar ...	Amritsar.
457 ,,	4	0	0	ditto ...	Jalalábad.
457 ,,	7	0	0	ditto ...	Amritsar.
457 ,,	7	0	0	Gurdáspur ...	Gurdáspur.
457 ,,	4	0	0	Amritsar ...	Amritsar.
457 ,,	5	0	0	Gurdáspur ...	Gurdáspur.
457 ,,	4	0	0	Amritsar ...	Amritsar.
457 ,,	5	0	0	Gurdáspur ...	Gurdáspur.
457 ,,	5	0	0	Amritsar ...	Amritsar.
457 ,,	5	0	0	Siálkot ...	Siálkot.
454 ,,	8	0	0	Amritsar ...	Amritsar.
457 ,,	5		0	do ...	ditto.
DIVISION.					
Robbers.					
395 ,,	7	6	0	Lahore ...	Bári Ramu.
392 ,,	7	6	0	do ...	ditto.
395 ,,	4	0	0	do ...	Lahore.
394 ,,	8	0	0	Ferozepore ...	Nathawalla.
395 ,,	8	0	0	Lahore ...	Lahore.
395 ,,	8	0	0	Ferozepore ...	Ferozepore
392 ,,	5	0	0	Gujránwála ...	Sooltánki.
395 ,,	7	0	0	Ferozepore ...	Dadee.
395 ,,	7	0	0	ditto ...	ditto.
395 ,,	7	0	0	ditto ...	Dood.
395 ,,	7	0	0	ditto ...	Berkaree.
395 ,,	7	0	0	Lahore ...	Buldohwalla.

قومیت	ولدیت	نام	نمبر رجسٹر	نمبر نشان
جٹ	تیجا	بالو	۶۲۱۴	[illegible]
کھتری	جواہر	سوہنا	۱۳۸۳	۱۹۷
ایضاً	پربھ دیال	ٹھاکر	۵۶۱۳	۱۹۸
ایضاً	گامون	دوکھنی	۸۸۱۱	۱۹۹
کشمیری	دائم	نور الہٰی	۸۸۱۲	۲۰۰
ایضاً	قادر	محمدی	۵۶۱۲	۲۰۱
جٹ	دھیان سنگھ	گوہر چو	۴۸۴۳	۲۰۲
اروڑا	وزیر سنگھ	کالکا	۵۶۱۶	۲۰۳
بودل	امیرا	سردارا	۵۶۴۳	۲۰۴
برہمن	ہیچ	نتھو	۵۶۱۵	۲۰۵
کھتری	جیمل	بہارا	۳۹۱۰	۲۰۶
فقیر	جی رام	گھنورا	۹۹۲۶	۲۰۷
کھتری	رسیا	رام سنگھ	۵۶۱۲	۲۰۸
لاہور جٹ	گلاب سنگھ	سنت سنگھ	۴۶۱۹	۲۰۹
ایضاً	باگا	گھسیٹا	۴۸۰۰	۲۱۰
ایضاً	صاحب سنگھ	گیان سنگھ	۳۳۵۵	۲۱۱
باوریہ	لالو	بچلا	۵۹۶۱	۲۱۲
جوہڑا	بدھو	کیسرا	۵۹۶۴	۲۱۳
جٹ	گھسیٹا	معدی	۵۹۶۰	۲۱۴
ایضاً	بلا	لالو	۳۶۶۹	۲۱۵
ایضاً	شیر سنگھ	خزان سنگھ	۴۳۴۹	۲۱۶
ایضاً	سوہیل سنگھ	نتھا سنگھ	۴۳۴۷	۲۱۷
ایضاً	امیر سنگھ	اروڑا	۴۳۵۱	۲۱۸
ایضاً	امریک سنگھ	گاما	۴۳۵۰	۲۱۹
ایضاً	لعل سنگھ	خدادا	۲۳۶۰	۲۲۰

سکونت		میعاد			جرم
دیہہ	ضلع	یوم	ماہ	سال	
[illegible]	گورداسپور	۰	۰	صہ	۴۵۷
امرتسر	امرتسر	۰	۶	للعہ	۴۵۷
جلالان باغ	ایضاً	۰	۰	للعہ	۴۵۷
امرتسر	ایضاً	۰	۰	عہ	۴۵۷
گورداسپور	گورداسپور	۰	۰	عہ	۴۵۷
امرتسر	امرتسر	۰	۰	للعہ	۴۵۷
گورداسپور	گورداسپور	۰	۰	صہ	۴۵۷
امرتسر	امرتسر	۰	۰	للعہ	۴۵۷
گورداسپور	گورداسپور	۰	۰	صہ	۴۵۷
امرتسر	امرتسر	۰	۰	صہ	۴۵۷
سیالکوٹ	سیالکوٹ	۰	۰	صہ	۴۵۷
امرتسر	امرتسر	۰	۰	سے	۴۵۲
ایضاً	ایضاً	۰	۰	صہ	۴۵۷
					قسمت
[illegible]	لاہور	۰	۶	عہ	۳۹۵
ایضاً	ایضاً	۰	۶	عہ	۳۹۲
لاہور	ایضاً	۰	۰	سے	۳۹۵
[illegible]	فیروزپور	۰	۰	سے	۳۹۲
لاہور	لاہور	۰	۰	سے	۳۹۵
[illegible]	فیروزپور	۰	۰	سے	۳۹۵
[illegible]	گوجرانوالہ	۰	۰	صہ	۳۹۲
[illegible]	فیروزپور	۰	۰	عہ	۳۹۵
ایضاً	ایضاً	۰	۰	عہ	۳۹۵
ایضاً	ایضاً	۰	۰	عہ	۳۹۵
[illegible]	ایضاً	۰	۰	عہ	۳۹۵
[illegible]	لاہور	۰	۰	عہ	۳۹۵

List of released Dacoos and

Number.	Register Number.	Name.	Father's Name.	Caste.
				LAHORE Highway
221	7766	Ram Kishan ...	Dyála ...	Máhtam ...
222	2207	Jey Singh ...	Hákam Singh ...	Ját ...
223	2246	Alla Yár ...	Azeez ...	Zamíndár ...
224	8903	Jangee ...	Karím Bakhsh ...	Mogal ...
225	7864	Wassun Singh ...	Chhoorh Singh ...	Ját ...
226	7769	Imám Dín ...	Bud-rood-dín ...	Rajpoot ...
227	907	Boota Singh ...	Mohar Singh ...	Ját ...
228	346	Gáma ...	Iláhia ...	Merási ...
229	3463	Uttar Singh ...	Tej Singh ...	Ját ...
230	8900	Goosáoon ...	Poorun ...	Rajpoot ...
231	2022	Wazeera ...	Omra ...	Ját ...
232	6442	Rookna ...	Ahmed ...	ditto ...
233	1788	Salábat ...	Noor Mohamad ...	ditto ...
234	2026	Káhna ...	Lukha ...	Ját ...
235	2027	Boodhoo ...	Bhoopa ...	ditto ...
236	2037	Amíra ...	Iláhia ...	Sheikh ...
237	2035	Hazoora Singh ...	Jaymal Singh ...	Ját ...
238	2040	Jhanda ...	Gholah ...	ditto ...
239	3483	Soorjan ...	Faiza ...	Sánsi ...
240	1759	Gehna ...	Ram Singh ...	Ját ...
241	3484	Urjan ...	Faiza ...	Sánsi ...
242	2032	Sohaila ...	Koshál Singh ...	Ját ...
243	6441	Mechan Singh ..	Jawáhar Singh ..	Zamíndár ...
244	6326	Natha ...	Bádul ...	ditto ...
245	8614	Douloo ...	Shahzáda ...	Beloch ...
246	6324	Rája ...	Sahba ...	ditto ...

Robbers of Punjab.—continued.

Crime.	Term. Years.	Months.	Days.	Residence of District.	Village.
DIVISION.—contd.					
Robbers—contd.					
392 I. P. C.	5	0	0	Ferozepore ...	Raja Jhang.
395 "	7	0	0	Lahore ...	Lahore.
392 "	7	0	0	ditto ...	ditto.
392 "	4	0	0	ditto ..	ditto.
395 "	5	0	0	ditto ...	Kasur.
395 "	5	0	0	Ferozepore ...	Ferozepore.
395 "	8	0	0	ditto ...	Kotálah.
395 "	5	0	0	Gujránwála ...	Kotálah Byram.
396 "	10	0	0	Ferozepore ...	Mahrajah.
392 "	5	6	0	Lahore ...	Lahore.
393 "	5	0	0	Ferozepore ...	Ferozepore.
392 "	7	0	0	Lahore ...	Jhubba Kalán.
392 "	5	0	0	ditto ...	Van Rádha Ram.
395 "	5	0	0	Ferozepore ...	Ferozepore.
395 "	5	0	0	ditto ...	ditto.
395 "	6	0	0	ditto ...	Talwandi.
395 "	6	6	0	ditto ...	Ferozepore.
395 "	6	0	0	ditto ...	Bhái Kulyán
392 "	4	0	0	Lahore ...	Jhubb Kalán.
394 "	5	0	0	Lahore ...	Lahore.
392 "	4	0	0	ditto ...	Kasur.
395 "	6	6	0	Ferozepore ...	Ferozepore.
392 "	8	0	0	Lahore ...	Futtah Kalán.
393 "	4	3	0	Ferozepore ...	Ferozepore.
392 "	8	0	0	Lahore ...	Lahore.
396 "	5	6	0	Ferozepore	Muktsar.

نمبر شمار	نمبر رجسٹر	نام	ولدیت	قومیت
۲۲۱	۴۷۶۶	رام کشن	دیالا	راجہ
۲۲۲	۲۲۰۷	جی سنگھ	حکم سنگھ	جٹ
۲۲۳	۲۲۴۶	اللہ یار	عزیز	زمیندار
۲۲۴	۸۹۰۳	جنگی	کریم بخش	تیلی
۲۲۵	۴۸۶۲	دسن سنگھ	جوند [illegible]	جٹ
۲۲۶	۴۷۶۹	امام دین	[illegible]	راجپوت
۲۲۷	۹۰۷	بوٹا سنگھ	موتی [illegible]	جٹ
۲۲۸	۳۴۶	گنیشا	الہیا	میراسی
۲۲۹	۳۴۰۳	عطر سنگھ	تیج سنگھ	جٹ
۲۳۰	۸۹۰۰	گنسا ودل	پورن	راجپوت
۲۳۱	۲۰۲۲	وزیرا	عمرا	زرگر
۳۳۲	۶۴۴۳	برکتا	احمد	جٹ
۲۳۳	۱۴۸۸	سلابت	نور محمد	القیاد
۲۳۴	۳۰۲۶	کانہا	مسکہا	باوریہ
۲۳۵	۲۰۲۶	بدھو	بھوبا	القیاد
۲۳۶	۲۰۳۰	امیرا	الہیا	شیخ
۲۳۷	۲۰۳۵	منصور سنگھ	جمیل سنگھ	جٹ
۲۳۸	۲۰۳۰	جیندا	گلاب	القیاد
۲۳۹	۳۳۸۳	شیر جن	فیضو	[illegible]ہمی
۲۴۰	۱۷۵۹	گنیشا	برق [illegible] سنگھ	جٹ
۲۴۱	۳۴۹۴	ارجن	فیضا	سانسی
۲۴۲	۲۰۳۳	سوہیلا	خوشحال سنگھ	جٹ
۲۴۳	۶۲۴۳	جیپال سنگھ	[illegible] سنگھ	زمیندار
۲۴۴	۱۴۳۲۵	نہا	[illegible]	القیاد
۲۴۵	۵۱م	دولو	[illegible]	بلوچ
۲۴۶	[illegible]	راجہ	[illegible]	[illegible]

سکونت: دیہہ	سکونت: ضلع	میعاد: یوم	میعاد: ماہ	میعاد: سال	جرم
راجہ جنگ	فیروزپور	۰	۰	[illegible]	۳۹۲
لاہور	لاہور	۰	۰	[illegible]	۳۹۵
ایضاً	ایضاً	۰	۰	[illegible]	۳۹۲
ایضاً	ایضاً	۰	۰	[illegible]	۳۹۲
قصور	ایضاً	۰	۰	[illegible]	۳۹۵
فیروزپور	فیروزپور	۰	۰	[illegible]	۳۹۲
کوٹلہ	ایضاً	۰	۹	[illegible]	۳۹۵
کوٹلہ بہرام	گوجرانوالہ	۰	۰	[illegible]	۳۹۵
[illegible]	فیروزپور	۰	۰	[illegible]	۳۹۶
لاہور	لاہور	۰	۶	[illegible]	۳۹۲
فیروزپور	فیروزپور	۰	۰	[illegible]	۳۹۳
[illegible]	لاہور	۰	۰	[illegible]	۳۹۲
[illegible]	ایضاً	۰	۰	[illegible]	۳۹۲
فیروزپور	فیروزپور	۰	۰	[illegible]	۳۹۵
ایضاً	ایضاً	۰	۰	[illegible]	۳۹۵
بلوندی	ایضاً	۰	۰	[illegible]	۳۹۵
فیروزپور	ایضاً	۰	۹	[illegible]	۳۹۵
[illegible]	ایضاً	۰	۰	[illegible]	۳۹۵
[illegible] کلاں	لاہور	۰	۰	[illegible]	۳۹۲
لاہور	ایضاً	۰	۰	[illegible]	۳۹۲
قصور	ایضاً	۰	۰	[illegible]	۳۹۲
فیروزپور	فیروزپور	۰	۹	[illegible]	۳۹۵
[illegible] کلاں	لاہور	۰	۰	[illegible]	۳۹۲
فیروزپور	فیروزپور	۰	۳	[illegible]	۳۹۲
لاہور	لاہور	۰	۰	[illegible]	۳۹۲
[illegible]	فیروزپور	۰	۰	[illegible]	۳۹۵

List of released Dacoos and

Number.	Register Number.	Name.	Father's Name.	Caste.
				LAHORE
				Highway
247	2472	Mohkam Singh ...	Lukha Singh ..	Ját ...
248	2473	Kooshál Singh ...	Nazeer Singh ..	do. ...
249	2471	Kamar Singh ...	Sohail Singh ...	do. ...
				Rob
250	2443	Goormukh ...	Dheyán Singh ...	Ját ...
251	3171	Shaháblee ...	Beig ...	Chhoora ...
252	5161	Atmúh ...	Sáinditta ...	Arora ...
253	2209	Prema ...	Nathoo ...	Chhoora ...
254	8339	Santa ...	Chaita ..	ditto ...
255	2992	Kála Singh ...	Bhág Singh ...	Ját ...
256	8640	Futta ...	Mohamda ...	do. ...
257	3906	Sohba Singh ...	Káhn Singh ...	do. ...
258	7860	Hossain Beg ...	Mosah Beg ...	Mogal ...
259	4673	Jewan Singh ...	Mán Singh ...	Ját ...
260	3842	Daswandhee ...	Sháda ...	do. ...
261	2739	Natha Singh ...	Boodh Singh ...	do. ...
262	3517	Bakhoo ...	Hámoon ...	do ...
263	3518	Dádoo ...	Hámoon ...	do. ...
264	4672	Wasáva Singh ...	Nand Singh ...	do. ...
265	4674	Mohta ...	Manga Singh ...	do. ...
266	2111	Urjan ...	Gokal ...	Khutri ...
267	8769	Bakhoo ...	Salábat ...	Zamíndár ...
268	5762	Chaitoo ...	Boora ...	Chhoora ...
269	5769	Bhola ...	Chanda ...	Ját ...
270	7066	Gajjoo, *alias* Peera ...	Bahár ...	Lákha ...
271	5609	Wassan ...	Boota ...	Sánsi ...

Robbers of Punjab.—continued.

Crime.	Term. Years.	Months.	Days.	Residence of District.		Village.
DIVISION.—contd.						
Robbers—contd.						
395 I. P. C.	7	0	0	Gujránwála	...	Gujránwála.
395 „	7	0	0	ditto	...	ditto.
395 „	7	0	0	ditto	...	ditto.
bers.						
455 I. P. C.	4	9	0	Lahore	...	Lahore.
457 „	4	0	0	ditto	...	ditto.
454 „	7	0	0	ditto	...	ditto.
457 „	5	0	0	ditto	...	Bhágowál.
457 „	5	0	0	ditto	...	Wanderer.
457 „	9	0	0	ditto	...	ditto.
457 „	5	0	0	ditto	...	Chuniah.
457 „	4	0	0	ditto	...	City Lahore.
457 „	5	0	0	Gujránwála	...	Wazírábad.
457 „	5	0	0	Lahore	...	Lahore.
457 „	5	0	0	Gujránwála	...	Gopikot.
457 „	6	0	0	Lahore	...	Kasur.
457 „	5	0	0	Lahore	...	Lahore.
457 „	5	0	0	ditto	...	ditto.
457 „	6	0	0	ditto	...	Saidwálla.
457 „	6	0	0	ditto	...	ditto.
457 „	7	0	0	ditto	...	Lahore.
457 „	7	0	0	ditto	...	Jogián.
457 „	4	0	0	Gujránwála	...	Longoo.
457 „	4	6	0	Gujránwála	...	Gujránwálla.
457 „	4	6	0	Lahore	...	Kasur.
458 „	5	0	0	Gujránwála	...	Madoo Ditta.

قومیت	ولدیت	نام	نمبر رجسٹر	نمبر شمار
جٹ	لکھا سنگھ	محکم سنگھ	۲۴۷۲	۲۴۷
ایضاً	عطر سنگھ	خوشحال سنگھ	۲۳۷۳	۲۴۸
ایضاً	سوبھل سنگھ	قمر سنگھ	۲۴۷۱	۲۴۹
چوہدر جٹ	دیوان سنگھ	گوربکو سنگھ	۲۴۴۳	۲۵۰
جٹ	بیگ	مشہابلی	۱۵۱۳	۲۵۱
ایدھڑہ	بسا ٹیندا	آتما	۵۱۶۱	۲۵۲
جوشڑہ	تتھو	بریمان	۲۲۰۹	۲۵۳
ایضاً	جیتا	بسنتا	۸۳۳۶	۲۵۴
جٹ	بہاگ سنگھ	کالا سنگھ	۲۹۹۲	۲۵۵
ایضاً	محمدا	فتا	۸۶۴۰	۲۵۶
ایضاً	کاہنا سنگھ	سوبھا سنگھ	۳۶۰۶	۲۵۷
نقل	موسیٰ بیگ	حسن بیگ	۶۸۹۰	۲۵۸
جٹ	مان سنگھ	جیون سنگھ	۴۴۷۳	۲۵۹
ایضاً	شادا	دسوندی	۳۸۴۲	۲۶۰
ایضاً	بدھ سنگھ	نہا سنگھ	۲۷۳۹	۲۶۱
ایضاً	کاموں	بگھو	۳۵۱۷	۲۶۲
ایضاً	کاموان	داؤد	۳۵۱۸	۲۶۳
ایضاً	نند سنگھ	دساوا سنگھ	۴۴۷۲	۲۶۴
ایضاً	منگا سنگھ	موٹا	۴۶۷۴	۲۶۵
سکھ کھتری	گوکل	ارجن	۲۱۱۱	۲۶۶
رہبیدار	سلامت	بگھو	۳۷۹۹	۲۶۷
جوشڑا	بوڑا	جھینو	۵۷۶۲	۲۶۸
جٹ	جیند	بہورا	۵۷۶۹	۲۶۹
سکھ لاکھہ	بہادر	گوہر عرف ہیرا	۶۰۴۴	۲۷۰
سانسی	بوٹہ	نہسن	۵۶۰۶	۲۷۱

جرم	میعاد: سال	ماہ	یوم	سکونت: ضلع	دیہ
۳۹۵	عہ	۰	۰	گوجرانوالہ	حافظ آباد
۳۹۵	عہ	۰	۰	ایضاً	ایضاً
۳۹۵	عہ	۰	۰	ایضاً	ایضاً
۴۵۵	للعہ	۹	۰	لاہور	لاہور
۴۵۷	للعہ	۰	۰	ایضاً	ایضاً
۴۵۷	عہ	۰	۰	ایضاً	ایضاً
۴۵۷	صہ	۰	۰	ایضاً	سیالکوٹ
۴۵۷	صہ	۰	۰	ایضاً	خانہ بدوش
۴۵۷	لو	۰	۰	ایضاً	ایضاً
۴۵۷	صہ	۰	۰	ایضاً	چونیاں
۴۵۷	للعہ	۰	۰	ایضاً	لاہور
۴۵۷	صہ	۰	۰	گوجرانوالہ	وزیر آباد
۴۵۰	صہ	۰	۰	لاہور	لاہور
۴۵۷	صہ	۰	۰	گوجرانوالہ	کوٹ گوجرہ
۴۵۷	سے	۰	۰	لاہور	قصور
۴۵۷	صہ	۰	۰	ایضاً	لاہور ایضاً
۴۵۷	صہ	۰	۰	ایضاً	
۴۵۷	سے	۰	۰	ایضاً	سید والا
۴۵۷	سے	۰	۰	ایضاً	ایضاً
۴۵۷	عہ	۰	۰	ایضاً	لاہور
۴۵۷	عہ	۰	۰	ایضاً	چونگیاں
۴۵۷	للعہ	۰	۰	گوجرانوالہ	لوبکو
۴۵۷	للعہ	۶	۰	ایضاً	گوجرانوالہ
۴۵۷	للعہ	۶	۰	لاہور	قصور
۴۵۸	صہ	۰	۰	گوجرانوالہ	منڈی دیتہ

List of released Dacoos and

Number.	Register Number.	Name.	Father's Name.	Caste.
				LAHORE
				Rob
272	5610	Shádee ...	Dharma ...	Sánsi ...
273	5611	Wazira ...	Soorjan ...	ditto ...
274	7568	Deláwar Singh ...	Sangat Singh ...	Ját ...
275	9060	Sáhib Singh ...	Dal Singh ...	ditto ...
276	2471	Easar Singh ...	Mehr Singh ...	ditto ...
277	7570	Jawáhree ...	Negáhia ...	Mochee ...
278	7077	Hyát ...	Iláhia ...	Teli ...
279	3201	Láloo ...	Jhanda Singh ...	Ját ...
280	7319	Kásam ...	Musta ...	Mochi ...
281	2853	Simpson ...		Eurasian ...
282	3202	Gházi ...	Homáon ...	Ját ...
283	2747	Kála Singh ...	Bág Singh ..	ditto ...
284	2744	Jawand Singh ...	Bhagwán Singh ...	ditto ...
285	8053	Sohna ...	Bugga ...	ditto ...
286	3296	Ditta ...	Noora ...	ditto ...
287	3897	Bágha ...	Ghulla ...	ditto ...
288	4047	Táboo ...	Jhanda Singh ...	ditto ...
289	4297	Mámoo ...	Shahdád ...	ditto ...
290	4101	Heera Singh ...	Baghail Singh ...	ditto ...
291	7978	Fajjoo ...	Masta ...	Mochee ...
292	5767	Sáyán ...	Basákhee ...	Carpenter ...
293	7890	Karím Bakhsh ...	Iláhi Bakhsh ...	ditto ...
294	2855	Jhandoo ...	Shera ...	Aráín ...
295	589	Baboo Khan ...	Karím Khan ...	Pathan ...
296	9366	Boora ...	Dádoo ...	Chhoora ...
297	9451	Khaira ...	Kanda ...	Kumhár ...

Robbers of Punjab.—continued.

Crime.	Term. Years.	Months.	Days.	Residence of District	Village.
DIVISION.—contd					
bers.—continued.					
458 I. P. C.	5	0	0	Gujránwála ...	Roogeah.
458 "	5	0	0	ditto ...	Kangoora.
457 "	4	6	0	ditto ...	Chamba.
457 "	8	6	0	ditto ...	Chaher.
457 "	8	0	0	ditto ...	Gujrànwála.
457 "	5	0	0	ditto ...	do.
457 "	5	0	0	Lahore ...	Lahore.
457 "	5	0	0	ditto ...	Ratálee.
457 "	6	0	0	ditto ...	Kotah
454 "	5	0	0	ditto ...	Lahore.
457 "	5	9	0	Gujrânwála ...	Bhewâl.
457 "	5	0	0	Lahore ...	Lahore.
457 "	5	0	0	ditto ...	Sharkpur
457 "	8	0	0	ditto ...	do.
457 "	5	0	0	Gujrànwála ...	Háfizábad.
457 "	4	0	0	Lahore ...	City Lahore.
456 "	4	0	0	ditto ...	Kasur.
457 "	4	0	0	ditto ...	Peerálí.
457 "	5	0	0	ditto ...	Joorah.
457 "	5	0	0	ditto ...	Gujránwála.
457 "	7	0	0	ditto ...	do.
454 "	5	0	0	ditto	Lahore.
454 "	6	0	0	ditto ...	ditto.
457 "	4	0	0	ditto ...	ditto.
457 "	5	0	0	ditto ...	ditto.
457 "	5	0	0	ditto ...	ditto.

قومیت	ولدیت	نام		نمبر رجسٹر	نمبر شمار
سانسی	دیوان	شادی		۵۶۱۰	۲۷۲
بالفعل	سرجن	وزیرا		۵۶۱۱	۲۷۳
جٹ	سنگت سنگھ	دلاور سنگھ		۴۵۷۸	۲۷۴
ایضاً	دال سنگھ	صاحب سنگھ		۹۰۶۰	۲۷۵
ایضاً	مہر سنگھ	ایسر سنگھ		۳۳۴۱	۲۷۶
ماچھی	گنگاہیا	جواہرن		۴۵۴۰	۲۷۷
تیلی	اللہ یار	غیاث		۴۰۴۴	۲۷۸
جٹ	جیند سنگھ	لالو		۳۲۰۱	۲۷۹
ماچھی	مستا	قاسم		۴۳۱۶	۲۸۰
انگریز		سیمن		۳۸۵۳	۲۸۱
جٹ	ہمایوں	غازی		۳۳۰۲	۲۸۲
ایضاً	بانج سنگھ	کالا سنگھ		۳۴۲۴	۲۸۳
ایضاً	سنگوان سنگھ	جوند سنگھ		۲۴۳۳	۲۸۴
ایضاً	باگا	سوہنا		۸۰۵۳	۲۸۵
ایضاً	نورا	دتو		۳۲۹۶	۲۸۶
ایضاً	گمبولا	باگا		۳۱۹۴	۲۸۷
ایضاً	جیند سنگھ	تابو		۳۰۲۴	۲۸۸
ایضاً	شداد	ماہوت		۲۲۹۴	۲۸۹
ایضاً	گمیل سنگھ	بیدا سنگھ		۱۱۰۲	۲۹۰
ماچھی	مستا	فوجو		۴۹۶۸	۲۹۱
نجار	لساکی	ساتیان		۵۴۴۴	۲۹۲
ایضاً	نبی بخش	رحیم بخش		۴۸۹۰	۲۹۳
ارائیں	شیرا	شفند		۳۵۵۵	۲۹۴
مغل	کریم خان	بالو خان		۵۳۹	۲۹۵
جولاہا	دادو	نوازا		۹۳۶۶	۲۹۶
کمہار	گندا	خیرا		۹۲۵۱	۲۹۷

جرم	میعاد سال	میعاد ماہ	میعاد یوم	سکونت ضلع	سکونت دیہہ
۱۵۸م	[illegible]	۰	۰	گوجرانواله	مندو وته
۱۵۸م	[illegible]	۰	۰	ایضاً	گگورا
۱۵۷م	[illegible]	۶	۰	ایضاً	جنب
۱۵۷م	[illegible]	۶	۰	ایضاً	فیابٹ
۱۵۷م	[illegible]	۰	۰	ایضاً	گوجرانواله
۱۵۷م	[illegible]	۰	۰	ایضاً	ایضاً
۱۵۷م	[illegible]	۰	۰	لاہور	لاہور
۱۵۷م	[illegible]	۰	۰	گوجرانواله	زنانی
۱۵۷م	[illegible]	۰	۰	لاہور	
۱۵۷م	[illegible]	۰	۰	ایضاً	ایضاً
۱۵۷م	[illegible]	۹	۰	گوجرانواله	بہروال
۱۵۷م	[illegible]		۰	ایضاً	ایضاً
۱۵۷م	[illegible]		۰	ایضاً	ایضاً
۱۵۷م	[illegible]	۰	۰	ایضاً	مستہ قیمو
۱۵۷م	[illegible]	۰	۰	گوجرانواله	حافظ آباد
۱۵۷م	[illegible]	۰	۰	لاہور	لاہور
۱۵۷م	[illegible]	۰	۰	ایضاً	قصور
۱۵۷م	[illegible]	۰	۰	گوجرانواله	سرانوالی
۱۵۷م	[illegible]	۰	۰	ایضاً	[illegible]
۱۵۷م	[illegible]	۰	۰	ایضاً	گوجرانواله
۱۵۷م	[illegible]	۰	۰	ایضاً	[illegible]
۱۵۲م	[illegible]	۰	۰	لاہور	لاہور
۱۵۲م	[illegible]	۰	۰	ایضاً	ایضاً
۱۵۷م	[illegible]	۰	۰	ایضاً	ایضاً
۱۵۷م	[illegible]	۰	۰	ایضاً	ایضاً
۱۵۷م	[illegible]	۰	۰	ایضاً	ایضاً

List of released Dacoos and

Number.	Register Number.	Name.	Father's Name.	Caste.
				LAHORE
				Rob
298	2619	Soondar Singh ...	Nan ...	Ját ...
299	608	Tilloka ...	Jíwa ...	ditto ...
300	1940	Amíra ...	Kamála ..	ditto ...
301	1490	Kharak Singh ...	Goláb Singh ...	do ...
302	2041	Bhoop Singh ...	Sookha Singh ...	Do ...
303	2031	Zeádah ...	Káka ...	Dogar ...
304	2121	Boodhoo ...	Chanda ...	Ját ...
305	3589	Sarmookh ...	Tehla Singh ...	Do ...
306	2476	Santoo ...	Goláb ...	Khutri ...
307	2491	Goláb Khan ...	Gool Imám Khan ...	Pathan ...
308	2475	Jhanda ...	Rehmán ...	Ját ...
309	4333	Julla ...	Soorúb ...	ditto ...
310	2408	Shahábal ...	Hassan ...	ditto ...
311	4555	Pindee ..	Javanda ...	Brahman ...
312	3408	Naboo ...	Sajáwal ...	Ját ...
313	2803	Hákam ...	Boota ...	do. ...
314	8562	Mohamdu ...	Kareem Baksh ...	Cashmíri ...
315	3407	Mobárak ..	Golám ...	Ját ...
316	3409	Lukhnee ...	Shamira ...	do. ...
317	5484	Cherágh ...	Mohamdee ...	Zamíndár ...
318	3410	Semáilee ...	Sutár ...	Doom ...
319	6198	Nathu ...	Amírjee ...	Cashmíri ..
320	9982	Mámoo ...	Julla ...	ditto ...
321	4489	Joomá ...	Sávan ...	Chhoora ...
322	782	Ludha ...	Teeruth ...	Khutri ...
323	5010	Urjan ...	Jawáhar ...	Chhoora ...

Robbers of Punjab.—continued.

Crime.	Term. Years.	Months.	Days.	Residence of District.	Village.
DIVISION.-continued					
bers.					
457 I. P. C.	5	0	0	Lahore ...	Lahore.
457 „	5	0	0	Gujránwála ...	Gujránwala.
457 „	4	0	0	Lahore ...	Lahore.
457 „	6		0	Gujránwála	Baddokai.
457 „	4	0	0	Do ...	Ditto.
457 „	5	0	0	Ferozepore ...	Ferozepore.
457 „	5	0	0	Lahore ...	Kasur.
457 „	4	6	0	Lahore ...	Gopeerái.
457 „	5	6	0	ditto ...	Lahore.
457 „	5	0	0	ditto ...	Ditto.
457 „	5	0	0	ditto ...	Sharkpore.
457 „	4	0	0	ditto ...	Lahore.
457 „	5	0	0	Gujránwála ...	Kakee.
457 „	4	0	0	Lahore ...	Shahdarrah.
457 „	5	0	0	Gujránwala ...	Gujránwala.
454 „	5	0	0	Lahore ...	Lahore.
454 „	7	0	0	ditto ...	Ditto.
457 „	5	0	0	Gujránwála ...	Gujránwála.
457 „	6	0	0	ditto ...	Ditto.
457 „	4	0	0	Lahore ...	Dhácenwal.
457 „	7	6	0	Gujránwála ...	Gujránwála.
454 „	4	0	0	Lahore ...	Lahore.
457 „	8	0	0	Gujránwála ...	Gujránwála.
457 „	5	0	0	Lahore ...	Saidwan.
457 „	7	6	0	ditto ...	Lahore.
457 „	5	0	0	Gujránwála ...	Gujrawála.

قومیت	ولدیت	نام		نمبر رجسٹر	نمبر شمار
جٹ	نند سنگھ	سردار سنگھ		۲۲۱۹	۲۹۸
ایضاً	جیوا	ملوکا		۶۰۸	۲۹۹
ایضاً	گالا	احدا		۱۹۳۲	۳۰۰
ایضاً	گلاب سنگھ	گربخش سنگھ		۱۲۹۰	۳۰۱
ایضاً	سکھا سنگھ	بہوپ سنگھ		۲۰۲۱	۳۰۲
ڈوگر	کاکا	زیادہ		۲۰۳۱	۳۰۳
جٹ	جندا	بڈھو		۲۱۲۱	۳۰۴
ایضاً	سنت سنگھ	شمشیر سنگھ		۳۰۸۹	۳۰۵
کشمیری	گلاب	ستو		۲۲۷۶	۳۰۶
مسلمان	گل امام خان	گلاب خان		۳۲۹۰	۳۰۷
جٹ	رحمان	جندا		۲۲۷۵	۳۰۸
ایضاً	سراب	جلا		۲۳۳۳	۳۰۹
ایضاً	حسن	سمائیل		۲۲۰۹	۳۱۰
برہمن	جوندا	بنڈی		۲۰۵۵	۳۱۱
جٹ	سجاول	تابو		۳۲۰۸	۳۱۲
ایضاً	بوٹا	حاکم		۲۸۰۳	۳۱۳
کشمیری	کریم بخش	محمدو		۸۵۶۳	۳۱۴
جٹ	غلام	مبارک		۲۲۰۶	۳۱۵
چوہڑا	شیر	لکھی		۲۰۶	۳۱۶
زمیندار	محمد بخش	حسن شیخ		۸۴۳۲	۳۱۷
ایضاً	ستار	قباء علی		۳۲۱۰	۳۱۸
کشمیری	دھیرجی	نتھو		۹۱۹۸	۳۱۹
ایضاً	جلال	مالون		۹۹۸۲	۳۲۰
چوہڑا	بسانول	جیو		۲۲۸۹	۳۲۱
کشمیری	تیستہ	لدھا		۷۳۲	۳۲۲
چوہڑا	جواہر	ارجن		۵۱۰	۳۲۳

سکونت		میعاد			جرم
دیہہ	ضلع	یوم	ماہ	سال	
لاہور	لاہور	۰	۰	عہ	۴۵۶
گوجرانوالہ	گوجرانوالہ	۰	۰	عہ	۴۵۶
ایضاً	لاہور	۰	۰	للعہ	۴۵۶
بڈوکی	گوجرانوالہ	۰	۰	سے	۴۵۶
ایضاً	ایضاً	۰	۰	للعہ	۴۵۶
لاہور	فیروزپور	۰	۰	عہ	۴۵۶
قصور	لاہور	۰	۰	عہ	۴۵۶
گوہری راتی	ایضاً	۰	۶	للعہ	۴۵۶
لاہور	ایضاً	۰	۶	عہ	۴۵۶
ایضاً	ایضاً	۰	۰	عہ	۴۵۶
سرقپور	ایضاً	۰	۰	عہ	۴۵۶
لاہور	ایضاً	۰	۰	للعہ	۴۵۶
گنگن	گوجرانوالہ	۰	۰	عہ	۴۵۶
شاہدرہ	لاہور	۰	۰	للعہ	۴۵۶
گوجرانوالہ	گوجرانوالہ	۰	۰	عہ	۴۵۶
لاہور	لاہور	۰	۰	عہ	۴۵۶
ایضاً	ایضاً	۰	۰	عہ	۴۵۶
گوجرانوالہ	گوجرانوالہ	۰	۰	عہ	۴۵۶
ایضاً	ایضاً	۰	۰	سے	۴۵۶
بھوپن وال	لاہور	۰	۰	للعہ	۴۵۶
گوجرانوالہ	گوجرانوالہ	۰	۶	للعہ	۴۵۶
لاہور	لاہور	۰	۰	للعہ	۴۵۶
گوجرانوالہ	گوجرانوالہ	۰	۰	سے	۴۵۶
مسیدی وال	لاہور	۰	۰	عہ	۴۵۶
ایضاً	ایضاً	۰	۶	عہ	۴۵۶
گوجرانوالہ	گوجرانوالہ	۰	۰	عہ	۴۵۶

List of released Dacoos and

Number.	Register Number.	Name.	Father's Name.	Caste.
				LAHORE
				Rob
324	1694	Mohkam ...	Godar ...	Mochee ...
325	2474	Shaikh Karmoo ...	Sáhbu ...	Shaikh ...
326	6636	Jhanda ...	Mánah ...	Chhoora ...
				RAWALPINDI
				Highway
327	6319	Mohree ...	Boota ...	Ját ...
328	3850	Dáim ...	Golám ...	Gujar ...
329	5906	Kádoo ...	Sohára ...	Ját ...
330	4099	Mehra ...	Ahmed ...	Awán ...
331	9688	Dádoo ...	Lukhoo ...	ditto ...
332	9689	Láloo ...	Mádhoo ...	Ditto ...
333	9687	Dádoo ...	Gámoo ...	do. ...
334	9691	Sáhboo ...	Noora ...	Ját ...
335	9690	Sáwan ...	Mehram ...	do. ...
336	9686	Mamoon ...	Saghree ...	Teli ...
				Rob
337	3837	Fakeera ...	Ismáil ...	Lohár ...
338	7636	Jawáhar ...	Foujdár ...	Merási ...
339	6302	Karmoo ...	Allah Yár ...	Weaver ...
340	7559	Bakhshee ...	Noor Mohamad ...	Mochee ...
341	7546	Ibráheem ...	Ilm Deen ...	Zamíndár ...
342	2077	Gáma ...	Samanda ...	Gujar ...
343	8427	Futta ...	Sharf Deen ...	Baoch ...
344	8429	Sheroo ...	Boodha ...	Ját ...
345	873	Gama ...	Goormookh ...	Arora ...
346	5140	Imám Ali ...	Karm Shah ...	Syad ...
347	7548	Bishna ...	Jawáhar ...	Cashmiri ...

Robbers of Punjab.—continued.

Crime.	Term. Years.	Months.	Days.	Residence of District.	Village.
DIVISION.--concluded					
bers.					
457 I. P. C.	4	0	0	Lahore ...	Lahore.
457 „	8	0	0	ditto ...	Ditto.
457 „	4	0	0	Gujránwàla ...	Naushahra.
DIVISION.					
Robbers.					
392 I. P.C.	5	9	0	Shahpur ...	Boojah Shah.
395 „	5	6	0	Gujrat ...	Gujrat.
392 „	5	0	0	ditto ...	Khohar.
397 „	6	0	0	Jhelum ...	Chuk Kalán.
395 „	13	6	0	Gujrat ...	Gujrat.
395 „	13	6	0	Ditto ...	do.
395 „	13	6	0	ditto ...	do.
395 „	13	6	0	ditto ...	do.
395 „	13	6	0	ditto ...	do.
395 „	6	0	0	ditto ...	do.
bers.					
454 I. P. C.	10	0	0	Rawalpindi ...	Sangjánee.
457 „	5	0	0	Gujrat ...	Màjarpore.
457 „	4	0	0	ditto ...	Gujrat.
457 „	4	0	0	Jhelum ...	Kulleánpore.
559 „	5	0	0	Gujrat ...	Gujrat
457 „	8	6	0	ditto ...	ditto.
457 „	5	0	0	Jhelum ...	Chuk Julla.
457 „	4	0	0	ditto ...	Jhelum.
457 „	4	0	0	Gujrat ...	Kotee.
457 „	4	0	0	ditto ...	Kazí Bákar.
456 „	6	10	0	ditto ...	Dingàh.

قومیت	ولدیت	نام	نمبر رجسٹر	نمبر شمار
موچی	گودر	محمد سلیم	[illegible]	۳۲۴
زمیندار	صاحبو	شیخ کرم...	[illegible]	۳۲۵
جوہڑ راولپنڈی	ماہنا	جہندا	[illegible]	۳۲۶
حبشی	بوٹا	موبرکی	[illegible]	۳۲۷
الیفنٹ	غلام	دائمی	[illegible]	۳۲۸
الیفنٹ	سوہارا	قادر	[illegible]	۳۲۹
ازوان	احمد	مہرا	[illegible]	۳۳۰
حبشی	لکھو	داؤد	[illegible]	۳۳۱
ازوان	بادشاہ	لالو	[illegible]	۳۳۲
الیفنٹ	امون	داؤد	[illegible]	۳۳۳
حبشی	نورا	صاحبو	[illegible]	۳۳۴
ریفنڈ	مخدوم	ساون	[illegible]	۳۳۵
بیلی	سنگھ	امون	[illegible]	۳۳۶
بیور نو	اسمعیل	فقیرا	[illegible]	۳۳۷
میراسی	فتح دین	جواہر	[illegible]	۳۳۸
بافندہ	اللہ دتہ	سکوٹن	[illegible]	۳۳۹
اچھی	نور محمد	بخشی	[illegible]	۳۴۰
زمیندار	عظیم الدین	ابراہیم	[illegible]	۳۴۱
سکوہر	جھنڈا	گاماں	[illegible]	۳۴۲
حبشی	حرفہ دین	فتا	[illegible]	۳۴۳
الیفنٹ	بیرو	شیرو	[illegible]	۳۴۴
ازدہ	گورمکھ	گنجا	[illegible]	۳۴۵
مسیہ	کرم شاہ	امام علی شاہ	[illegible]	۳۴۶
اتری	جواہر	بشنا	[illegible]	۳۴۷

دیہہ (سکونت)	ضلع (سکونت)	یوم (میعاد)	ماہ (میعاد)	سال (میعاد)	جرم
لاہور	لاہور	۰	۰	[illegible]	۲۵۵
ایضاً	ایضاً	۰	۰	[illegible]	۲۵۵
نوشہرہ	گوجرانوالہ	۰	۰	[illegible]	۲۵۵
					قسمت
سکنہ بوہہ شاہ	شاہپور	۰	۰	[illegible]	۳۹۲
گجرات	گجرات	۰	۶	[illegible]	۳۹۵
[illegible]	ایضاً	۰	۶	[illegible]	۳۹۲
ہکلاں	[illegible]	۰	۰	[illegible]	۳۹۷
گجرات	گجرات	۰	۶	[illegible]	۳۹۵
ایضاً	ایضاً	۰	۶	[illegible]	۳۹۵
ایضاً	ایضاً	۰	۶	[illegible]	۳۹۵
ایضاً	ایضاً	۰	۶	[illegible]	۳۹۵
ایضاً	ایضاً	۰	۶	[illegible]	۳۹۵
ایضاً	ایضاً	۰	۶	[illegible]	۳۹۵
[illegible]	راولپنڈی	۰	۰	[illegible]	۴۵۹
بیجا رپور	گجرات	۰	۰	[illegible]	۴۵۸
گجرات	ایضاً	۰	۰	[illegible]	۴۵۷
کھاں پور	جہلم	۰	۰	[illegible]	۴۵۷
گجرات	گجرات	۰	۰	[illegible]	۴۵۹
ایضاً	ایضاً	۰	۶	[illegible]	۴۵۷
[illegible] جلو	جہلم	۰	۰	[illegible]	۴۵۷
جہلم	ایضاً	۰	۰	[illegible]	۴۵۷
[illegible]	گجرات	۰	۰	[illegible]	۴۵۷
قاضی [illegible]	ایضاً	۰	۰	[illegible]	۴۵۷
[illegible]	ایضاً	۰	۱۰	[illegible]	۴۵۷

List of released Dacoos and

Number.	Register Number.	Name.	Father's Name.	Caste.
				RAWALPINDI
				Rob
348	336	Hákoo ...	Shãhzáda	Bhút ...
349	8426	Kammoo ...	Ludhoo ..	Jãt
350	6494	Jewna ...	Noor Ahmed ...	do. ...
351	6497	Ganda ...	Bhagela ...	do. ...
352	3319	Jhanda ...	Jussoo ...	do. ...
353	2293	Hájee ...	Suttár ...	do. ...
354	518	Jamála ...	Sharfa ...	Cashmíri ...
355	3318	Sughree ...	Jawáya ..	Mosullee ...
356	2261	Fattoo ...	Karnál ...	Ját ...
357	5138	Rehmán ...	Hyát ...	do. ...
358	2265	Chowgutta ...	Kádar Baksh ...	Mochee ...
359	5139	Ludha ...	Boota ...	Ját ...
360	6080	Samoon ...	Boota ...	do. ...
361	4755	Mahanda ...	Ján Mohamad ...	do. ...
362	5152	Báisákha Singh ...	Chaita ...	do. ...
363	8790	Tábree ...	Itbárah ...	do. ...
364	7041	Noor Mábee ...	Jewan ...	Mochee ...
365	6573	Máhia ...	Ganda ...	Arora ...
366	6028	Karmoo ...	Noor ...	Mochee ...
367	7561	Mouloo ...	Pannáh ...	Ját ...
368	633	Ali ...	Meer A'lum ...	Afghan ...
369	5703	Kánshee ...	Taijoo ...	Khutri ...
				PESHAWAR
				Highway
370	8435	Majeed ...	Abdool Raheem ...	Afghan ...
371	6587	Ubbás ...	Meer ..	do. ...

Robbers of Punjab.—continued.

Crime.	Term. Years.	Months.	Days.	Residence of District.		Village.
DIVISION.—*concluded*						
bers.—*concluded.*						
459 I. P. C.	5	0	0	Shahpur	...	Mohamad Shahwálla
457 "	6	0	0	Jhelum	...	Chak Ali Shah
457 "	7	0	0	Shahpur	...	Shahpur
457 "	7	0	0	ditto	...	Do.
457 "	4	6	0	ditto	...	Do.
457 "	5	0	0	ditto	...	Do.
457 "	7	0	0	Rawalpindi	...	Rawalpindi.
457 "	5	0	0	Shahpur	...	Shahpur.
457 "	6	6	0	Gujrat	...	Gujrat.
457 "	4	0	0	ditto	...	Shahcedánwalli.
457 "	6	6	0	ditto	...	Gujrat.
456 "	4	0	0	ditto	...	Saidwalli.
456 "	4	0	0	Shahpur	...	Shahpur.
457 "	5	0	0	Gujrat	...	Bhanwállee.
457 "	4	0	0	ditto	...	Gujrat.
457 "	4	0	0	ditto	...	Kote Purán.
454 "	5	6	0	Shahpur	...	Jungee.
457 "	4	0	0	Jhelum	...	Jhelum.
457 "	4	6	0	Gujrat	...	Baidowál.
457 "	4	0	0	ditto	...	Rasoolpore.
457 "	10	0	0	Rawalpindi	...	Hazára.
457 "	5	0	0	Shahpur	...	Shahpur
DIVISION.						
Robbers.						
395 I. P. C.	16	0	0	Peshávar	...	Wanderer.
392 "	4	0	0	Kohát	...	Kohát.

قومیت	ولدیت	نام	نمبر رجسٹر	نمبر شمار
بھاٹ	شہزادہ	جساکو	۳۳۶	۳۴۸
جٹ	لدھو	کمان	۸۴۲۶	۳۴۹
ایضاً	نور احمد	جیوا	۶۴۹۴	۳۵۰
ایضاً	بھیلا	گنڈا	۶۴۹۷	۳۵۱
ایضاً	جیسو	جھنڈا	۳۳۱۹	۳۵۲
ایضاً	[illegible]	خاجی	۲۲۹۳	۳۵۳
کھتری	بیت سرنا	جالا	۵۱۸	۳۵۴
سینی	جوایا	بنگری	۳۳۱۸	۳۵۵
جٹ	کمال	فتو	۲۲۶۲	۳۵۶
ایضاً	حیات	رحمان	۵۱۳۸	۳۵۷
موچی	قادر بخش	چوغط	۲۲۶۵	۳۵۸
جٹ	بوٹا	لدھا	۵۱۳۹	۳۵۹
جٹ	بوٹا	سمون	۶۶۸۰	۳۶۰
ایضاً	جان محمد	منڈا	۴۲۵۵	۳۶۱
ایضاً	حستا	بساکھا سنگھ	۵۱۳۲	۳۶۲
ایضاً	ارتستارہ	طاہری	۸۷۹۰	۳۶۳
موچی	جیون	نور اہی	۷۰۴۱	۳۶۴
اروڑہ	گنڈا	بابا	۷۰۷۴	۳۶۵
موچی	نور	کرمو	۶۶۲۸	۳۶۶
جٹ	شاہ	مولو	۶۵۰۱	۳۶۷
افغان	میر عالم	علی	۵۳۳	۳۶۸
کھتری	بیجو	سکاکشی	۵۷۰۶	۳۶۹
پشاور				
افغان	عبدالرحیم	مجید	۳۳۳۵	۳۷۰
ایضاً	میر	عباس	۶۵۸۷	۳۷۱

جرم	میعاد: سال	ماہ	یوم	سکونت: ضلع	دیہ
۴۵۹م	صہ	۰	۰	شاہپور	... شاہ والہ
۴۵۷م	ے	۰	۰	جہلم	چک علیشاہ
۴۵۷م	عہ	۰	۰	شاہپور	شاہپور
۴۵۷م	عہ	۰	۰	اٹک	شاہپور
۴۵۷م	لعہ	۶	۰	اٹک	اٹک
۴۵۷م	صہ	۰	۰	اٹک	اٹک
۴۵۷م	عہ	۰	۰	راولپنڈی	راولپنڈی
۴۵۷م	عہ	۰	۰	شاہپور	شاہپور
۴۵۷م	ے	۶	۰	گجرات	گجرات
۴۵۷م	لعہ	۰	۰	اٹک	شہیدانوالی
۴۵۷م	ے	۶	۰	اٹک	گوجرات
۴۵۷م	لعہ	۰	۰	اٹک	سیدانوالی
۴۵۶م	لعہ	۰	۰	شاہپور	شاہپور
۴۵۷م	صہ	۰	۰	گجرات	میانی والہ
۴۵۷م	لعہ	۰	۰	اٹک	سکو گجرات
۴۵۷م	لعہ	۰	۰	اٹک	سکوٹ نوال
۴۵۲م	عہ	۶	۰	شاہپور	جنگی
۴۵۷م	لعہ	۰	۰	جہلم	جہلم
۴۵۷م	لعہ	۶	۰	گجرات	بجدووال
۴۵۷م	لعہ	۰	۰	اٹک	رسول پور
۴۵۷م	ک	۰	۰	راولپنڈی	ہزارہ
۴۵۷م	صہ	۰	۰	شاہپور	شاہپور
نشست					
۳۹۵	یک	۰		پشاور	[illegible]
۳۹۶	عہ	۰	۰	کوہاٹ	[illegible]

List of released Dacoos and

Number.	Register Number.	Name.	Fater's Name.	Caste.
				PESHAWAR Highway
372	908	Hameed ...	Lála ...	Afghan ...
373	534	Sarbolund ...	Amír ...	do. ...
374	1208	Amír ...	Majeed ...	do. ...
375	265	Behrám ...	Yárgool ...	do. ...
376	502	Ahmedjee ...	Hassan ...	do. ...
377	4741	Akbar ...	Meer A'lum ...	do. ...
378	572	Azád ...	Khirulla ...	do. ...
379	2082	Fakeer ...	Azeem Shah ...	do. ...
380	1217	Gareeb Shah ...	Mouzam Shah ...	do. ...
381	5506	Balanda ...	Behrám ...	Ját ...
382	1219	A'lum Khan ...	Ahmed Khan ...	Afghan ...
383	1230	Majeed ...	Goldeen ...	do. ...
				Rob
384	4671	Foujoo Singh ...	Geyán Singh ...	Ját ...
385	1795	Juggoo ...	Timber ...	Afghan ...
386	9767	Nathoo ...	Futteh Khan ...	ditto ...
387	1228	Ludhoo ...	Malik Mohamad ...	ditto ...
388	7611	Mohamad Deen ...	Deláwar ...	Ját ...
389	1231	Hassan ...	Ziáullah ...	Afghan ...
390	6117	Meer Ahmed ...	Khan Mohamad ...	ditto ...
				MOOLTAN Highway
391	7807	Kála ...	Hákoo ...	Zamíndár ...
392	3495	Kabool ...	Warák ...	Suttee ...
393	4852	Sher Singh ...	Bhág Singh ...	Ját ...
394	904	Dewa Singh ...	Baghail Singh ...	do. ...
395	7656	Shárah ...	Mardán ...	Barber ...
396	4056	Fazal Shah ...	Ameen ...	Beloch ...

Robl ers of Punjab.—continued.

Crime.	Term.			Residence of	
	Years.	Months.	Days.	District.	Village.
DIVISION.—concluded					
Robbers—concld.					
395 I. P. C.	16	0	0	Peshávar ...	City Peshávar.
392 "	7	0	0	Hazára ...	Hazára.
399 "	4	0	0	Peshávar ...	Peshávar.
395 "	7	0	0	do. ...	do.
395 "	5	0	0	do. ...	do.
400 "	16	0	0	do. ...	do.
397 "	8	0	0	do. ...	do.
394 "	6	0	0	do. ...	do.
394 "	6	0	0	do. ...	do.
394 "	4	0	0	do. ...	Fareed Khána.
399 "	7	0	0	do. ...	Peshávar.
399 "	7	0	0	do. ...	do.
bers.					
457 I. P. C.	5	0	0	Hazára ...	Hazára.
458 "	5	0	0	Peshávar ...	Peshávar.
457 "	5	0	0	ditto ...	ditto.
457 "	6	0	0	ditto ...	ditto.
456 "	4	6	0	Kohát ...	Gahrákoto.
457 "	6	0	0	Peshávar ...	Peshávar.
459 "	7	9	0	ditto ...	ditto.
DIVISION					
Robbers.					
392 I. P. C.	5	0	0	Jhang ...	Jhang.
395	12	0	0	Mooltan ...	Dhuknee.
395 "	7	0	0	Montgomery ...	Montgomery.
395 "	7	0	0	Jhang ...	Jhang.
394 "	6	9	0	ditto ...	ditto.
392 "	8	0	0	Montgomery ...	Montgomery.

نمبر شمار	نمبر رجسٹر	نام	ولدیت	قومیت
۳۷۲	۹۰۸	حمید	لالہ	افغان
۳۷۳	۵۳۴	سرمند	امیر	ایضاً
۳۷۴	۱۲۰۸	امیر	محمد	ایضاً
۳۷۵	۲۶۵	بہرام	نازگل	ایضاً
۳۷۶	۵۰۲	احمد جی	حسن	ایضاً
۳۷۷	۱۷۱۴	اکبر	میر عالم	ایضاً
۳۷۸	[illegible]	آزاد	خیر اللہ	ایضاً
۳۷۹	۲۰۸۴	فقیر	محکم شاہ	ایضاً
۳۸۰	۱۲۱۷	غریب شاہ	معظم شاہ	ایضاً
۳۸۱	۵۵۰۷	بلندو	[illegible]	ایضاً جٹ
۳۸۲	۱۲۱۹	عالم خان	احمد خان	ایضاً
۳۸۳	۱۲۳۰	مجید	گل دین	ایضاً
۳۸۴	۲۲۶۱	فردو سنگھ	گنپان سنگھ	جور جٹ
۳۸۵	۱۶۹۵	جگو	تمبر	افغان
۳۸۶	۹۶۹۶	نتھو	فتح خان	ایضاً
۳۸۷	۱۲۳۸	لدھو	ملک محمد	ایضاً
۳۸۸	۲۳۱۱	محمد دین	دلاور	ایضاً
۳۸۹	۱۲۳۱	حسن	ضیاء اللہ	ایضاً
۳۹۰	۲۱۱۷	میر احمد	جان محمد	ایضاً
				ملتان
۳۹۱	۲۸۰۶	کالا	حاکو	زمیندار
۳۹۲	۳۳۹۰	کیسول	دوراکھ	ستھی
۳۹۳	۳۳۵۳	شمشیر سنگھ	بھاگ سنگھ	جٹ
۳۹۴	۹۰۴	دیوا سنگھ	شمس شاہ	ایضاً
۳۹۵	۲۶۵۶	شیرا	مردان	حجام
۳۹۶	۲۰۵۵	فضل شاہ	زمین	بجرج

سکونت		میعاد			جرم
دیہ	ضلع	یوم	ماہ	سال	
شہر پشاور	پشاور	۰	۰	[illegible]	۳۹۵
ہودہ	ہزارہ	۰	۰	[illegible]	۳۹۲
پشاور	پشاور	۰	۰	[illegible]	۳۹۹
ایضاً	ایضاً	۰	۰	[illegible]	۳۹۷
ایضاً	ایضاً	۰	۰	[illegible]	۳۹۵
ایضاً	ایضاً	۰	۰	[illegible]	۴۰۰
ایضاً	ایضاً	۰	۰	[illegible]	۳۹۶
ایضاً	ایضاً	۰	۰	[illegible]	۳۹۲
ایضاً	ایضاً	۰	۰	[illegible]	۳۹۲
فرید خان	ایضاً	۰	۰	[illegible]	۳۹۲
پشاور	ایضاً	۰	۰	[illegible]	۳۹۹
ایضاً	ایضاً	۰	۰	[illegible]	۳۹۹
ہزارہ	ہزارہ	۰	۰	[illegible]	۴۵۷
پشاور	پشاور	۰	۰	[illegible]	۴۵۸
ایضاً	ایضاً	۰	۰	[illegible]	۴۵۷
ایضاً	ایضاً	۰	۰	[illegible]	۴۵۷
گمراکوٹ	کوہاٹ	۰	۴	[illegible]	۴۵۶
پشاور	پشاور	۰	۰	[illegible]	۴۵۷
ایضاً	ایضاً	۰	۹	[illegible]	۴۵۹
					[illegible]
جھنگ	جھنگ	۰	۰	[illegible]	۳۹۲
[illegible]	ملتان	۰	۰	[illegible]	۳۹۲
منٹگمری	منٹگمری	۰	۰	[illegible]	۳۹۰
جھنگ	جھنگ	۰	۰	[illegible]	۳۹۵
ایضاً	ایضاً	۰	۱	[illegible]	۳۹۲
منٹگمری	منٹگمری	۰	۰	[illegible]	۳۹۲

List of released Dacoos

Number.	Register Number.	Name.	Father's Name.	Caste.
				MOOLTAN Highway
397	9990	Golába ...	Jawáya ...	Zamíndár ...
398	7617	Gàma ...	Jahána ...	Ját ...
399	9739	Mánák ...	Sáhboo ...	Máchhee ...
400	7658	Motullee ...	Himmat ...	Zamíndár ...
				Rob
401	3519	Sooltán ...	Nawáb ...	Zamíndár ...
402	9750	Nathoo ...	Akbar ...	Ját ...
403	8799	Sajáwal ...	Jooma ...	do. ...
404	7654	Roshnee ...	Misree ...	Mosullee ...
405	7655	Láloo ...	Futtoo ...	Ját ...
406	9756	Sajáwal ...	Semáel ...	do. ...
407	9757	Sáhboo ...	Nathoo ...	do. ...
408	9758	Shewdás ...	Chanda ...	Khutri ...
409	2992	Gáma ..	Ghenoo ...	Ját ...
410	8540	Ncháía ...	Kádoo ...	Zamíndár ...
411	9775	Rcháns ...	Hashma ...	Chhoora ...
412	8448	Oomar ...	Noor ...	Mosullee ...
413	2108	Motullee ...	Azeem ...	Zamíndár ...
414	2162	Sammoo ...	Mattoo ...	do.
415	4335	Futta ...	Yakoob ...	Ját ...
416	2858	Ramoo ...	Baila Singh ...	do. ...
417	3888	Chattar Singh ...	Muggah ...	do. ...
418	9759	Bheekhna ...	Sohára ...	do. ...
419	6096	Manglee ...	Mohar ...	do. ...
420	6101	Mulla ...	Saher ...	do. ...
421	6876	Sawár Shah ...	Jevan Shah ...	Syad ...

and Robbers of Punjab.—continued.

Crime.	Term. Years.	Months.	Days.	Residence of District.	Village.
DIVISION.					
Robbers—conld.					
392 I. P. C.	5	0	0	Jhang ...	Jhang.
394 „	6	0	0	ditto ...	ditto.
395 „	7	0	0	Montgomery ...	Montgomery.
394 „	6	0	0	Jhang ...	Jhang.
bers.					
454 I. P. C.	9	0	0	Jhang ...	Jhang.
457 „	4	7	0	Montgomery ...	Montgomery.
457 „	5	0	0	Mooltan ...	Thutta Sooltan.
457 „	4	9	0	Jhang ...	Jhang.
457 „	7	0	0	ditto ...	ditto.
457 „	7	0	0	ditto ...	ditto.
457 „	7	0	0	ditto ...	Shewála.
457 „	7	0	0	ditto ...	Doorcah.
457 „	5	0	0	Montgomery ..	Montgomery.
457 „	5	0	0	Jhang ...	Wanderer.
457 „	4	6	0	do. ...	Jhang.
457 „	5	0	0	do. ...	Chuk Meána.
460 „	4	6	0	do. ...	Jhang.
457 „	4	6	0	do. ...	do.
457 „	4	0	0	Muzaffargarh ...	Muzaffargarh.
457 „	5	0	0	Montgomery ...	Montgomery.
457 „	4	0	0	do. ...	do.
454 „	7	0	0	Jhang ...	Jhang.
457 „	4	0	0	do. ...	Fattehpur.
457 „	4	0	0	Montgomery ...	Montgomery.
457 „	4	6	0	Jhang ...	Jhang.

قومیت	ولدیت	نام	نمبر رجسٹر	نمبر شمار
زمیندار	جوایا	گلابا	۹۶۹۰	۳۹۷
جٹ	جہانا	گگا	۷۷۷۷	۳۹۸
مانچھی	صاحبو	بانک	۹۷۳۹	۳۹۹
زمیندار	ہمت	مونی	۷۷۵۸	۴۰۰
چوہڑ زمیندار	نواب	سلطان	۳۵۱۹	۴۰۱
جٹ	اکبر	نتھو	۹۷۵۰	۴۰۲
ایضاً	جمعہ	سجادل	۸۷۹۹	۴۰۳
مصلی	سعدی	روشنی	۷۷۵۳	۴۰۴
جٹ	فقیر	لالو	۷۷۵۵	۴۰۵
ایضاً	سمایل	سجادل	۹۷۵۶	۴۰۶
ایضاً	نتھو	صاحبو	۹۷۵۷	۴۰۷
کھتری	جھنڈا	مستوداس	۹۷۵۸	۴۰۸
جٹ	لکھنون	گگا	۲۹۹۳	۴۰۹
زمیندار	قادو	ننالا	۸۵۲۱	۴۱۰
چوہڑہ	حشمان	رکانہ	۹۷۴۵	۴۱۱
مصلی	نور	عمر	۸۳۳۸	۴۱۲
زمیندار	عظیم	موتی	۲۱۰۸	۴۱۳
ایضاً	فتو	سوہن	۲۱۶۳	۴۱۴
جٹ	یعقوب	فتح	۲۳۳۵	۴۱۵
ایضاً	بیلا سنگھ	دراموں	۲۸۵۳	۴۱۶
ایضاً	موکسا	چیتر سنگھ	۳۰۰۸	۴۱۷
ایضاً	سوہا سا	بخشیش	۹۷۵۹	۴۱۸
ایضاً	حوبیر	منگلی	۲۰۹۲	۴۱۹
ایضاً	ستار	خلا	۲۱۷۱	۴۲۰
سید	جیون شاہ	سوارن	۴۸۴۶	۴۲۱

مسکونت		میعاد			جرم
دیہہ	ضلع	یوم	ماہ	سال	جرم
[illegible]	جھنگ	۰	۰	[illegible]	۳۹۲
ایضاً	ایضاً	۰	۰	[illegible]	۳۹۳
منٹگمری	منٹگمری	۰	۰	[illegible]	۳۹۵
جھنگ	جھنگ	۰	۰	[illegible]	۳۹۲
[illegible]	جھنگ	۰	۰	[illegible]	۴۵۲
[illegible]	منٹگمری	۰	۷	[illegible]	۴۵۷
[illegible] سلطان	شاہپور	۰	۰	[illegible]	۴۵۷
جھنگ	جھنگ	۰	۹	[illegible]	۴۵۷
ایضاً	ایضاً	۰	۰	[illegible]	۴۵۷
ایضاً	ایضاً	۰	۰	[illegible]	۴۵۷
[illegible]	ایضاً	۰	۰	[illegible]	۴۵۷
[illegible]	ایضاً	۰	۰	[illegible]	۴۵۷
منٹگمری	منٹگمری	۰	۰	[illegible]	۴۵۷
[illegible]	جھنگ	۰	۰	[illegible]	۴۵۷
ایضاً	ایضاً	۰	۶	[illegible]	۴۵۷
[illegible]	ایضاً	۰	۰	[illegible]	۴۵۶
[illegible]	ایضاً	۰	۶	[illegible]	۴۶۰
ایضاً	ایضاً	۰	۶	[illegible]	۴۵۷
[illegible]	[illegible]	۰	۰	[illegible]	۴۵۷
منٹگمری	منٹگمری	۰	۰	[illegible]	۴۵۷
ایضاً	ایضاً	۰	۰	[illegible]	۴۵۷
[illegible]	جھنگ	۰	۰	[illegible]	۴۵۳
[illegible]	ایضاً	۰	۰	[illegible]	۴۵۷
[illegible]	منٹگمری	۰	۰	[illegible]	۴۵۷
[illegible]	جھنگ	۰	۰	[illegible]	۴۵۷

List of released Dacoos and

Number.	Register Number.	Name.	Father's Name.	Caste.
				MOOLTAN
				Rob
422	6867	Bahádar Singh ...	Charat Singh ...	Ját ...
423	6810	Máhua ...	Mának ...	do. ...
424	4227	Melóo ...	Azmut ...	Chhoora ...
425	935	Káloo ...	Dittu ...	ditto ...
				DERA ISMAIL
				Highway
426	170	Mohamad Hussain ...	Mohamad ...	Pathan ...
427	2657	Sherdil ...	Shergool ...	Afghan ...
				Rob
428	8914	Golám ...	Goolmeer ...	Zamíndár ...
429	8644	Jánkee ...	Suddoo ...	ditto ...
430	5396	Kheloo ...	Dáss ...	ditto ...
431	7806	Morád ...	Kammoo ...	Chhoora ...
432	4681	Oomroo	Goolbeg ...	Ját
433	3929	Lál Chand ...	Mulláwa Mall ...	Khutri ...
434	6015	Bakhsha ...	Goolloo ...	Ját ...
435	7876	A'lum ...	Jussa ...	do. ...

Robbers of Punjab.—continued.

Crime.	Term. Years.	Months.	Days.	Residence of District.	Village.
DIVISION	conclu	de	d.		
bers.					
457 ,,	4	0	0	Montgomery ...	Chándpore.
457 ,,	10	0	0	ditto ...	Gokrah.
457 ,,	5	0	0	Jhang ...	Jhang.
457 ,,	7	0	0	do. ...	do.
KHAN DIVN.					
Robbers.					
392 I. P. C.	16	0	0	Dera Ismail Khan ...	Dera Ismail Khan.
394 ,,	7	0	0	ditto	ditto.
bers.					
457 I. P. C.	4	0	0	Dera Ismail Khan ..	Dera Ismail Khan.
457 ,,	4	0	0	ditto	ditto.
457 ,,	7	0	0	Dera Gházi Khan ...	Dera Gházi Khan.
457 ,,	5	0	0	Bannu ...	Bannu.
457 ,,	10	0	0	Dera Ismail Khan ...	Dera Ismail Khan.
457 ,,	4	0	0	ditto ...	ditto.
457 ,,	5	0	0	ditto ...	ditto.
457 ,,	6	6	0	ditto ...	ditto.

قومیت	ولدیت	نام		نمبر رجسٹر	نمبر شمار
جٹ	جرت سنگھ	سادہو سنگھ		۹۸۶۷	۱۲۲
الفنٹ	[illegible]	مانشا		۶۸۱۰	۱۲۳
جوہرہ	عظمت	مسیلو		۴۲۲۷	۱۲۴
الفنٹ	دتو	گاتو		۹۳۵	۱۲۵
ڈیرہ اسمعیلخان					
پٹھان	محمد	محمد حسین		۶۲۰	۱۲۶
[illegible]	سبز گل	سبز دل		۲۶۵	۱۲۷
پشاور					
زمیندار	گل میر	غلام		۸۹۱۴	۱۲۸
الفنٹری	سرو	جانگی		۸۶۲۱	۱۲۹
الفنٹری	داس	بہلو		۵۳۹۶	۱۳۰
جوہرہ	کوپن	مراد		۷۸۰۶	۱۳۱
جنیٹ	گل بیگ	عمرو		۴۶۸۱	۱۳۲
کشتری	لال داتل	لال چند		۳۹۴۹	۱۳۳
جنیٹ	تکو	بخش		۶۰۱۵	۱۳۴
الفنٹری	جسا	عالم		۷۸۷۶	۱۳۵

جرم	میعاد: سال	میعاد: ماہ	میعاد: یوم	سکونت: ضلع	سکونت: دیہہ
۴۵۷	[illegible]	۰	۰	منٹگمری	جاندپور
۴۵۷	[illegible]	۰	۰	ایضاً	گوگیرا
۴۵۷	[illegible]	۰	۰	جھنگ	جھنگ
۴۵۷	[illegible]	۰	۰	ایضاً	ایضاً
قسمت					
۳۹۲	[illegible]	۰	۰	ڈیرہ اسمٰعیل خان	ڈیرہ اسمٰعیل خان
۳۹۲	[illegible]	۰	۰	ایضاً	ایضاً
۴۵۷	[illegible]	۰	۰	ڈیرہ اسمٰعیل خان	ڈیرہ اسمٰعیل خان
۴۵۷	[illegible]	۰	۰	ایضاً	ایضاً
۴۵۷	[illegible]	۰	۰	ڈیرہ غازیخان	ڈیرہ غازیخان
۴۵۷	[illegible]	۰	۰	بنوں	بنوں
۴۵۷	[illegible]	۰	۰	ڈیرہ اسمٰعیل خان	ڈیرہ اسمٰعیل خان
۴۵۷	[illegible]	۰	۰	ایضاً	ایضاً
۴۵۷	[illegible]	۰		ایضاً	ایضاً
۴۵۷	[illegible]	۶	۰	ایضاً	ایضاً

List of Dacoos and Robbers of the Punjab transporte

Number.	Register Number.	Name.	Father's Name.
			DELHI Rob
1	8757	Goláb ...	Rámkaran ...
2	7081	Mohar Singh ...	Rádhoo ...
			UMBALLA Highway
3	7704	Heera Singh ...	Golab Singh ...
4	7685	Nathoo ...	Gareeb ...
5	8755	Jeymal Singh ...	Maila Singh ...
6	8756	Káhn Singh ...	Shameer Singh ...
7	8772	Mahanda ...	Gománee ...
8	2784	Hardit ...	Dhilloo ...
9	2785	Káhn Singh ...	Chait Singh ...
10	2786	Mall Singh ...	Bhága ..
11	2787	Bhoopa ...	Mehr Singh ...
12	2800	Pheena Singh ...	Sáwa Singh ...
13	3410	Heera ...	Moujoo Singh ...
14	3411	Kooshála ...	Dheyán Singh ...
15	3412	Heera Singh ...	Sáhib Singh ...
			JULLUNDUR Highway
16	6466	Gopál Singh ...	Oottum Singh ...
17	6467	Heera Singh ...	Boorh Singh ...
18	6468	Mán Singh ...	Jayand Singh ...
19	7188	Moula Buksh ...	Noor Buksh ...
20	7688	Jeymal Singh ..	Nehál Singh ...
21	7689	Jaimal Singh ...	A'tma Ram ...
22	8762	Ameer Singh ...	Rám Singh ...
23	8766	Nathoo ...	Roshan ...
24	8767	Nehál ...	Shunkar ...

to the Andamans from the Central Jail Lahore.

Crime.	Term. Years.	Months.	Days.	Residence of District		Village.
DIVISION						
bers.						
458 I. P. C.	9	0	0	Karnál	...	Karnál
457 „	12	0	0	Delhi	...	Delhi.
DIVISION.						
Robbers.						
396 I. P. C.	For Life			Umballa	...	Umballa.
394 „	7	0	0	Simla.	...	Simla.
395 „	For life			Umballa	...	Umballa.
395 „	do.			ditto	...	ditto.
394 „	7	0	0	ditto	...	ditto.
395 „	For life			Ludhiána	...	Ludhiána.
395 „	do.			Umballa	...	Umballa.
395 „	do.			ditto	...	ditto.
396 „	do.			ditto	...	ditto.
395 „	do.			ditto	...	ditto.
396 „	do.			ditto	...	ditto.
395 „	do.			ditto	...	ditto.
396 „	do.			ditto	...	Pattiála.
DIVISION.						
Robbers.						
392 I. P. C.	7	0	0	Jullundur	...	Rookha Kalán.
392 „	7	0	0	ditto	...	Jullundur
392 „	7	0	0	ditto	...	Nùrmahal.
392 „	7	0	0	ditto	...	Patiála.
397 „	7	0	0	ditto	...	Jullundur.
395 „	7	0	0	ditto	...	ditto.
395 „	7	0	0	ditto	...	Jagráon.
395 „	16	0	0	ditto	...	Alowálea.
398 „	14	0	0	ditto	...	Jullundur.

سنٹرل جیل ... عبور دریائی شور ہوئی

ولدیت	نام	نمبر رجسٹر	نمبر شمار
دہلی			
راکرن	گلاب	۸۷۵۰	۱
رادہو	مہر سنگھ	۷۰۸۱	۲
انبالہ			
گلاب سنگھ	بیرا سنگھ	۷۷۰۲	۳
نصیب	بھولو	۴۷۸۵	۴
بیلا سنگھ	جیٹھا سنگھ	۸۷۰۰	۵
شیر سنگھ	گلاب سنگھ	۸۷۵۶	۶
گگا ڈی	ہمندا	۸۷۷۲	۷
دہلو	ہرونت	۲۷۸۱	۸
جیت سنگھ	گلاب سنگھ	۲۷۸۵	۹
نتھا گا	مل سنگھ	۲۷۹۶	۱۰
مہر سنگھ	بھولا	۲۷۹۷	۱۱
ساودر سنگھ	دینا سنگھ	۲۹۰۰	۱۲
موجو سنگھ	ہیرا	۳۲۱۰	۱۳
دیوان سنگھ	خوشی لال	۳۲۱۱	۱۴
صاحب سنگھ	ہیرا سنگھ	۳۲۱۲	۱۵
جالندھر			
اتم سنگھ	گوپال سنگھ	۴۲۲۶	۱۶
بور سنگھ	ہیرا سنگھ	۴۲۲۷	۱۷
جوند سنگھ	ہاتن سنگھ	۴۲۲۸	۱۸
نور بخش	مولا بخش	۷۱۸۸	۱۹
اقبال بخش	جمل سنگھ	۷۶۸۸	۲۰
انجام	جیتل سنگھ	۷۷۸۹	۲۱
رام سنگھ	امر سنگھ	۹۷۶۲	۲۲
بدرسن	ہتو	۹۷۶۶	۲۳
منشا سنگھ	نہال	۹۷۶۷	۲۴

فہرست ڈاکوان و چوران ملک پنجاب جو لاہور

سکونت: دیہہ	سکونت: ضلع	میعاد: یوم	میعاد: ماہ	میعاد: سال	جرم
					قسمت
کرنال	کرنال	۰	۰	[illegible]	۴۵۸
دہلی	دہلی	۰	۰	[illegible]	۴۵۷
					قسمت
انبالہ	انبالہ	۰	۰	عمر قید	۳۹۶
شملہ	شملہ	۰	۰	[illegible]	۳۹۴
انبالہ	انبالہ	۰	۰	عمر قید	۳۹۵
ایضاً	ایضاً	۰	۰	عمر قید	۳۹۵
ایضاً	ایضاً	۰	۰	[illegible]	۳۹۴
ایضاً	ایضاً	۰	۰	عمر قید	۳۹۵
ایضاً	ایضاً	۰	۰	[illegible]	۳۹۵
ایضاً	ایضاً	۰	۰	[illegible]	۳۹۵
ایضاً	ایضاً	۰	۰	[illegible]	۳۹۶
ایضاً	ایضاً	۰	۰	[illegible]	۳۹۵
ایضاً	ایضاً	۰	۰	[illegible]	۳۹۶
ایضاً	ایضاً	۰	۰	[illegible]	۳۹۷
بٹالہ	ایضاً	۰	۰	[illegible]	۳۹۷
					قسمت
روپکا کلاں	جالندھر	۰	۰	[illegible]	۳۹۴
جالندھر	ایضاً	۰	۰	[illegible]	۳۹۴
نور محل	ایضاً	۰	۰	[illegible]	۳۹۴
جنڈیالہ	ایضاً	۰	۰	[illegible]	۳۹۴
جنڈیالہ	ایضاً	۰	۰	[illegible]	۳۹۴
ایضاً	ایضاً	۰	۰	[illegible]	۳۹۵
جگراں	ایضاً	۰	۰	[illegible]	۳۹۵
[illegible]	ایضاً	۰	۰	[illegible]	۳۹۵
جالندھر	ایضاً	۰	۰	[illegible]	۳۹۵

List of Dacoos and Robbers of the Punjab

Number.	Register Number.	Name.	Father's Name.
			JULLUNDUR
			Highway
25	8768	Amir, *Alias* Kamál ...	Mohamad Buksh ...
26	8770	Sewa Singh ...	Hookam Singh ...
27	6460	Golám Mohamad ...	Noor Deen ...
28	6461	Devia ...	Mangal ...
29	6462	Iláhia ...	Jhanda ...
30	7692	Tehl Dás ...	Chaila Ram ...
31	7694	Jawáhar Singh ...	Hurree Singh ...
32	7695	Hurria ...	Jeymal Singh ...
33	7696	Jawáhar Singh ...	Mangal Singh ...
34	7697	Ganda Singh ...	Mohar Singh ...
35	7698	Dewána ...	Káloo ...
36	7699	Káloo ...	Sammah ...
37	8761	Hassan ...	Jamál ...
38	8763	Lungar ...	Ghousoo ...
39	8764	Bolákee ...	Imám Bakhsh ...
40	8795	Nehál ...	Shera ...
			Rob
41	6465	Madárce ...	Iláhi Bakhsh ...
			AMRITSAR
			Highway
42	7810	Bhoopa ...	Sohaila ...
			Rob
43	6724	Gulab ...	Jhanda ...
44	8271	Phoola Singh ...	Nand Singh ...
45	8272	A'lla Singh ...	Charat Singh ...
46	8273	Jeven Singh ...	Rattan Singh ...

transported to the Andamans.—continued.

Crime.	Term. Years.	Months.	Days.	Residence of District.	Village.
DIVISION.					
Robbers—conld.					
395 I. P. C.	14	0	0	Jullundur ...	Jullundur.
395 „	7	0	0	ditto ...	ditto.
380 „	7	0	0	Hoshiárpur ...	Hoshiárpur.
380 „	7	0	0	ditto ...	ditto.
380 „	7	0	0	ditto ...	ditto
397 „	7	0	0	ditto ...	Dasúya.
397 „	7	0	0	ditto ...	Kapúrthala.
397 „	7	0	0	ditto ...	Hoshiárpur.
395 „	7	0	0	ditto ...	Morádwál.
395 „	7	0	0	ditto ...	ditto.
395 „	7	0	0	ditto ...	Rodah.
395 „	7	0	0	ditto ...	Ouserwálla.
395 „	7	0	0	ditto ...	Bayrán.
397 „	7	0	0	ditto ...	Hoshiárpur.
395 „	16	0	0	Jullundur ...	Peerwálee.
395 „	14	0	0	Hoshiárpur ...	Huchiarpur.
bers					
457 I. P. C.	7	0	0	Jullundur ..	Jullundur.
DIVISION					
Robbers.					
393 I. P. C.	7	0	0	Amritsar ...	Amritsar
bers.					
457 I. P. C.	7	0	0	Amritsar ...	Amritsar
457 „	7	0	0	Siálkot ...	Sultánpur.
457 „	7	0	0	ditto ...	Sabboowála.
457 „	7	0	0	ditto ...	Deyálwálla.

ولدیت	نام	نمبر رجسٹر	نمبر شمار
محمد بخش	امیر عرف کمال	۸۶۴۸	۲۵
حکم سنگھ	بسیوا سنگھ	۸۶۶۰	۲۶
نور دین	غلام محمد	۹۳۶۰	۲۷
مسنگل	دیویا	۹۳۶۱	۲۸
جہنڈا	الہیا	۹۳۶۲	۲۹
جیلا رام	نتھل داس	۶۷۹۲	۳۰
ہری سنگھ	جواہر سنگھ	۶۷۹۳	۳۱
جیمل سنگھ	ساہبر ناتھ	۶۷۹۵	۳۲
منگل سنگھ	جواہر سنگھ	۶۷۹۴	۳۳
نودھ سنگھ	گنڈا سنگھ	۶۹۰۶	۳۴
کالو	دیوانہ	۶۷۹۸	۳۵
سمان	کالو	۶۸۰۹	۳۶
جلال	حسن	۸۶۶۱	۳۷
غوثو	سنگ	۸۶۶۳	۳۸
امام بخش	بولاقی	۸۶۶۴	۳۹
شیرا	نہال	۸۶۶۵	۴۰
چوہر الہی بخش احمرت سہر	مداری	۹۳۶۵	۴۱
بیلا چوہر	باہو پا	۶۸۱۰	۴۲
چند	گلاب	۹۶۳۴	۴۳
نتھا سنگھ	ہیرا سنگھ	۸۲۶۱	۴۴
جیسا سنگھ	ڈلا سنگھ	۸۲۶۲	۴۵
رتن سنگھ	جیون سنگھ	۸۲۶۳	۴۶

جرم	میعاد: سال	ماہ	یوم	سکونت: ضلع	دیہ
۳۹۵	[illegible]	۰	۰	جالندھر	جالندھر
۳۹۵	عمر	۰	۰	ایضاً	ایضاً
۳۸۰	عمر	۰		ہوشیارپور	ہوشیارپور
۳۸۰	عمر	۰	۰	ایضاً	ایضاً
[illegible]	عمر	۰	۰	ایضاً	ایضاً
۳۹۷	عمر	۰	۰	ایضاً	دوسوہہ
۳۹۰	عمر	۰	۰	ایضاً	[illegible]
۳۹۶	عمر	۰	۰	ایضاً	ہوشیارپور
۳۹۵	عمر	۰	۰	ایضاً	مرادوالی
۳۹۵	عمر	۰	۰	ایضاً	ایضاً
۳۹۵	عمر	۰	۰	ایضاً	رادیہ
۳۹۵	عمر	۰	۰	ایضاً	[illegible] والہ
۳۹۵	عمر	۰	۰	ایضاً	بیران
۳۹۵	عمر	۰	۰	ایضاً	ہوشیارپور
۳۹۵	[illegible]	۰	۰	جالندھر	بیروال
۳۹۵	[illegible]	۰	۰	ہوشیارپور	ہوشیارپور
۱۲۱	عمر	۰	۰	جالندھر	جالندھر
قسمت					
۳۹۲	عمر	۰	۰	امرتسر	امرتسر
۱۲۱	عمر	۰	۰	امرتسر	امرتسر
۱۲۱	عمر	۰	۰	سیالکوٹ	سلطانپور
۱۲۱	عمر	۰	۰	ایضاً	[illegible] والہ
۱۲۱	عمر	۰	۰	ایضاً	[illegible] والہ

List of Dacoos and Robbers of the Punjab,

Number.	Register Number.	Name.	Father's Name.
			LAHORE
			Highway
47	6363	Golam Mohamad ...	Karm Bakhsh ...
48	7144	Bachan Singh ...	Sáwa Singh ...
49	7403	Lukhmeer Singh ...	Jeymal Sing ...
50	7772	Roopa ...	Boota ...
51	7773	Doola ...	Mehr Bán ...
52	7776	Jamna ...	Bhána ...
53	7777	Bhola ...	Dánoo ...
54	7075	Teja Singh ...	Sáwan Singh ...
55	7076	Javand Singh ...	Kermu Singh ...
56	7077	Ganda Singh ...	Goormookh Singh ...
57	7078	Chattar Singh ...	Javand Singh ...
58	7079	Mánjáh Singh ...	Roorh Singh ...
59	7080	Meehan Singh ...	Jaggat Singh ...
60	8270	Boota Singh ...	Ram Singh ...
61	7698	Kálee ...	Kásam ...
62	7809	Shera ...	Gangoo ...
			Rob
63	6256	Mattoo ...	Mostakeem ...
64	6951	Shámoo ...	Jiwa ...
65	6955	Jewan ...	Ouda ...
66	7479	Mouládad ...	Jalindher ...
67	7480	Ilyás ...	Káka ...
68	7482	Golam Mohamad ...	Zábit Khan ...
69	6744	Julla ...	Boodah, *Alias* Jamála ...
70	745	Golába ...	Kandáhree ...

transported to the Andamans.—continued.

Crime.	Term.			Residence of	
	Years.	Months.	Days.	District.	Village.
DIVISION.					
Robbers.					
380 I. P. C.	7	0	0	Lahore ..	Lahore.
392 "	7	0	0	do. ...	do.
397 "	7	0	0	do. ...	do.
392 "	7	0	0	do. ...	do.
392 "	7	0	0	do. ...	do.
395 "	10	0	0	do. ...	do.
395 "	10	0	0	do. ...	do.
395 "	For Life.			do. ...	do.
395 "	do.			do. ...	do.
395 "	do.			do. ...	do.
395 "	do.			do. ...	do.
395 "	do.			do. ...	do.
395 "	do.			do. ...	do.
395 "	do.			do. ...	Kote Sobháram.
397 "	7	0	9	Ferozepore ...	Ferozepore.
392 "	7	0	0	Gujránwála ...	Gujránwála.
bers.					
457 I. P. C.	7	0	0	Lahore ...	Lahore.
457 "	7	0	0	do. ..	do.
457 "	7	0	0	do. ...	do.
457, 407 "	14	0	0	do. ...	do.
457 "	14	0	0	do. ...	do.
457 "	14	0	0	do. ...	do.
457, 511 "	7	0	0	Ferozepore ..	Ferozepore.
457 "	7	0	0	do. ...	do.

ولدیت	نام	نمبر رجسٹر	نمبر شمار
لاہور			
کرم بخش	غلام محمد	۶۳۴۳	۴۷
ساون سنگھ	مکھن سنگھ	۷۱۴۴	۴۸
جیمل سنگھ	نکمبیر سنگھ	۷۲۰۳	۴۹
بوٹیا	رودیا	۷۷۷۲	۵۰
میراں	دودا	۷۷۷۳	۵۱
بیانہ	جمعہ	۷۷۷۶	۵۲
دادو	بہولا	۷۷۷۷	۵۳
سندر سنگھ	تیجا سنگھ	۷۰۷۵	۵۴
کرم سنگھ	جونڈ سنگھ	۷۰۷۶	۵۵
گوربخش سنگھ	گوبند سنگھ	۷۰۷۷	۵۶
جوند سنگھ	جیتہ سنگھ	۷۰۷۸	۵۷
روڑ سنگھ	ماہی سنگھ	۷۰۷۹	۵۸
جگت سنگھ	ہیسان سنگھ	۷۰۸۰	۵۹
رام سنگھ	بوٹا سنگھ	۸۴۷۰	۶۰
قاسم	کالو	۷۶۹۳	۶۱
سنگھو	مشیرا	۷۸۰۹	۶۲
جہلم			
مستقیم	متو	۶۴۵۶	۶۳
جیوا	شاہدن	۶۹۵۱	۶۴
اودہ	جیون	۶۹۵۵	۶۵
جالندھر	خداداد	۷۴۷۹	۶۶
کالکا	الہیا	۷۴۸۰	۶۷
عنایت خان	غلام محمد	۷۴۸۴	۶۸
بودا عرف جالا	جلا	۶۷۴۴	۶۹
سکینہ باری	گلابا	۶۷۴۵	۷۰

سکونت		میعاد			جرم
دیہہ	ضلع	یوم	ماہ	سال	
					قسمت
[illegible]	لاہور	۰	۰	عمر	۳۹۲
ایضاً	ایضاً	۰	۰	عمر	۳۹۲
ایضاً	ایضاً	۰	۰	عمر	۳۹۶
ایضاً	ایضاً	۰	۰	عمر	۳۹۲
ایضاً	ایضاً	۰	۰	عمر	۳۹۲
ایضاً	ایضاً	۰	۰	[illegible]	۳۹۵
ایضاً	ایضاً	۰	۰	[illegible]	۳۹۵
ایضاً	ایضاً	۰	۰	عمر قید	۳۹۵
ایضاً	ایضاً	۰	۰	سہ	۳۹۵
ایضاً	ایضاً	۰	۰	سہ	۳۹۵
ایضاً	ایضاً	۰	۰	سہ	۳۹۵
ایضاً	ایضاً	۰	۰	سہ	۳۹۵
ایضاً	ایضاً	۰	۰	سہ	۳۹۵
کوٹ سوہا رام	ایضاً	۰	۰	سہ	۳۹۵
[illegible]	فیروزپور	۰	۰	عمر	۳۹۶
[illegible]	[illegible]	۰	۰	عمر	۳۹۲
[illegible]	[illegible]	۰	۰	عمر	۴۵۷
ایضاً	ایضاً	۰	۰	عمر	۴۵۷
ایضاً	ایضاً	۰	۰	عمر	۴۵۷
ایضاً	ایضاً	۰	۰	[illegible]	۴۵۷
ایضاً	ایضاً	۰	۰	[illegible]	۴۵۷
ایضاً	ایضاً	۰	۰	[illegible]	۴۵۷
[illegible]	فیروزپور	۰	۰	عمر	۴۵۷
ایضاً	ایضاً	۰	۰	عمر	۴۵۷

List of Dacoos and Robbers of the Punjab,

Number.	Register Number.	Name.		Father's Name.	
					LAHORE
					Rob
71	6746	Boodhoo, *Alias* Jámu	...	Záhad	...
72	6747	Fattoo	...	Jánco	...
73	6664	Sohaila	...	Kishan	...
74	7651	Sánjee	...	Sherista	...
					PESHAWAR
					Highway
75	2265	Samanda	...	Sher	...
76	4092	Lateef	...	Mahmood	...
77	5555	Mehtáb Shah	...	Khair Shah	...
78	6103	Meer Afzul	...	Meer A'lum	...
79	6104	Shah A'lum	...	Karím	...
80	6106	Jevan	...	Kádar	...
81	6100	Hyder Khan	...	Golám Khan	...
82	9889	Hassan Ali	...	Sháhdád	...
83	1030	Khan Gool	...	Kootub Deen	...
84	5476	Khán Mohamad	...	Dád Khan	...
85	429	Imám Deen	...	Goolla	...

transported to the Andamans.—concluded.

Crime.	Term. Years.	Months.	Days.	Residence of District.		Village.
DIVISION	.—con	cl	ud			
bers.						
457 I. P. C.	7	0	0	Lahore	...	Lahore.
454 "	7	0	0	do.	...	Do.
457 "	7	0	0	Gujránwála	...	Gujránwála,
457 "	12	0	0	do.	...	Do.
DIVISION						
Robbers.						
395 I. P. C.	For Life			Peshâwar	...	Peshâwar.
396 "	do.			do.	...	Do.
392 "	do.			do.	...	Peer Pak.
394 "	do.			do.	...	Peshâwar.
394 "	do.			do.	...	do.
394 "	do.			do.	...	do.
394 "	do.			do.	...	Bhan Máree.
394 "	do.			Hazára	...	Hazára
395 "	14	0	0	do.	...	do.
458 "	12	0	0	Pashâwar	...	Jalalábad.
460 "	14	0	0	do.	...	do

ولدیت	نام	نمبر رجسٹر	نمبر شمار
زراجہ	بدھو عرف جاجو	۶۶۲۶	۷۱
جانی	فتو	۶۶۲۷	۷۲
گشکن	سوہیلا	۶۶۶۲	۷۳
سرمستہ	سائنجی	۶۷۵۱	۷۴
پشاور			
ہنشمر	سمندا	۲۲۶۵	۷۵
محمود	لطیف	۷۰۹۲	۷۶
خیر شاہ	حیات شاہ	۵۵۵۵	۷۷
میر عالم	میر افضل	۶۱۰۳	۷۸
کریم	شاہ عالم	۹۱۰۲	۷۹
قادر	جمن	۶۱۰۶	۸۰
غلام خان	حمید خان	۶۱۰۰	۸۱
شاہ داد	حسن علی	۹۸۸۹	۸۲
قطب الدین	خان گل	۱۰۳۰	۸۳
داد خان	خان محمد	۵۲۶۷	۸۴
گولا	امام دین	۲۲۹	۸۵

جرم	میعاد: سال	میعاد: ماہ	میعاد: یوم	سکونت: ضلع	سکونت: دیہہ
۴۵۷	[illegible]	۰	۰	لاہور	لاہور
۴۵۷	[illegible]	۰	۰	ایضاً	ایضاً
۴۵۷	[illegible]	۰	۰	گوجرانوالہ	گوجرانوالہ
۴۵۷	[illegible]	۰	۰	ایضاً	ایضاً
قسمت					
۳۹۵	عمر قید	۰	۰	پشاور	پشاور
۳۹۶	//	۰	۰	ایضاً	[illegible]
۳۹۲	//	۰	۰	ایضاً	پیرزنگ
۳۹۲	//	۰	۰	ایضاً	پشاور
۳۹۲	//	۰	۰	ایضاً	ایضاً
۳۹۲	//	۰	۰	ایضاً	ایضاً
۳۹۲	//	۰	۰	ایضاً	[illegible]
۳۹۲	//	۰	۰	[illegible]	[illegible]
۳۹۵	[illegible]	۰	۰	ایضاً	ایضاً
۴۵۸	[illegible]	۰	۰	پشاور	جلال آباد
۴۶۰	[illegible]	۰	۰	ایضاً	ایضاً

The following omens are believed to be bad by robbers and thieves of the Sánsi and Sweeper tribes, and they refrain from committing any theft in the event of any of these omens happening.

1st. On Tuesday and Thursday they seldom proceed on a thieving expedition, if they do go, however, they rob Hindus and not Muhammadans ; on all other days they may rob without distinction.

2nd. On the first day of the new moon they never commit a theft, nor will they leave their houses.

3rd. When they intend committing a theft, and are ready to start, if one of the thieves should accidentally let his stick drop from his hand, they will give up their adventure ; as they consider it to be a bad omen.

4th. After the thieves have started from their place of abode in order to steal, if by accident they meet a lambardár, or any Government servant, or an unmarried woman, or a girl, or a Brahmin, or a Syad, they will turn back and will not proceed to commit theft ; as they believe all these to be bad omens.

5th. When a gang of thieves is on their way to commit theft, if a dog barks, or a jackal howls, or an ass brays in front of them, they will return to their place of abode ; as they believe these to be very bad omens.

6th. When they are on their way to steal, if a dog, cat or jackal crosses their path from right to left, or if a man calls after them or asks them "where are they going" they will come back ; as they consider all these to be bad omens.

7th. When thieves are ready to start, and a man sneezes, it is considered to be a bad omen.

The following omens are believed to be good by the robbers and thieves of the Sánsi and Sweeper tribes.

1st. When the thieves are on their way to steal, and a sweeper meets them, more especially, if he has a basket full of latrine matter on his head, they look upon it as a good omen.

2nd. If a laden mule, camel, ass or bullock, or a *churigar* with a bundle of *kánch* rings meet the thieves on a plundering expedition they consider it to be a good omen.

3rd. When the thieves arrive at the village where they intend to commit a theft and an ass brays, they believe it to be a good omen.

4th. If a woman with a *ghurra* full of water on her head, or a cultivator with a bundle of grass on his head meet them, they believe these to be good omens.

5th. They consider it to be a good omen to kill a snake on the road when on the way to steal; or to meet a man on the way with a basket of sweetmeat or gur.

6th. On the 9th or 10th of the month some of the sweepers of the Punjab make sweetmeats called *hulwa*, and divide them among the little girls, and give five shells (cowries) to each, and then dye their hands with a red stuff (mehndi). Afterwards all the thieves ask alms of them as if they were beggars, and when the girls give them a little of that sweetmeat, they eat it. They then take the instrument they use for house-breaking, called *tonboo,* put it under their heads, and sleep for a short time. After this at 10 or 11 o'clock P.M. they proceed on their plundering expedition.

The following omens are believed in and observed by the robbers and thieves of the Meo and Gujar tribes. They believe them to be bad omens and will not commit any theft if any of them happen on the day in which they intend to commit a theft.

1st. Four thieves go together to commit theft ; they never go to steal on the 8th, 18th and 28th day after the new moon. From Thursday morning till Friday evening (4 P.M.) they never go to commit a theft.

2nd. When they intend to commit any theft, they first take some milk in a new earthen cup, mix some curd with it to convert the whole into curd. They then put this cup in a place where the shadow of a woman is not expected to fall. They leap a place which they call *chowka,* kill a white cock in a brass plate, sprinkle some water on the cock, which water they keep in a new earthen *ghurra* for the purpose ; then they take some of the blood of the cock and sprinkle it on their forehead, and then put 3 or 4 grains of rice on the blood stain ; then they burn a lamp fed with ghi, and put some fire near the lamp ; they set fire to the ghi, which burns and gives a light which they believe to be the light of Devi (Goddess) and believe that Devi will come; they walk seven times round that fire which they call *Devi ki jote;* they burn some gogal (frankincense), a stuff which is burned in Hindu temples. They then smoke their bodies with the gogal, eat some of the curd which they had kept over, and stärt off to commit the proposed theft.

3rd. If a cat crosses their path from left to right, they go back to their houses, and do not commit any theft, as they believe it to be a bad omen.

4th. If a man sneeze, or call after them, or ask them "where are you going," they believe it to be bad omen and return home.

5th. If the thieves start with the intention of thieving and arrive at the house at which they want to commit the theft and break the wall of the house, and are ready to take away the property, and the eye of one of the thieves begins to quiver or the flesh of right arm begin to quiver, they leave the property and return back as soon as possible, and refrain from committing any theft on that night, as they believe it to be a very bad omen.

The following omens are believed by robbers and thieves of the Meo and Gujar tribes to be good, and they are quite pleased and eager to commit theft if any of these omens occur on the day they intend to commit a theft.

1st. When the thieves start to commit any theft, and a partridge clicks on the right hand or right side of the thieves, or a deer crosses their road from the right to the left, they consider them to be good omens.

2nd. If a fox barks behind the thieves, they believe it to be a good omen.

3rd. If a máshki or bhistí meet them with a full bag of water on his shoulder, they take it to be a good omen.

4th. If a sweeper meet them with a basket full of latrine matter, they consider it to be a good omen.

5th. If a washerman meet them with a white bundle of clothes, they believe it to be good omen.

6th. If a man meets them with a white or green dress, and does not ask them "where they are going," they believe it to be a good omen.

سانسیونکی شگون

منگل اور جمعرات کی راتکو چوری نہین کرتی ہین اگر کرتی ہین تو ہندونکی گہر مسلمانون کی چوری ان راتون مین بالکل نہین کرتی - باقی کل دنونکی راتون مین چورون کو ممانعت نہین ہی - مخصوص شاہ مدار وغیرہ یعنی جسروز چاند نکلتا ہی خواہ کوئی دن ہو چوریکو ہرگز نہین جاتی ہین - عمدہ شگون یہہ ہی کہ ۹ - ۱۰ تاریخ چاند کی پہر دن باقی رہی کچہہ حلوا پکاکر کواری لڑکیونکو کہلاتی ہین کسیقدر مہندی اونکی ہاتہون پر لگادیتی ہین - پانچ پانچ کوڑی ہر ایک کواری لڑکیکو دیتی ہین بعد ازان جسقدر چور ہون وہ تمام اون کواری لڑکیون سی بہیک مانگتی ہین جسقدر حلوا وہ کواری لڑکیان انکو دیدین اوسکو کہاکر لٹو یعنی آلہ نقب سرہانہ رکہکر کچہہ دیر تک سوجاتی ہین ۱۰ - ۱۱ بجی رات تک چوری کرنیکو روانہ ہوتی ہین اوس راستہ مین کوئی سردار دیہہ یا کوئی ملازم سرکاری یا کوئی کواری لڑکی سامنی ملجاوی - خواہ اوسوقت لاٹہی یا سوٹا ہاتہہ سی چور کی گرجاوی - یا اوسوقت دہنی طرف گیدڑ گدہا بولی یا سامنی موہنہ کی گدہا بولی - یا کوئی آدمی اوسوقت دریافت کری کہ کون ہی یا کوئی جانور خواہ آدمی کا دہنی یا بائین طرف سی نکل جاوی تو یہہ کل شگون ایسی منحوس ہین کہ چور فوراً واپس چلی آتی ہین اگرچہ [illegible] نہین جاتی ہین - چوریکو جانیکیوقت اگر یہہ شگون جو نیچی بیان کی جاتی ہین واقع ہوجاوین تو [illegible] مبارک جانتی ہین - کوئی بارات [illegible] اسباب سی لدی ہوئی یا [illegible] بیل [illegible] اونٹ [illegible] سی لدی ہوئی [illegible] جارہی [illegible]

راستہ میں کٹی ہوئی گرفالی ہاتیہ ہو - یا کوئی برات ہو شادی کرکی واپس آتی ہو راستہ میں مل جائے
جس دیہہ یا بستی کو چوری کو جانا ہو وہاں جگہہ گدہا بولی یا عورت پانیکا گھڑا بھری ہوئی ملی
ہو یا کوئی زمیندار فصل سی کھیت کاٹ کر سر پر بوجہ رکھی ہوئی آتا ہو - یا راستہ میں جاتی ہوئی
کوئی سانپ چور دیکھ لی اور چور اوسکو مار دیں یا راستہ میں کوئی شخص گوڑ - مٹھائی - شکر
وغیرہ کہاتا ہوا یا لاتا ہوا ملی - یہہ جملہ شگون نشان فتح یابی چور سمجھتی ہیں -

میو اور گوجروں کی شگون

۸-۱۸-۱۸-۲۸ - تاریخ ہر ایک مہینہ کی رات کو چوری کرنی نہیں جاتی ہیں جمعرات کی رات
اور جمعہ سی پیشتر چوری کو نہیں جاتی ہیں - جمعرات چوری کو جانا منظور ہوتا ہی اوس روز کورہ مٹی کا
برتن میں کچہہ دہی جاتی ہیں اور اپنی مکان میں جہاں عورت کا سایہ نہ ہو ایک چوکہ دیکر گہی کا
چراغ اوسی چوکہ میں جلاتی ہیں بعد جلانی چراغ کی ایک بکرا سفید اوسی وقت ایک تہالی
میں ذبح کرتی ہیں اور کوری برتن کا پانی لیکر ذبح ہوئی پر چہڑکتی ہیں تہوڑی سی
خون کا ٹیکا جو اپنی پیشانی پر لگاتی ہیں اور دو دو چار چار چاول پیشانی پر لگاتی ہیں
اور سات مرتبہ اوس چوکہ کی گرد پہرتی ہیں گوگل کی دہونی جسم میں لیکر دہی کہاکر
چوری کو روانہ ہوتی ہیں پیچھی پہر کر نہیں دیکھتی ہیں راستہ جاتی ہوئی بائیں طرف سی
دہنی طرف کو نکل جاوی - ایسا نہ کوئی آدمی چہینک دی یا کوئی آدمی ٹوک دی - یا جب
تک کی منزل تک نہ پہنچ جاویں اوس وقت تک کوئی خواہش ہیں آنکہہ بائیں طرف
کا یا دہنی لگی ضرور چور واپس چلی آتی ہیں یہہ کل شگون ہنود کی ہیں - ۱

شگون یہہ ہیں جسوقت چوری کو روانہ ہوں داہنی طرف تیتر بولی یا ہرن دہنی طرف
سے بائیں طرف نکل جاوے یا لومڑی پشت پر بولی - یا ہتھنی مستک بہری ہوئی
آتا ہو یا فقا کو دب راستہ میں ملی یا دہوبی کپڑے سر پر لاتا ہو - سفید یا سیتر پوشاک
پہنے ہوئے کوئی مل جاوے تو یہہ شگون تمام نیک ہیں -

تمت بالخیر